SCHAUM'S OUTLINE OF

ITALIAN GRAMMAR
Second Edition

·

JOSEPH E. GERMANO, Ph.D.

Associate Professor of Foreign Languages
State University College at Buffalo, New York

CONRAD J. SCHMITT

Foreign Language Consultant
and Editor

SCHAUM'S OUTLINE SERIES
McGRAW-HILL

New York   St. Louis   San Francisco   Auckland   Bogotá   C
Lisbon   London   Madrid   Mexico City   Milan   Mont
New Delhi   San Juan   Singapore
Sydney   Tokyo   Toronto

JOSEPH E. GERMANO is currently Associate Professor of Foreign Languages at the State University College at Buffalo, New York. He has taught elementary school French and both Spanish and Italian at the secondary and college levels. A native of Italy, Dr. Germano received his Ph.D. in Italian from Rutgers University, New Brunswick, where he coordinated the Rutgers Italian Workshop Series from 1976 through 1981. He is the founder and editor/co-editor of NEMLA ITALIAN STUDIES (1977–1986), now published at Rutgers University, New Brunswick. Dr. Germano is also the author of articles on Italian Literature and Culture. Recently he developed and taught a course of Business Italian. From 1985 through 1987, he was the Resident Director of the State University of New York Italian program in Siena, Italy.

CONRAD J. SCHMITT was Editor-in-Chief of Foreign Language, ESL, and Bilingual Publishing with McGraw-Hill Book Company. Prior to joining McGraw-Hill, Mr. Schmitt taught languages at all levels of instruction from elementary school through college. He has taught Spanish at Montclair State College, Upper Montclair, New Jersey; French at Upsala College, East Orange, New Jersey; and Methods of Teaching a Foreign Language at the Graduate School of Education, Rutgers University, New Brunswick, New Jersey. He also served as Coordinator of Foreign Languages for the Hackensack, New Jersey, Public Schools. Mr. Schmitt is the author of many foreign language books at all levels of instruction, including the communicating titles in Schaum's Foreign Language Series. He has traveled extensively throughout the world. He presently devotes his full time to writing, lecturing, and teaching.

Schaum's Outline of

ITALIAN GRAMMAR

3 4 5 6 7 8 9 10 11 12 13 14 15 16 17 18 19 20 BAW BAW 9 8 7 6

ISBN 0-07-023033-1

Sponsoring Editor, John Aliano
Production Supervisor, Denise Puryear
Editing Supervisor, Patty Andrews

Library of Congress Cataloging-in-Publication Data

Germano, Joseph E.
    Schaum's outline of Italian grammar / by Joseph E. Germano and
Conrad J. Schmitt. — 2nd ed.
        p.   cm. — (Schaum's outline series)
    Includes index.
     ISBN 0-07-023033-1
     1. Italian language–Grammar. I. Schmitt, Conrad J. II. Title.
PC1112.G46   1994
458.2'421—dc20   93-40652
                                                              CIP

McGraw-Hill

A Division of The McGraw-Hill Companies

In memory of my mother,
Maria Carmela Romeo.——J.G.

Preface

This second edition, as the first, has been designed to make the study of Italian grammar easier for the learner. The book is divided into ten chapters, each of which concentrates on a basic problem area in Italian: the pronunciation of Italian, nouns and articles, adjectives and adverbs, numbers, dates, and time, verbs, negatives, interrogatives, pronouns, prepositions, and special uses of certain verbs.

Each grammatical or structural point is introduced by a simple, succinct explanation in English, and this explanation is further clarified by a number of examples in Italian. It is recommended that you first read the explanation, then study the illustrative examples, and only then proceed to the series of exercises provided. The best way to learn a language is to practice it—both in oral and written forms—so you should complete each exercise, checking your answers with those at the end of the book, before moving on to a new topic.

In Italian, the stress is indicated by an accent mark usually only on words that end with accented vowels; most books utilize only the grave (`) accent mark. In this book, the accent marks used to indicate stress on the last syllable of a word will appear as follows: the grave accent (`) will be placed on accented final vowels *à* and *ò*; the acute accent (´) will be placed on all final vowels (é, í, ú) with the exception of the third-person singular of the verb *essere:* è (he, she, it *is*). (See page 4.) This second edition introduces a brand new chapter on the pronunciation of Italian (see p. 1). An approximate English sound is provided next to each Italian example for each letter of the alphabet. This should aid the reader in proper pronunciation.

One of the most difficult and tedious tasks in acquiring a second language is to learn the many forms that exist in the language, be they noun, adjective, or verb forms. In this book all forms have been logically grouped in order to make their acquisition as simple as possible and also to minimize what at first appear to be irregularities. For example, in most Italian texts the verbs *ridere* and *rimanere* would be treated separately. In the discussion of the preterite in this book, however, these verbs are presented together because of the similarity of their endings:

> *ridere: risi, ridesti, rise, ridemmo, rideste, risero*
> *rimanere: rimasi, rimanesti, rimase, rimanemmo, rimaneste, rimasero*

Such groupings of forms that at first may seem to have nothing in common should help you to simplify and streamline the task of acquiring large numbers of "irregular" forms, including verbs in all tenses.

The authors wish to thank Professor Giovanni Puppo (Carnegie-Mellon University) for his expert reading of the text and Mrs. Donna La Mastra for her many useful suggestions from the point of view of a student. Special thanks are due to Senior Associate Editor Margaret Tobin and Editing Supervisor Patricia Andrews of McGraw-Hill, Inc. The authors welcome any remarks or inquiries from readers.

JOSEPH E. GERMANO
CONRAD J. SCHMITT

Contents

The Pronunciation of Italian

THE ITALIAN ALPHABET AND ITS SOUNDS

The Italian alphabet has twenty-one letters: five vowels and sixteen consonants. For the most part, Italian is a phonetic language; that is, everything is usually pronounced as written. The spelling of each word conforms with its sound. The exceptions are few; the **h** is always silent, and the vowels **e** and **o** are pronounced somewhat more open or more closed according to different Italian regional accents. Although there are standardized rules for pronunciation, the regional influences are so strong that Italians accept these slight differences. An example of the difference is roughly the American equivalent of the initial **o** in the word *Boston* as pronounced in the city of Boston compared to its pronunciation in other parts of the country.

Often, vowels may appear together to form a diphthong (two vowels: **piuma, uomo, piano, Fiesole**) or a triphthong (three vowels: **miei, tuoi, suoi, maiuscolo, zabaione**). In such combinations, a vowel may become a semivowel and lose its typical pronunciation. All these details and others appear in the table below next to each vowel or consonant, as needed.

Letter	Italian Name	Italian Example	Approximate English Sound
a	*a*	**padre, mamma, banana**	**A** as in English *father, car, ah!*
b	*bi*	**bar, buono, abete**	**B** as in English *bar, beer, bat.*
c	*ci*	**ceci, cinema**	**Ch** as in English *chop* when followed by **e** or **i**, or
		Carlo, cosa, Cuba	**C** as in English *cane* when followed by **a, o,** or **u**; or
		chiave, anche	**C** as in English *cane*; in Italian **ch** is always followed by **e** or **i**: chi, chiuso, perché.
d	*di*	**dove, divano, due**	**D** as in English *dear, duet.*
e	*e*	**bello, vento, è, lento**	An open sound as in English *let;*
		sete, bene, pepe, vede	and a closed sound as in English *make.*
f	*effe*	**fiume, fuori**	**F** as in English *foot.*
g	*gi*	**gente, giorno**	**G** when followed by **e** or **i**, as in English *gentleman, gist.*
		gatto, gara, gomma, guaio, gola, gusto	When followed by **a, o,** or **u**, as in English *goat, gap, gum.*
		ghiro, ghetto, ghermire, ghiaccio, ghiaia, ghigliottina, gheriglio	When followed by an **h, gh** sounds as in English *go, gum, get.*
		aglio, cogliere, gli, luglio, famiglia, figlio, figlia, maglia, foglia, giglio, pigliare, egli, svegliare	When **gl** is followed by **i**, the sound is somewhat similar to English *million.*
		glicine, glicerina, anglicano, negligenza, negligente	However, these are some exceptions: **gl** followed by **i** may also be pronounced as in English *glass.*

Letter	Italian Name	Italian Example	Approximate English Sound
		glabro, gleba, glaciale, gloria, gladiatore, gladiolo, glossa, globo, negletto, globulo, glorioso, glossario, glucosio, conglomerare	**Gl** is always pronounced as in English *glass* when the vowels that follow are **a**, **e**, **o**, and **u**.
h	*acca*	ho, hai, ha, hanno, ah!, eh!, oh!	Never pronounced, like **h** in English *oh!* and *ah!*, unless together with **c** (ch), or **g** (gh): see the letters **c** and **g** above.
i	*i*	sí, divino, Dino	**I** as in English *police, cheese, these.*
		fiamma, fiasco, fiume, fiocco, fieno, Fiesole, fiato	When the **i** is unstressed in a diphthong, it is pronounced like **y** in English *yes, yet.*
l	*elle*	latte, lei, Lola, loro, filo, Colombo, lasagne, lui	**L** as in English *love, letter.*
m	*emme*	mamma, musica, mio, moto, mimo, mambo	**M** as in English *mother, music.*
n	*enne*	nonni, nuora, naso, nuoto, banana	**N** as in English *nickel, none.*
o	*o*	dopo, ora, mondo, molto, dove, sole	**O** has two sounds: closed **o** as in English *cone,*
		cosa, ciò, porta, posta, costa, canto, donna, gonna	and open **o** as in English *lost.*
p	*pi*	pino, padre, papa, piede, piú, piano, cuspide	**P** as in English *pope, pin.*
q	*cu*	qui, qua, quadro, quindi, quando, dunque, quello, questo, cinque, quindici, quanto, qualora, squalo	**Q**, as in English, is always followed by **u** and one or more vowels: **quando**; **quiete**, as in English *quiet; quorum, quince.*
r	*erre*	Roma, aroma, rete, ieri, verde, vero, carta, parete, zero	Similar to the English **r** in *red* (but trilled instead of rolled).
s	*esse*	scala, Scozia, suo, ascoltare, scuola, stare, vasca, sala, sale, sole, falso, discutere, spazio, scopa, stoffa	**S** may be unvoiced or voiced. It is unvoiced when initial, pronounced as in English *see, stay, spy.*
		sbaglio, sbalzo, sbarbare, sdegno, sdraia, sdrucire, sgabello, sgelo, sgomento, slancio, slitta, sloggio, smacco, smagrire, smaltire, smania, snellire, snidare, sradicare, svanire, svantaggio, sveglio, svendere	It is voiced when initial followed by **b, d, g, l, m, n, r, v**, sounding like **z** in English **zenith**: **sbaglio**, etc., except when in a foreign word such as *slam, smoking, snob, smog.*

Letter	Italian Name	Italian Example	Approximate English Sound
		quạsi, rosa, paẹse, centẹsimo, chiẹsa, quarẹsima, bisonte, invaso, caso, ọasi, frase *but* risentire, girasole, controsenso, prẹside, sessantasẹi	The **s** is voiced also when intervocalic (between two vowels), sounding like **z** in English *zenith* with some notable exceptions: **casa, cosa, cosí, tesa,** and a few others, as well as in compounds such as **autoservịzio.** Note that, in general, in Italy, the **s** is mostly voiced in the North and mostly unvoiced in the South.
		sciocco, sciọpero, sciovịa, sciạme, lịscio, cọscia, ụscio	**Sc** followed by **e** or **i** produces the sound **sh**, as in English *shoot*.
		scherzo, schiodare, schema, Schicchi, mosche, caschi	**Sch** followed by **e** or **i** produces the sound **sk** as in English *sky* or *sc* in *escape*.
t	*ti*	tappo, tarlo, TAC, tẹma, terra, topo, Topolino, artista, pasta, pista, basta	**T** as in English *tire*, *take*.
u	*u*	buco, cubo, sugo, rughe, luna, tuta	**U** as in English *ruler* or *cool*.
		uọmo, quạndo, Guịdo, quạnto, galantuọmo, nuọvo, guẹrra, guạsto, guidare, buọno	When followed by a vowel, the **u** is pronounced as **w** in English *west*.
v	*vu*	vulcano, vuọto, vaso, vino, veste, Vespa, vịvere, uva, vita	**V** as in English *vote*.
z	*zeta*	Firenze, zịo, ọzio, paziẹnza, prezzo, grạzie, zụcchero, pazzo, terzo, zịa, calza, sạzio, stanza, conversaziọne	**Z** is unvoiced and voiced. It is unvoiced (**ts**) as in English *vets*.
		mezzo, romanzo, zelo, Manzoni, Ronzoni, zero, zạino, zọö, zabaiọne, ozono, analizzare, azzurro, zodịaco, dozzina, Zạnzibar	**Z** is voiced (**dz**) as in English *beds*.

Five additional letters of the alphabet appear in many foreign words fully integrated in the Italian language. There is an attempt to pronounce these words as in the original language; however, the results seldom conform to the original pronunciation.

Letter	Italian Name	Example
j	i lunga; i lungo	jogurt, jolly, junior, jazz, judo
k	cappa	hockey, kimono, poker, polka
w	doppia vu, vu doppio	Walter, watt, welter, sandwich
x	ics	taxi, xenofọbia, box, unisex
y	ipsilon; i greco	brandy, sexy, rally, yoga, derby

Double Consonants

In Italian, all consonants may be written double. Double consonants sound longer and more emphatic. A trained ear will notice the difference between single and double consonants. Below are some words that differ only in a particular consonant (except for **quadro / soqquadro**).

Single Consonant	Double Consonant
tufo	**tuffo**
lego	**leggo**
ala	**alla**
gala	**galla**
pala	**palla**
capello	**cappello**
velo	**vello**
camino	**cammino**
cane	**canne**
nono	**nonno**
sono	**sonno**
dona	**donna**
papa	**pappa**
copia	**coppia**
quadro	**soqquadro**
caro	**carro**
casa	**cassa**
tuta	**tutta**

Stress and Accent Marks

In Italian, the stress is indicated by an accent mark only on words that end with accented vowels. Many books oversimplify the use of accent marks by always preferring a grave accent (`). Others utilize the acute accent (´) only on words that end in **-ché** (**perché**, etc.). In this book, the accent marks used to indicate stress on the last syllable of a word will appear as follows:

A. The grave accent (`) will be placed on accented final vowels **à** and **ò**:

città *city*   **civiltà** *civilization*   **università** *university*   **comò** *chest of drawers*
oblò *porthole*   **sarò** *I will be*

B. The acute accent (´) will be placed on all other final vowels with the exception of the third-person singular of the verb **essere**: **è** (*he, she,* or *it is*):

perché *why; because*   **anziché** *instead*   **cioé** *that is*   **cosí** *so*
capí *he/she understood*   **dí** *day*   **Corfú** *Corfu*   **piú** *more*   **virtú** *virtue*

In all other instances, deciding where the stress falls is problematic. Some general guidelines are as follows:

A. On many Italian words the stress falls on the penult (the next to the last syllable):

ter–ra *earth; dirt*
set–ti–ma–na *week*
i–ta–lia–no *Italian*
An–to–nio *Anthony*
com–pra–re *to buy*
fia–to *breath*

B. On just as many other words, if not more, it is difficult to decide. When in doubt, consult a dictionary. Throughout this book, a small dot under the stressed syllable will indicate the correct stress (when the penult syllable is not stressed). Observe the following:

       Ste̥–fa–no   *Stephen*
       sim–pḁ–ti–co   *nice, pleasant*
       U̥m–bria   *Umbria*
       cre̥–de–re   *to believe*
       ḁl–be–ro   *tree*
       se̥m–pli–ce   *simple*
       go̥n–do–la   *gondola*

Syllabication

To divide Italian words into syllables, the following guidelines are suggested:

A. A single consonant absorbs the vowel that follows it:

       ca–de̥–re   *to fall*
       ce̥–de–re   *to give in*
       pe–pe   *pepper*
       ra–gio̥–ne   *reason*

B. The consonants **l**, **m**, **n**, and **r** are always separated from any other consonant that follows:

       ḁl–be–ro   *tree*
       cor–sa   *race*
       im–pe̥–ro   *empire*
       mḁn–cia   *tip*

C. All other groups of two consonants absorb the syllable that follows:

       pa–sta   *pasta, dough*
       ba–gno   *bath, bathroom*
       fi̥–glia   *daughter*
       va–ni̥–glia   *vanilla*

D. Double consonants are divided:

       bas–so   *short*
       pan–na   *cream*
       son–no   *sleep*
       pe̥g–gio   *worse*
       fet–ta   *slice*

E. When three consonants appear together other than initially, the first one is absorbed by the preceding syllable. Observe the following:

       se̥m–pli–ce   *simple*
       den–tro   *inside*
       Lon–dra   *London*
       In–ghil–ter–ra   *England*

F. When the vowels **i** and **u** are unstressed, they will be absorbed by the vowel that follows:

       chiu̥–so   *closed*
       schiu̥–ma   *foam*
       uo̥–mi–ni   *men*
       chie̥–sa   *church*
       chiḁ–ve   *key*

PUNCTUATION AND ORTHOGRAPHIC MARKS

       .   **il punto; punto fermo**
       ,   **la vi̥rgola**

;	**il punto e virgola**
:	**i due punti**
?	**il punto interrogativo**
!	**il punto esclamativo**
. . .	**i puntini di sospensione**
<< >>	**le virgolette**
-	**il trattino; la stanghetta**
—	**la lineetta**
*	**l'asterisco**
/	**la sbarretta**
( )	**le parentesi tonde**
[ ]	**le parentesi quadre**
`	**l'accento grave**
´	**l'accento acuto**
{	**la sgraffa**
'	**l'apostrofo**
¨	**la dieresi** *(rarely used)*
^	**l'accento circonflesso** *(rarely used)*

1. Identify and write in the same order in which they appear below all those words which contain the sound **ch** as in English *chart*. Review the chart, page 1.

ciao   Cuba   continente   ciarlatano   ceppo   chiaro   cinico   perché   cencio   chiave   Vincenzo scena   ciò   bicicletta   richiamo   cinque   baci   questo

1. ciao
2. ciarlatano
3. ceppo (stump)
4. cinico (cynical)
5. cencio (duster)
6. Vincenzo
7. ciò
8. bicicletta
9. cinque
10. baci

2. Identify and write in the same order in which they appear below all those words which contain the sound of **k** as in English *key* or *cup*. Review the chart, page 1.

cena   coppa   mancia   chiave   perché   come   ceci   Corfú   cinici   chimica   parco   chiesa aceto   credito   Chieti

1. _____
2. _____
3. _____
4. _____
5. _____
6. _____
7. _____
8. _____
9. _____
10. _____

3. Identify and write in the order in which they appear below all those words which contain the sound of **e** as in English *bet* or *fake*. Review the chart, page 1.

vero   faro   tenda   bella   auto   ferro   ma   cane   navi   neve

1. _____
2. _____
3. _____
4. _____
5. _____
6. _____

4. Identify and write, keeping the word order the same, all those words from the list below which contain the sound of **g** as in English *George*. Review the chart, page 1.

gatto   Gino   laghi   gente   gonna   giovane   rogo   ragione   vaga   grigi   vanga   giacca

1. _____   4. _____
2. _____   5. _____
3. _____   6. _____

5. Identify and write, keeping the word order the same, all those words from the list below which contain the sound of **g** as in English *go*. Review the chart, pages 1–2.

gloria Giorgio ghiro glicine gemma gioia ghetto gatta foglia laghi aglio ghiaccio gomma valige gas aghi

1. _____   6. _____
2. _____   7. _____
3. _____   8. _____
4. _____   9. _____
5. _____   10. _____

6. Review the chart on the pronunciation of **h**, page 2, and write below all the Italian examples given in the chart.

1. _____   5. _____
2. _____   6. _____
3. _____   7. _____
4. _____

7. Identify and write, keeping the same word order, all those words from the list below whose sound corresponds approximately with the **ll** in English *million* or *scallion*.

glaciale luglio globo glutine meglio sbagli gloria ammiraglio anglicano svegliare svogliato negletto maglione snello rollino figli gli quelli foglie

1. _____   6. _____
2. _____   7. _____
3. _____   8. _____
4. _____   9. _____
5. _____   10. _____

8. Identify and write all those words from the list below which contain a sound that corresponds with the vowel sound in English *feet*. (Keep the same word order.) Review the chart, page 2.

penna tipo riso cena fame zio vino vena Cina Genova Milano diva neve farina

1. _____   5. _____
2. _____   6. _____
3. _____   7. _____
4. _____   8. _____

9. From the words listed below, choose and write, in the order of appearance, those words which produce the initial sound of **z** as in English *zero* (because of the voiced **s** in Italian). Review the chart, pages 2–3.

sole scopa smaltire sbagli spazio sale smania sbarbare snob sgabello smog svanire

1. _____   4. _____
2. _____   5. _____
3. _____   6. _____

10. From the words below showing intervocalic **-s-**, identify and write those words which have an unvoiced intervocalic **-s-** and produce the sound of **s** as in English *son*. (Keep the word order the same.) Review the chart, page 3.

quasi cosí cosa rosa caso girasole desiderio controsenso invaso preside frase autoservizio chiesa risentire

1. _____   5. _____
2. _____   6. _____
3. _____   7. _____
4. _____   8. _____

11. From the words below, identify and write, in the same order in which they appear, those words with the sound of **sh** as in English *shoe*. Review the chart, page 3.

schiena sci uscita sciopero scherzo boschi lasciare scarpa scena bacio sciolto scendere scala sceicco

1. _____   5. _____
2. _____   6. _____
3. _____   7. _____
4. _____   8. _____

12. From the words below, identify and write those words which contain a voiced **dz** as in English *beds* under Column A and identify and write under Column B those words which contain an unvoiced **ts** as in English *bets*. Maintain the order in which the words appear, as much as possible. Review the chart, page 3.

zio zie zero zaino zucchero terzo zabaione grazie zoö calza Manzoni ozono zodiaco pazienza Firenze zelo

                     A   *B*

1. _____   1. _____
2. _____   2. _____
3. _____   3. _____
4. _____   4. _____
5. _____   5. _____
6. _____   6. _____
7. _____   7. _____
8. _____   8. _____

13. Review the five foreign letters (page 3), found in Italian words of foreign origin and write next to each bold letter below the first three words given as examples in the chart for each foreign letter.

1. **j** (*a*) _____ (*b*) _____ (*c*) _____
2. **k** (*a*) _____ (*b*) _____ (*c*) _____
3. **w** (*a*) _____ (*b*) _____ (*c*) _____
4. **x** (*a*) _____ (*b*) _____ (*c*) _____
5. **y** (*a*) _____ (*b*) _____ (*c*) _____

14. To the right of each word with a single consonant, write a corresponding word with a double consonant as found in the chart, page 4.

Single Consonant   *Double Consonant*

1. capello   1. _____
2. nono   2. _____

Single Consonant	Double Consonant
3. tuta	3. _____
4. casa	4. _____
5. cane	5. _____
6. papa	6. _____
7. pala	7. _____
8. dona	8. _____
9. copia	9. _____
10. quadro	10. _____

15. All of the words below are stressed on the last syllable and are written on purpose without the appropriate accent. Review the section Stress and Accent Marks, pages 4–5, and place the correct accent as explained in parts A and B. Rewrite the words, keeping them in the order in which they appear.

virtu   papa   e   parti   visito   carita   cosi   perche   lunedi   citta

1. _____	6. _____
2. _____	7. _____
3. _____	8. _____
4. _____	9. _____
5. _____	10. _____

16. Rewrite the words below, keeping the same order in which they appear, showing the separation of syllables within each word (e.g., **cucina**   cu–ci–na). Review Syllabication, page 5.

magnifico   cugino   maggio   giugno   ragazzi   marrone   Angelo   Giuseppe   coniglio semplicemente   fiato   Italia   mamma   padre   Firenze   Domodossola   Stefania   mercoledí costare   scimmia

1. _____	11. _____
2. _____	12. _____
3. _____	13. _____
4. _____	14. _____
5. _____	15. _____
6. _____	16. _____
7. _____	17. _____
8. _____	18. _____
9. _____	19. _____
10. _____	20. _____

17. Next to each punctuation or orthographic mark below write its Italian name. Review the chart, pages 5–6.

1. !	_____	11. *	_____
2. << >>	_____	12. ( )	_____
3. `	_____	13. {	_____
4. .	_____	14. ?	_____
5. ,	_____	15. "	_____
6. /	_____	16. ;	_____
7. ...	_____	17. -	_____
8. [ ]	_____	18. :	_____
9. ´	_____	19. —	_____
10. ^	_____	20. '	_____

Review

18. Enter in each space provided an appropriate word from the list below that corresponds with the underlined sound produced by the English word in parentheses, and fits well in the context of each sentence.

ciao aceto ragione svogliato caro aglio zio casa sciopero prezzo zaino gemme cencio Gino sci Parco chiesa svendono grazie perché Lago rose chiavi Vino azzurro ceci ghiaccio meglio sbarbo sempre scuola frasi zoö boschi

1. Anna ed io ci diciamo _____ . (_chat_)
2. Nell'insalata metto solo olio e _____ . (_bet_)
3. Mio _____ e mia zia sono meravigliosi. (_deed_)
4. Quando scrive, Pietro fa troppi _____ . (_zero_)
5. Quel ristorante è troppo _____ . (_cat_)
6. È troppo tardi! Andiamo a _____ . (_son_)
7. Giorgio non studia, è molto _____ . (_million_)
8. Queste _____ aprono tutte le porte. (_key_)
9. Prima di andare a sciare devo comprare un paio di _____ . (_shop_)
10. In inverno qui c'è molto _____ . (_get_)
11. Dammi un _____ , devo pulire il banco. (_china_)
12. La _____ elementare dura per ben cinque anni. (_son_)
13. È _____ non uscire troppo tardi! (_million_)
14. Non telefono a Pietro _____ non mi risponde. (_keg_)
15. A destra c'è l'entrata e a sinistra c'è l'_____ . (_ship_)
16. Paolo e _____ sono dei bravi ragazzi. (_jet_)
17. Io mi _____ ogni mattina. (_zero_)
18. Lo _____ ferroviario durerà poco. (_shop_)
19. Il _____ di queste scarpe è modico. (_bets_)
20. Vanno in _____ la domenica. (_leg_)
21. I bambini amano andare allo _____ . (_beds_)
22. Mi piacciono la cipolla e l'_____ . (_scallion_)
23. Scrivi delle _____ troppo lunghe. (_zenith_)
24. Ai bambini piace la pasta con i _____ . (_chip_)
25. Per il suo compleanno ho dato a Luisa dodici _____ rosse. (_zenith_)
26. Il _____ Chianti ci piace molto. (_seen_)
27. Perché sempre vuoi avere _____ . (_George_)
28. In quel negozio _____ tutto! (_zero_)
29. Il _____ Centrale di Nuova York è spettacolare. (_come_)
30. Il _____ di Bracciano è a nord di Roma. (_go_)
31. Questo _____ pesa troppo! (_beds_)
32. È una bella giornata; il cielo è _____ ! (_beds_)
33. I funghi si trovano nei _____ . (_keg_)
34. Le _____ sono pietre preziose. (_Jim_)
35. Roberto, molte _____ della tua gentilezza. (_bets_)

19. In the spaces provided indicate the appropriate symbols.

1. le parentesi quadre: _____
2. l'accento acuto: _____
3. le virgolette: _____
4. il punto (punto fermo): _____
5. la sbarretta: _____

    6. l'asterisco: _____
    7. l'accento grave: _____
    8. il punto interrogativo: _____
    9. il trattino (la stanghetta): _____
  10. le parentesi tonde: _____
  11. il punto esclamativo: _____
  12. l'apostrofo: _____
  13. la virgola: _____
  14. i due punti: _____
  15. i puntini di sospensione: _____

20. All the words below are accented on the last syllable. Supply the appropriate accents.

    1. universita
    2. como
    3. venerdi
    4. servitu
    5. affinche

21. Rewrite each word and separate it in syllables.

    1. coppia: _____
    2. Urbino: _____
    3. meraviglioso: _____
    4. babbo: _____
    5. Stefano: _____
    6. Marcello: _____
    7. chiesa: _____
    8. Siena: _____
    9. marittino: _____
  10. bellissimo: _____

Chapter 2

Nouns and Articles

NOUNS

Nouns Ending in *-o* and *-a*

Singular forms

The Italian noun, unlike its English counterpart, has a gender. Those nouns that refer specifically to a man, such as *father, brother,* etc., are masculine. Those nouns that refer specifically to a woman, such as *mother, sister,* etc., are feminine.

For all other nouns it is necessary to learn the proper gender. The problem is not quite so complex as it may at first appear. Italian nouns can be classified into gender groups according to their endings. Almost all nouns that end in **-o** are masculine, and almost all nouns that end in **-a** are feminine. The Italian equivalents of the definite article *the* are **il, lo, l', la, l', i, gli, gl', le, l'**.

Masculine		*Feminine*	
il ragazzo	*boy*	**la ragazza**	*girl*
il fratello	*brother*	**la sorella**	*sister*
il nonno	*grandfather*	**la nonna**	*grandmother*
il maestro	*teacher*	**la maestra**	*teacher*
lo zio	*uncle*	**la zia**	*aunt*
il libro	*book*	**la scuola**	*school*
il quaderno	*notebook*	**la penna**	*pen*
il museo	*museum*	**la chiesa**	*church*
il negozio	*store*	**la casa**	*house*
l'attico	*attic*	**l'aula**	*classroom*
il supermercato	*supermarket*	**la campagna**	*countryside*
il bosco	*woods*	**la spiaggia**	*beach*
il centro	*center*	**la bicicletta**	*bicycle*

The definite article *the* must agree with the noun it modifies. The definite article **il** is placed before most masculine singular (m. s.) nouns.

il ragazzo	*boy*
il porto	*harbor*
il vino	*wine*

Lo is placed before all masculine singular nouns beginning with **z**, **s** plus a consonant, **ps**, or **gn**.

lo zio	*uncle*
lo studio	*study*
lo psicologo	*psychologist*
lo gnomo	*gnome*

L' is placed before all masculine singular nouns beginning with a vowel.

l' amico	*friend*
l'albero	*tree*
l'inverno	*winter*
l'italiano	*Italian*

The definite article **la** is placed before all feminine singular (f. s.) nouns that begin with a consonant.

la casa *house*
la strada *street*
la zia *aunt*
la scuola *school*

L' is placed before all feminine singular nouns that begin with a vowel.

l'amica *friend*
l'aranciata *orangeade*
l'estate *summer*
l'entrata *entrance*

1. Complete the following nouns with the appropriate ending:

1. Il negozi*o* è moderno.
2. La scuol*a* è nuova.
3. Il ragazz*o* è buono.
4. L'uom*o* è bravo.
5. La nonn*a* è vecchia.
6. Lo zain*o* è rosso.
7. La zi*a* è simpatica.
8. Il libr*o* è piccolo.
9. L'aul*a* è bella.
10. Il fratell*o* è alto.
11. La signor*a* è americana.
12. Lo studi*o* è magnifico.
13. Il muse*o* è bello.
14. La sorell*a* è carina.

2. Complete the following with the correct form of the definite article: **il**, **la**, **l'**, or **lo**:

1. *la* ragazza compra *il* cappello.
2. *lo* zio porta *il* regalo.
3. *il* maestro insegna *la* lettura.
4. *la* signora guida *la* macchina.
5. *lo* stadio è pieno di gente.
6. *il* nonno fuma *la* pipa.
7. *il* ragazzo porta *la* cravatta.
8. *l'* uomo compra *l'* automobile.
9. *il* proprietario chiude *il* negozio.
10. *la* signorina visita *il* museo.
11. *il* fratello compra *la* frutta.
12. *l'* amica vede *i* nonni.
13. *la* zia scrive *la* lettera.
14. *la* studentessa usa *il* dizionario.
15. Chi ha fatto *lo* sbaglio?
16. Dov'è *la* penna?
17. Carlo è *l'* amico di Maria.
18. *la* penna e *l'* inchiostro sono sul banco.
19. Quanto costa *il* biglietto?
20. Dov'è *la* stanza da bagno?

Plural forms

In order to form the plural (pl.) of nouns ending in **-o** or **-a**, the **-o** is changed to **-i**, and the **-a** is changed to **-e**. The definite article **il** changes to **i** (m. pl.) and **la** changes to **le** (f. pl.).

il ragazzo ⟶ i ragazzi   **la ragazza ⟶ le ragazze**
il maestro ⟶ i maestri   **la maestra ⟶ le maestre**

il nonno ⟶ i nonni		la nonna ⟶ le nonne	
il musẹo ⟶ i musẹi		la zịa ⟶ le zịe	
il libro ⟶ i libri		la casa ⟶ le case	

The plural of **lo** and **l'** (with masculine nouns) is **gli**. **Gli** may be contracted to **gl'** with masculine plural nouns beginning with the vowel **i**.

lo zịo ⟶ gli zịi
lo studente ⟶ gli studenti
l'amico ⟶ gli amici
l'inverno ⟶ gli inverni (gl'inverni)

The plural of **l'** (with feminine nouns) is **le**. **Le** may be contracted to **l'** with feminine plural nouns beginning with the vowel **e**.

l'aranciạta ⟶ le aranciạte
l'amica ⟶ le amiche
l'entrata ⟶ le entrate (l'entrate)

3. Rewrite the following sentences in the plural according to the model:

Il ragazzo è bello. ⟶ I ragazzi sono belli.
La maẹstra è italiạna. ⟶ Le maẹstre sono italiạne.

1. La signora è alta.   *Le signorie sono alte*
2. Il libro è piccolo.   *i libri sono piccoli*
3. La nonna è vẹcchia.   *le nonne sono vecchie.*
4. La scuọla è nuọva.   *Le scuọle sono nuove*
5. Il nonno è bravo.   *i nonni sono bravi*
6. La ragazza è alta.   *Le ragazze sono alte*
7. La professoressa è americana. *Le professore sono americane*
8. Il quaderno è giạllo.   *i quaderni sono gialli*
9. Il maẹstro è buọno.   *i maestri sono buoni*
10. La cravatta è rossa.   *Le cravatte sono rosse*

4. Complete the following with the correct form of the definite article:

1. _____*i*_____ ragazzi sono italiạni.
2. _____*le*_____ studentesse stụdiano molto.
3. _____*gli*_____ amici di Carlo sono simpạtici.
4. _____*i*_____ dizionari sono importanti.
5. _____*le*_____ case sono rosse.
6. _____*le gli*_____ zịe e _____ zịi viạggiano molto.
7. _____*gli*_____ sbagli sono di Piẹtro.
8. _____*i*_____ cugini di Rosa sono in casa.
9. _____*gli*_____ inverni sono molto duri.
10. _____*le*_____ entrate sono aperte.
11. _____*le*_____ tazze sono piẹne di caffé.
12. _____*i*_____ bambini sono carini.
13. _____*i*_____ palloni sono di gomma.
14. _____*le*_____ strade sono larghe.
15. _____*le*_____ aranciạte sono deliziọse.

Nouns Ending in -e

Nouns referring to human beings

Nouns ending in **-e** can be either masculine or feminine. Many of these nouns refer to people, and the gender of the noun is usually determined by the sex of the person referred to.

il parente	*relative*	**la parente**	*relative*
il cantante	*singer*	**la cantante**	*singer*
il nipote	*nephew, grandson*	**la nipote**	*niece, granddaughter*
il minorenne	*minor*	**la minorenne**	*minor*
il paziente	*patient*	**la paziente**	*patient*
il consorte	*spouse*	**la consorte**	*spouse*

Nouns referring to things

It is difficult to guess the gender of nouns ending in **-e** which do not refer to human beings. This is due to the fact that there is a vast number of both masculine and feminine nouns ending in **-e**. Below is a list of some common masculine nouns that end in **-e**. When modified by a regular adjective, the gender is seen in the adjective (see exercise 5, below).

il giornale	*newspaper*	**il fiume**	*river*
il canale	*canal*	**il fiore**	*flower*
il pane	*bread*	**il ponte**	*bridge*
il baule	*trunk*	**il mare**	*sea*
il nome	*name*	**il piede**	*foot*

Feminine nouns

Below is a list of some common feminine nouns ending in **-e**. Note that all nouns ending in **-zione** are feminine.

la frase	*sentence*	**la sete**	*thirst*
la classe	*class; classroom*	**la nave**	*ship*
la notte	*night*	**la capitale**	*capital*
la chiave	*key*	**la carne**	*meat*
la fine	*end*	**la gente**	*people*
la canzone	*song*	**la nazione**	*nation*

Forming the plural

Most nouns ending in **-e** in the singular, be they masculine or feminine, form their plural by changing **-e** to **-i**.

i padri	*fathers*	**le madri**	*mothers*
i presidenti	*presidents*	**le classi**	*classes*
gli studenti	*students*	**le chiavi**	*keys*
i nomi	*names*	**le navi**	*ships*
i dottori	*doctors*	**le notti**	*nights*

5. Complete the following sentences with the appropriate definite article:

1. _la_ cantante è simpatica.
2. _il_ dottore è famoso.
3. _il_ padre è buono.
4. _il_ presidente è vecchio.
5. _il_ portone è vecchio.
6. _la_ studente è bravo.
7. _la_ nipote è brava.
8. _il_ nome è lungo.
9. _la_ carne è costosa.
10. _la_ nave è grandissima.

6. Complete the following with the correct definite article:

1. _____*il*_____ pane è buono.
2. È _____*la*_____ fine della pellicola (*movie*)?
3. _____*il*_____ ponte attraversa _____*il*_____ fiume.
4. _____*la*_____ gente canta _____*la*_____ canzone.
5. Come si chiama _____*il*_____ canale?
6. _____ signore legge _____*il*_____ giornale.
7. _____*la*_____ capitale d'Italia è Roma.
8. _____*il*_____ mare è bello di notte.

7. Rewrite the following sentences in the plural according to the model:

La classe è allegra. ⟶ Le classi sono allegre.

1. La classe è allegra.
2. La madre è generosa.   *le madre e generose*
3. Il dottore è famoso.   *I dottori sono famosi*
4. Il padre è generoso.   *i padri sono generosi*
5. La canzone è melodiosa.   *le canzoni sono melodiose*
6. La nave è bella.   *le navi sono belle*
7. Lo studente è alto.   *gli studenti sono alti*
8. Il cantante è bravo.   *i cantanti sono bravi*
9. La chiave è piccola.   *le chiavi sono piccole*
10. La notte è misteriosa.   *le notti sono misteriose*

Masculine Nouns Ending in -a

There are some masculine nouns which end in **-a**. Many of these nouns are derived from Greek roots. Below is a list of those most commonly used.

il clima	*climate*	**il pilota**	*pilot*
il programma	*program*	**il poema**	*poem*
il dramma	*drama*	**il sistema**	*system*
il poeta	*poet*	**il papa**	*pope*
il pianeta	*planet*	**il problema**	*problem*
il tema	*theme*		

The plural of such nouns ends in **-i**.

i programmi   **i drammi**

Note that many nouns ending in **-ista** refer to professions. These nouns are masculine when specifically referring to a man and feminine when specifically referring to a woman. The masculine plural ends in **-isti** and the feminine plural ends in **-iste**. Observe the following:

Masculine	*Feminine*
il dentista ⟶ i dentisti	**la dentista ⟶ le dentiste**
il violinista ⟶ i violinisti	**la violinista ⟶ le violiniste**
il giornalista ⟶ i giornalisti	**la giornalista ⟶ le giornaliste**
il farmacista ⟶ i farmacisti	**la farmacista ⟶ le farmaciste**
il pianista ⟶ i pianisti	**la pianista ⟶ le pianiste**
l'artista ⟶ gli artisti	**l'artista ⟶ le artiste**
il telecronista ⟶ i telecronisti	**la telecronista ⟶ le telecroniste**

8. Complete the following sentences with an appropriate word from the lists above. Supply also the definite article:

1. _____*il clima*_____ di questa regione è tropicale.
2. _____ televisivo è interessante.
3. _____*l'artista*_____ suona il violino, ed è brava.

4. _____ scolạstico è complicato.
5. _____ è messo in scena al teạtro Roma.
6. _____ compone poesịe.
7. _____ scrive per i giornali, ed è ọttimo.
8. _____ mi estrạe un dente, ed è cạuta.
9. _____ italịano suọna un concerto per piạno di Mozart.
10. _____ vende molte medicine.
11. _____ trasmette le notịzie, ed è brava.

9. Give the plural of the following words.

1.	il poẹma	*i froemi*	6.	il pilota	*i piloti*
2.	il dramma	*i drammi*	7.	la giornalista	*le giornaliste*
3.	la dentista	*le dentiste*	8.	la pianịsta	*le pianiste*
4.	il farmacista	*le farmaciste*	9.	il telecronista	*i telecronisti*
5.	il pianeta		10.	il dentista	*i dentisti*

Feminine Nouns Ending in -o

Several common nouns ending in **-o** are feminine. Below is a list of these nouns. Note that only the noun **mano** (*hand*) changes spelling in the plural; the others listed here do not.

> **la mano ⟶ le mani**   *hand*
> **la foto ⟶ le foto**   *photograph*
> **la dịnamo ⟶ le dịnamo**   *dynamo*
> **la rạdio ⟶ le rạdio**   *radio*
> **l'ạuto ⟶ le ạuto**   *automobile, car*
> **la moto [motocicletta] ⟶ le moto (motociclette)**   *motorcycle*

10. Rewrite the following sentences in the plural:

1. La rạdio è istruttiva. *le radio sono istruttive*   4. Il bambino è carino. *i bambini sono carini*
2. La dịnamo è ụtile. *le dinamo sono utili*   5. L'ạuto è rossa. *le auto sono rosse*
3. La foto è bella. *le foto sono belle*   6. La moto è giapponese. *le moto son giapponesi*

Plural of Nouns Ending in -ca and -ga[1]

Feminine nouns ending in **-ca** and **-ga** form their plural in **-che** and **-ghe**, thus preserving the hard sound of the **c** and **g** of the singular.

> **la barca ⟶ le barche**   *boat*
> **l'amica ⟶ le amiche**   *friend*
> **la mosca ⟶ le mosche**   *fly*
> **la formica ⟶ le formiche**   *ant*
> **la pesca ⟶ le pesche**   *peach*
> **l'oca ⟶ le oche**   *duck*
> **la diga ⟶ le dighe**   *dam*
> **la ruga ⟶ le rughe**   *wrinkle*
> **la collega ⟶ le colleghe**   *colleague, f.*
> **la tụnica ⟶ le tụniche**   *tunic*

---

[1] For a better understanding of these sounds and others, always review chapter 1.

11. Pluralize the following sentences according to the model:

> **L'amica è brava. ⟶ Le amiche sono brave.**
> **La diga è grandissima. ⟶ Le dighe sono grandissime.**

1. La collega è americana.   *le colleghe sono americane*
2. L'opa è grassa.   *le ore sono grasse*
3. La pesca è deliziosa.   *le pesche sono deliziose*
4. La formica è piccola.   *le formiche sono piccole*
5. La ruga è brutta.   *le righe sono brutte*
6. La mosca è seccante.   *le mosche sono seccanti*
7. La tunica è bianca.   *le tuniche è bianche*
8. La barca è rossa.   *le barche sono rosse*

Also note that some nouns ending in **-ca** and **-ga** are masculine. Masculine nouns ending in **-ca** and **-ga** form their plural in **-chi** and **-ghi**. For example:

> **il monarca ⟶ i monarchi**   *monarch*
> **il patriarca ⟶ i patriarchi**   *patriarch*
> **il duca ⟶ i duchi**   *duke*
> **il collega ⟶ i colleghi**   *colleague*

Plural of Masculine Nouns Ending in *-co* and *-go*

Most masculine nouns, but not all, ending in **-co** and **-go** form their plural in **-chi** and **-ghi**, thus preserving the hard sound of the **c** and **g** of the singular.

> **il cuoco ⟶ i cuochi**   *cook*
> **il parco ⟶ i parchi**   *park*
> **il manico ⟶ i manichi (also: manici)**   *handle*
> **l'albicocco ⟶ gli albicocchi**   *apricot tree*
> **il palco ⟶ i palchi**   *stage*
> **il sacco ⟶ i sacchi**   *sack*
> **l'arco ⟶ gli archi**   *arch*
> **il luogo ⟶ i luoghi**   *place*
> **l'obbligo ⟶ gli obblighi**   *duty*
> **il prologo ⟶ i prologhi**   *prologue*
> **il dialogo ⟶ i dialoghi**   *dialog*
> **il catalogo ⟶ i cataloghi**   *catalog*

12. Pluralize the following sentences according to the models:

> **Il dialogo è breve. ⟶ I dialoghi sono brevi.**
> **Il sacco è vuoto. ⟶ I sacchi sono vuoti.**

1. Il sacco è pesante.   *i sacchi sono pesanti*
2. Il dialogo è difficile.   *i dialoghi sono difficili*
3. Il chirurgo è giovane.   *i chirurghi sono giovani*
4. Il monologo è tedioso.   *i monologhi sono tediosi*
5. Il fuoco è pericoloso.   *I fuochi sono pericolosi*
6. Il luogo è vicino.   *I luoghi sono vicini*
7. Il catalogo è questo!   *I cataloghi sono questi*
8. L'obbligo è mutuale.   *Gli obblighi sono mutuali*

You will also note that many masculine nouns ending in **-co** and **-go** form their plural in **-ci** and **-gi**.

> **l'amico ⟶ gli amici**   *friend*
> **il greco ⟶ i greci**   *Greek*
> **il medico ⟶ i medici**   *doctor*
> **il nemico ⟶ i nemici**   *enemy*
> **il parroco ⟶ i parroci**   *parish priest*

> **l'astrologo ⟶ gli astrologi**   *astrologer*
> **l'asparago ⟶ gli asparagi**   *asparagus*
> **Il filologo ⟶ i filologi**   *philologist*
> **il teologo ⟶ i teologi**   *theologist*

13. Pluralize the following sentences according to the models:

> **Il nemico è pericoloso. ⟶ I nemici sono pericolosi.**
> **Il filologo è famoso. ⟶ I filologi sono famosi.**

[handwritten: I monaci sono religiosi]
[handwritten: I teologi son studiosi]

1. Il monaco è religioso.
2. Il teologo è studioso.
3. Il parroco è devoto. *[handwritten: I parroci sono devoti]*

4. L'asparago è gustoso. *[handwritten: gli asparagi sono gustosi]*
5. Il portico è alto. *[handwritten: I portici sono alti]*

Plural of Masculine Nouns Ending in *-io*

Masculine nouns ending in **-io** usually form their plural in **-i**.

> **il guaio** ⟶ **i guai**　*trouble*
> **lo specchio** ⟶ **gli specchi**　*mirror*
> **l'ufficio** ⟶ **gli uffici**　*office*
> **l'armadio** ⟶ **gli armadi**　*closet*
> **lo studio** ⟶ **gli studi**　*study*
> **l'inizio** ⟶ **gli inizi (gl'inizi)**　*beginning*

14. Pluralize the following sentences:

1. L'ufficio è spazioso.
2. Il dizionario è grosso.
3. Lo studio è di Mario.
4. Lo stadio è immenso.
5. L'inizio è importante.
6. L'esempio è buono.
7. L'emporio è ben fornito.
8. L'armadio è pieno.
9. L'uscio è aperto.
10. L'esercizio è difficile.

Also note that when the **-i** of **-io** is stressed, the plural of **-io** is **-ii**.

> **lo zio** ⟶ **gli zii**　*uncle*
> **il fruscio** ⟶ **i fruscii**　*rustle*

Masculine Nouns with Feminine Plurals

Certain masculine nouns ending in **-o** in the singular become feminine in the plural by changing **-o** to **-a**.

> **il dito** ⟶ **le dita**　*finger*
> **il paio** ⟶ **le paia**　*pair*
> **l'uovo** ⟶ **le uova**　*egg*
> **il miglio** ⟶ **le miglia**　*mile*
> **il braccio** ⟶ **le braccia**　*arm*
> **il ciglio** ⟶ **le ciglia**　*eyebrow*
> **il lenzuolo** ⟶ **le lenzuola**　*sheet*

15. Pluralize the following sentences:

1. Il lenzuolo è bianco. *[handwritten: Le lenzuola sono bianche]*
2. L'uovo è sodo. *[handwritten: Le uova sono sode]*
3. Il braccio è lungo. *[handwritten: Le braccia sono lunghe]*
4. Il dito è piccolino.
5. Il ginocchio è duro.
6. Il ciglio è nero.

Plural of Feminine Nouns Ending in *-cia* and *-gia*

Feminine nouns ending in **-cia** and **-gia** usually form their plural in **-ce** and **-ge**. (Exception: **camicia** ⟶ **camicie**.)

> **la doccia** ⟶ **le docce**　*shower*
> **la goccia** ⟶ **le gocce**　*drop*
> **la frangia** ⟶ **le frange**　*fringe*
> **la guancia** ⟶ **le guance**　*cheek*
> **la pioggia** ⟶ **le piogge**　*rain*
> **la valigia** ⟶ **le valige**　*suitcase*

16. Pluralize the following sentences:

1. La coscia di pollo è deliziosa.
2. La roccia è pericolosa.
3. La doccia calda è buona.

4. La pioggia è piacevole.
5. La fascia è bianca.
6. La frangia è delicata.

Also note that when the -i- of -cia and -gia is stressed, the plural is -cie and -gie.

la scia ⟶ le scie   *trail*
la farmacia ⟶ le farmacie   *drugstore*
la bugia ⟶ le bugie   *lie*

Plural of Nouns Ending with a Stressed Vowel

Masculine and feminine nouns ending with a stressed vowel do not change in the plural.

la città ⟶ le città   *city*
la verità ⟶ le verità   *truth*
la quantità ⟶ le quantità   *quantity*
l'università ⟶ le università   *university*
la virtú ⟶ le virtú   *virtue*
la tribú ⟶ le tribú   *tribe*

Nouns ending in -i in the singular function the same as nouns ending with a stressed vowel. They do not change in the plural.

la crisi ⟶ le crisi   *crisis*
la tesi ⟶ le tesi   *thesis*
il brindisi ⟶ i brindisi   *cheer*
la bici ⟶ le bici   *bicycle*

17. Pluralize the following sentences:

1. La tribú è isolata.
2. L'università è necessaria.
3. Il brindisi è spiritoso.

4. Questo caffé è forte.
5. La città è affollata.
6. La crisi è severa.

Plural of Monosyllabic Nouns

Masculine and feminine one-syllable nouns do not change their spelling in the plural.

il re ⟶ i re   *king*
il té ⟶ i té   *tea*
il dí ⟶ i dí   *day—same as* **giorno**
la gru ⟶ le gru   *crane*

18. Pluralize the following sentences:

1. Il té è delizioso.
2. Il dí è lungo.

3. La gru è alta.
4. Il re è vecchio.

Irregular Plural Nouns

The following nouns are completely irregular in the plural. Note also that **gli** accompanies **dèi** in the plural, contrary to all rules.

l'ala ⟶ le ali   *wing*
il bue ⟶ i buoi   *ox*

il dio ⟶ gli dèi   *god*
la moglie ⟶ le mogli   *wife*
l'uomo ⟶ gli uomini   *man*

19. Complete each sentence with an appropriate noun from the list of irregular plural nouns above.

1. Gli uccelli hanno le _____ .
2. Non c'è solamente un bue, ci sono due _____ .
3. I membri della tribú credono in molti _____ .
4. I signori sono venuti con le loro _____ .
5. Non parla di un uomo; parla di due _____ .

Masculine and Feminine Endings of the Same Noun

Certain masculine nouns become feminine by changing their final vowel to **-a**.

il sarto *tailor*		**la sarta** *dressmaker*	
il figlio *son*		**la figlia** *daughter*	
il signore *gentleman*		**la signora** *lady*	
il marchese *marquis*		**la marchesa** *marchioness*	
il padrone *boss, owner*		**la padrona** *boss, owner*	
l'infermiere *nurse*		**l'infermiera** *nurse*	

Most masculine nouns ending in **-tore** become feminine by changing **-tore** to **-trice**. (Exceptions: **tintore** ⟶ **tintora** *dyer*; **avventore** ⟶ **avventora** *customer*; **impostore** ⟶ **impostora** *impostor*.)

l'attore ⟶ **l'attrice** *actor*
l'autore ⟶ **l'autrice** *author*
lo stiratore ⟶ **la stiratrice** *presser*
il lavoratore ⟶ **la lavoratrice** *worker*
il traditore ⟶ **la traditrice** (*also:* **traditora**) *traitor*

Certain masculine nouns become feminine by replacing their final vowel with **-essa**.

lo studente *student* ⟶ **la studentessa** *student*
l'oste *host* ⟶ **l'ostessa** *hostess*
il principe *prince* ⟶ **la principessa** *princess*
il poeta *poet* ⟶ **la poetessa** *poet*
il sacerdote *priest* ⟶ **la sacerdotessa** *high priestess*
il conte *count* ⟶ **la contessa** *countess*

20. Rewrite the following sentences making the subject feminine. Change the adjective if necessary.

1. Lo studente lavora molto.
2. Il lavoratore riceve il denaro.
3. Il principe abita nel castello.
4. L'oste parla con gli invitati.
5. L'attore canta bene.
6. Il conte è ricco.

Foreign Nouns

In Italian, foreign nouns are usually considered masculine and are always written in their singular form. The plural of foreign nouns is formed by pluralizing the definite article.

il film ⟶ **i film**
l'alcool ⟶ **gli alcool** (*also:* **alcol**) *alcohol*
lo sport ⟶ **gli sport**

il tram ⟶ i tram   *streetcar*
il weekend ⟶ i weekend
il gas ⟶ i gas
il bazar ⟶ i bazar
il bar ⟶ i bar

Compound Nouns

Many compound nouns are formed by taking a verb root along with a noun to form one word. The root is usually the third-person singular of the present indicative as in all words below, except l'apriscatole (second-person singular).

il paracadute ⟶ i paracadute   *parachute*
il portavoce ⟶ i portavoce   *megaphone*
il cantastorie ⟶ i cantastorie   *minstrel*
l'apriscatole ⟶ gli apriscatole   *can opener*
l'affittacamere ⟶ gli affittacamere   *landlord*
but l'affittacamere ⟶ le affittacamere   *landlady*

21.   Complete the following with the appropriate definite article:

1.   Adesso aspetto _____ *l* _____ portalettere.
2.   _____ *l* _____ guardaroba è pieno di vestiti.
3.   Devo trovare _____ *l'* _____ apriscatole.
4.   _____ *il* _____ giradischi di Olga è nuovo.
5.   _____ *il* _____ parabrezza dell'automobile è rotto.
6.   Il padre di Carlo è _____ *il* _____ guardasigilli dello Stato.
7.   _____ *la* _____ lustrascarpe è in vacanza.
8.   Andiamo a parlare con _____ *l'* _____ affittacamere.

Many compound nouns are formed by uniting two separate nouns. The gender of the compound is determined by the gender of the second noun, and the plural of the compound is formed by changing only the second noun to its plural form.

il capoluogo ⟶ i capoluoghi   *capital of province*   [capo + luogo]
il cavolfiore ⟶ i cavolfiori   *cauliflower*   [cavol + fiore]
l'arcobaleno ⟶ gli arcobaleni   *rainbow*   [arco + baleno]
il capogiro ⟶ i capogiri   *dizziness*   [capo + giro]
la banconota ⟶ le banconote   *currency*   [banco + nota]
la ferrovia ⟶ le ferrovie   *railroad*   [ferro + via]
il pomodoro ⟶ i pomodori (i pomidoro)   *tomato*   [pomo + d'oro]

22.   Pluralize the indicated nouns.

1.   Il capogiro non è piacevole.
2.   L'arcobaleno è bellissimo.
3.   Il pescecane (*shark*) è pericoloso.
4.   Il pomodoro è rosso.
5.   La banconota è americana.
6.   Il cavolfiore è saporito.
7.   Il boccaporto (*hatch*) è aperto.

Note, however, that some compound nouns form their plural by changing only the first word to the plural.

il capofila ⟶ i capifila   *head of a line*   [capo + fila]
il caposquadra ⟶ i capisquadra   *team captain*   [capo + squadra]
il capostazione ⟶ i capistazione   *station master*   [capo + stazione]

Some compound nouns are formed by uniting an adjective and a noun. In the plural, only the noun is pluralized.

il mezzogiorno ——→ i mezzogiorni   *noon*   [mezzo + giorno]
l'altoparlante ——→ gli altoparlanti   *loudspeaker*   [alto + parlante]

Some compound nouns are formed by uniting a noun and an adjective. In the plural, both the noun and the adjective are pluralized.

la piazzaforte ——→ le piazzeforti   *fortress, stronghold*   [piazza + forte]
la cassaforte ——→ le casseforti   *safe*   [cassa + forte]

Diminutives, Augmentatives, and Pejoratives

Several endings or suffixes, such as **-uccio**, **-ello**, **-ino**, and **-etto** (for masculine nouns), and **-uccia**, **-ella**, **-ina**, and **-etta** (for feminine nouns) can be added to Italian nouns to form what is called the diminutive. The diminutive may refer to actual physical size: **cavallo** *(horse)* ——→ **cavallino** *(little horse)*. The diminutive may also be used to convey a feeling of affection or endearment on the part of the speaker: **cavallo** *(horse)* ——→ **cavalluccio** *(cute little horse)*, as well as a pejorative: **film** ——→ **filmuccio, filmetto** *(a movie of little importance or poor quality)*.

vecchio   *old man* ——→ **vecchietto**   *dear old man*
bimbo   *child* ——→ **bimbetto**   *dear little child*
libro   *book* ——→ **libretto (libriccino)**   *little book, booklet*
nonna   *grandmother* ——→ **nonnetta**   *dear old granny*
parola   *word* ——→ **parolina**   *little word*
uccello   *bird* ——→ **uccellino**   *little bird*
cane   *dog* ——→ **cagnolino**   *little puppy*
gatto   *cat* ——→ **gattino**   *little cat, kitten*
scarpa   *shoe* ——→ **scarpina**   *little shoe*
racconto   *tale* ——→ **raccontino**   *little tale*
donna   *woman* ——→ **donnuccia**   *dear little woman*
casa   *house* ——→ **casetta (casuccia)**   *little house, "sweet home"*
asino   *donkey* ——→ **asinello**   *little donkey*

23. Supply the diminutive of the indicated nouns, or complete the sentences according to cues.

1. Piero ha un _____ .   *cane*
2. La mia vicina è una _____ .   *vecchia*
3. Silvia è una _____ simpatica.   *bimba*
4. I bambini giocano con un _____ .   *gatto*
5. La nonna racconta un bel _____ .   *racconto*
6. Non è un libro grande; è un _____ .
7. Non è una scarpa regolare; è una _____ .
8. È una cara piccola donna; è una _____ .

The augmentative form of the noun is made with the suffix **-one**. The augmentative usually refers only to size or degree, and is always masculine.

l'uomo   *man* ——→ **l'omone**   *large man (the **u** of 'uomo' is dropped)*
il libro   *book* ——→ **il librone**   *oversize book*
il vecchio   *old man* ——→ **il vecchione**   *very old man*
il gatto   *cat* ——→ **il gattone**   *tomcat*
la porta   *door* ——→ **il portone**   *portal*
la strada   *street* ——→ **lo stradone**   *large street*
la scarpa   *shoe* ——→ **lo scarpone**   *heavy boot*

24. Complete the following sentences with the augmentative form according to the underlined cues.

1. Lo zio di Pietro è molto vecchio. È un _____ .
2. I libri sono molto grandi. Sono dei _____ .
3. È una porta alta e larga. È un _____ .
4. È una scarpa molto grande e pesante. È uno _____ .
5. Non è un gattino, è molto piú grande. È un _____ .
6. È un uomo alto e grosso. È un _____ .

The pejorative form has several endings; some of them are: **-accio, -astro, -ucolo, -iciattolo**. They are used to convey a derogatory meaning. It is advisable not to use these forms until one is completely fluent in the language.

monello	*brat* ⟶	**monellaccio**	*lousy brat, etc.*
uomo	*man* ⟶	**omiciattolo**	*poor excuse of a man, etc.*
sogno	*dream* ⟶	**sognaccio**	*bad dream, etc.*
vecchio	*old man* ⟶	**vecchiaccio**	*mean old man, etc.*
ragazzo	*boy* ⟶	**ragazzaccio**	*mean boy, etc.*
poeta	*poet* ⟶	**poetucolo, poetastro**	*lousy poet, etc.*
verme	*worm* ⟶	**vermiciattolo**	*filthy worm, etc.*
stanza	*room* ⟶	**stanzaccia**	*lousy room, etc.*
maestro	*instructor* ⟶	**maestrucolo**	*poor instructor, etc.*
libro	*book* ⟶	**libraccio**	*lousy book, etc.*
giornale	*newspaper* ⟶	**giornalaccio**	*a rag, etc.*

THE DEFINITE ARTICLE

With General and Abstract Nouns

Unlike English, the Italian definite article must be used with all general or abstract nouns. Compare the Italian and English in the following examples.

I cani sono animali domestici.
Dogs are domestic animals.
L'oro è un metallo prezioso.
Gold is a precious metal.
Il riso fa bene a tutti.
Laughter is good for everyone.
L'odio è una cosa terribile.
Hate is a terrible thing.

25. Complete the following with the appropriate definite article:

1. _____ scienza è utile.
2. _____ amore è una cosa meravigliosa.
3. _____ smeraldi sono pietre preziose.
4. _____ gatti sono animali domestici.
5. _____ carbone è un minerale.

With Titles

The definite article must be used with titles when talking about someone. The article is omitted, however, in direct address. Note that the definite article is never used before **don** and **donna**.

Il dottor Ranelli è giovane.
La signora Boni abita a Roma.

L'avvocato Ferro è nello studio.
Don Giuseppe suona il mandolino.
Donna Giuliana è molto generosa.
"Buon giorno, signora Bellini."
"Come sta, dottoressa Marini?"
"Buona sera, signor Motta."

26. Complete the following with the appropriate definite article when it is necessary:

1. _la_ dottoressa Merli è in ospedale.
2. _l'_ avvocato Sereni non c'è.
3. _—_ don Carlo passeggia con gli amici.
4. Buona sera, _—_ professoressa Belli.
5. Sa Lei chi è _la_ signorina Colli?
6. _la_ donna Teresa è in America.
7. Conosce Lei _il_ professor Valle?
8. Buon giorno, _—_ signora Rossi.

With Languages

The definite article is used with languages unless the language immediately follows the verb **parlare** (*to speak*) or the preposition **di** (*of*) or **in** (*in*).

Parliamo molto bene l'inglese.   *We speak English very well.*
Gli studenti imparano l'italiano.   *The students learn Italian.*
I signori conoscono il tedesco.   *The gentlemen know German.*
Parlo italiano.   *I speak Italian.*
Ho un libro di francese.   *I have a French book.*
La lettera è in spagnolo.   *The letter is in Spanish.*

27. Complete the following with the appropriate definite article when necessary:

1. La signorina Martini impara _l'_ inglese.
2. Gli alunni studiano _il_ tedesco.
3. Il professor Belli insegna _l'_ italiano.
4. Roberto legge un libro di _—_ francese.
5. La lettera di oggi è in _—_ spagnolo.
6. Mia madre mi scrive in _—_ italiano.
7. Stefano e Olga parlano _—_ inglese.
8. _l'_ italiano è una lingua romanza.

With Continents, Countries, Islands, Regions, and Cities

The definite article is usually used with the name of continents, countries, islands, and regions.

L'Asia è un continente grande.   *Asia is a large continent.*
L'Italia, la Francia e la Spagna sono belle.   *Italy, France, and Spain are beautiful.*
La Sicilia è un'isola italiana.   *Sicily is an Italian island.*
La Lombardia è una regione settentrionale.   *Lombardy is a northern (Italian) region.*

The definite article is omitted when the name of the continent, country, island, or region is preceded by the preposition **in** or **di**.

Mio zio è andato in Europa.   *My uncle went to Europe.*
Gli studenti vanno in Inghilterra.   *The students go to England.*
Mia sorella è in Sardegna.   *My sister is in Sardinia.*
Pietro va in Toscana.   *Peter goes to Tuscany.*

La capitale d'Italia è Roma.   *The capital of Italy is Rome.*
I vini di Francia sono deliziosi.   *France's wines are delicious.*
Le spiagge di Spagna sono bellissime.   *Spain's beaches are very beautiful.*

The definite article is used, however, with the prepositions **in** and **di** when the name of the country or region is <u>masculine</u>.

Vado nel Messico.   *I go to Mexico.*
I miei nonni sono nel Lazio.   *My grandparents are in Latium.*
La capitale del Canadà è Ottawa.   *The capital of Canada is Ottawa.*
Mi piacciono le piramidi dell'Egitto.   *I like Egypt's pyramids.*

The definite article is also used with the prepositions **di** and **in** when the name of the continent, country, island, or region is modified.

Siena è nell'Italia centrale.
Siena is in central Italy.
Il cielo della bella Italia è spesso azzurro.
The sky of beautiful Italy is often blue.
Nella splendida Firenze c'è sempre molto da vedere.
In splendid Florence there's always a lot to see.

The definite article is not used with the name of a city unless it is modified.

Firenze è in Toscana.   *Florence is in Tuscany.*
La bella Firenze è in Toscana.   *Beautiful Florence is in Tuscany.*

The definite article is omitted with the names of certain islands.

Capri, Ischia e Procida sono isole italiane.   *Capri, Ischia, and Procida are Italian islands.*
Formosa è un'isola orientale.   *Formosa is an Oriental island.*
Cuba è nel Caribe.   *Cuba is in the Caribbean.*

When **di** means *than* in the comparative expression **piú . . . di** (see page 45), the definite article is used.

La Francia è piú grande dell'Irlanda.   *France is larger than Ireland.*
L'Italia è piú piccola dell'Australia.   *Italy is smaller than Australia.*

28.   Complete the following with the appropriate definite article when necessary:

1. _____ Africa non è un paese; è un continente.
2. _____ Africa e _____ Asia sono due continenti grandi.
3. Io viaggio molto in _____ Asia.
4. _____ Roma è una città importante.
5. Io conosco bene _____ bella Firenze.
6. _____ Torino è in _____ Piemonte.
7. _____ Cuba è un'isola del Caribe.
8. _____ Sardegna è un'isola italiana.

29.   Select the appropriate response to complete each of the following:

1. Io vado _____in_____ Italia.
   (*a*) in   (*b*) nell'
2. La capitale _____di_____ Francia è Parigi.
   (*a*) della   (*b*) di
3. Mio nonno è _____nel_____ Messico.
   (*a*) in   (*b*) nel
4. L'Italia è _____in_____ Europa.
   (*a*) nell'   (*b*) in
5. L'Italia è _____nell'_____ Europa meridionale.
   (*a*) nell'   (*b*) in

6. Le foreste _____*del*_____ Canadà sono immense.
    (*a*) del   (*b*) di
7. La capitale _____*della*_____ bella Spagna è Madrid.
    (*a*) di   (*b*) della
8. La seta _____*di*_____ Cina è famosa.
    (*a*) della   (*b*) di

With Nouns Denoting Family Members Preceded by Possessive Adjectives

The definite article is omitted with singular nouns denoting family members and relatives preceded by possessive adjectives, except with **loro** and **Loro**. In the plural, the definite article must be included.

Mia sorella è piccola. ⟶ **Le mie sorelle sono piccole.**
My sister is little.   *My sisters are little.*
Mio nonno è vecchio. ⟶ **I miei nonni sono vecchi.**
My grandfather is old.   *My grandfathers are old.*
Questo è tuo cugino. ⟶ **Questi sono i tuoi cugini.**
This is your cousin.   *These are your cousins.*
Dov'è vostro fratello? ⟶ **Dove sono i vostri fratelli?**
Where's your brother?   *Where are your brothers?*
La loro cugina è giornalista. ⟶ **Le loro cugine sono giornaliste.**
Their cousin is a journalist.   *Their cousins are journalists.*

30. Complete the following with the appropriate definite article when necessary:

1. Antonio è _____ mio fratello.
2. _____ miei nonni sono italiani.
3. _____ tua sorella ha sedici anni.
4. _____ nostra madre è americana.
5. _____*Le*_____ vostre cugine abitano a Chicago.
6. Luisa va al cinema con _____ mia sorella.
7. Roberto e Stefano giocano con _____ nostri fratelli.
8. _____*il*_____ loro figlio è un bravo ragazzo.
9. _____ mio padre lavora in una fabbrica.
10. _____ suo zio non vuole viaggiare.
11. _____*i*_____ loro fratelli giocano insieme.
12. _____*Le*_____ loro nonne ci visitano spesso.

Note that the definite article is included when a singular noun denoting family members or relatives is given in its diminutive form. For example:

Silvia è la mia sorellina.   *Sylvia is my little sister.*
La nostra mammina è generosa.   *Our mommy is generous.*
Il tuo fratellino è simpatico.   *Your little brother is cute.*
Il nostro babbo è generoso.   *Our daddy is generous.*

With Days of the Week

The singular form of the definite article is used with days of the week in order to convey a recurrent action. It is usually omitted in all other instances. Study the following examples.

Andiamo sempre alla spiaggia la domenica.
We always go to the beach on Sundays.
La domenica non c'è mai scuola.
There's never any school on Sundays.

Lunedí è il primo giorno della settimana.
Monday is the first day of the week.
Facciamo le spese sabato prossimo.
We are going shopping next Saturday.
Visitiamo i nonni domenica.
We are visiting our grandparents next Sunday.

31. Complete the following with the definite article when it is necessary.

1. _____ mercoledí è il terzo giorno della settimana.
2. _____ domenica andiamo sempre in campagna.
3. _____ giovedí prossimo vado al cinema.
4. Vanno sempre in chiesa _____ domenica.
5. Mio padre ritorna dall'Italia _____ venerdí.

With Prepositions: Contractions

Italian prepositions and definite articles are almost always contracted when used together. These contractions are listed in the table that follows. The prepositions **a** (*at, to*), **di** (*of, belonging to*), **da** (*from, by, at*), **in** (*in, to*) and **su** (*on*) always contract when they precede the definite article. The prepositions **con** (*with*) and **per** (*for, because of, through*) are rarely contracted, and it is suggested not to contract them at all. **Tra** and **fra** (*both, among*) are never contracted. The two charts below show those prepositions that are contracted with definite articles. They are first presented in their singular form and then in their plural form. In the form of an equation, it is easy to see how the prepositions and the articles merge to form new words. An explanatory sentence follows each "equation." Note that, before merging, **di** becomes **de** and **in** becomes **ne**. The **i** of **il** is always dropped. All articles which begin with **l-** double the consonant, which becomes **-ll-** when attached to a preposition. Observe the following:

Articulated Prepositions

Masculine singular forms

a + il = al: **Diamo un regalo al ragazzo.**
We give a gift to the boy.

a + lo = allo: **Mandi una cartolina allo zio.**
You send a postcard to your uncle.

a + l' = all':   **Scrivo all'amico ogni mese.**
I write to my friend every month.

da + il = dal: **Gli studenti escono dal museo.**
The students leave the museum.

da + lo = dallo: **Ho ricevuto un pacco dallo zio.**
I received a package from my uncle.

da + l' = dall':   **Sono scesi dall'aereo un'ora fa.**
They disembarked from the airplane an hour ago.

su + il = sul: **Sul comò c'è una sveglia.**
On the chest of drawers there is an alarm clock.

su + lo = sullo: **Sullo stipo ci sono dei biscotti.**
On the cabinet there are biscuits.

su + l' = sull':   **Sull'abbacchio mettiamo della salvia.**
We put some sage on the lamb.

di ⟶ de + il = del: **La macchina del mio amico è rossa.**
My friend's car is red.

di ⟶ de + lo = dello: **I libri dello studente** (*m. s.*) **sono nuovi.**
The student's (m. s.) books are new.

di ⟶ de + l' = dell':   **I rami dell' albero sono grossi.**
The branches of the tree are large.

in ⟶ ne + il = nel: (Nel) forno ci sono due polli.
In the oven there are two chickens.

in ⟶ ne + lo = nello: (Nello) studio ho molti libri.
In the study I have many books.

in ⟶ ne + l' = nell':   I tuoi vestiti sono (nell') armadio.
Your suits are in the closet.

Feminine singular forms

a + la = alla: Mandiamo un regalo (alla) nonna.
We send a gift to our grandmother.

a + l' = all':   Do il biglietto (all') amica.
I give the ticket to my girlfriend.

da + la = dalla: Uscirò (dalla) biblioteca alle sei.
I will leave the library at six o'clock.

da + l' = dall':   La macchina è guidata (dall') amica.
The car is driven by the girlfriend.

su + la = sulla: (Sulla) tavola c'è una bella cena.
There's a beautiful dinner on the table.

su + l' = sull':   (Sull') estate (*f.s.*) del 1992 non ho niente da dire!
Regarding the summer of 1992 I have nothing to say!

di ⟶ de + la = della: Ecco i giocattoli (della) bambina.
Here are the child's (f.) toys.

di ⟶ de + l' = dell':   I colori (dell') aurora sono spettacolari.
The colors of the sunrise are spectacular.

in ⟶ ne + la = nella: Troverai i documenti (nella) cassetta.
You will find the documents in the drawer.

in ⟶ ne + l' = nell':   (Nell') estate del 1993 sono rimasta qui.
During the summer of 1993 I remained here.

Masculine plural forms

a + i = ai: Sabato andremo (ai) musei della città.
Saturday we will go to the city's museums.

a + gli = agli: Ieri abbiamo scritto (agli) zii.
Yesterday we wrote to our uncles (also: *uncle and aunt*).

a + gl' = agl':   Non penso mai (agl') inverni (*also:* agli inverni)
I never think of winter (literally, winters).

da + i = dai: Perché non andiamo (dai) nonni?
Why don't we go to our grandparents'?

da + gli = dagli: Sempre riceviamo lettere (dagli) zii.
We always receive letters from our uncles (also: *uncle and aunt*).

da + gl' = dagl':   Dobbiamo stare lontani (dagl') inchiostri.
We should stay away from the ink (literally, inks).

su + i = sui: (Sui) monti fa sempre fresco.
In the mountains it's always cool.

su + gli = sugli: L'aereo è passato (sugli) Appennini.
The airplane passed over the Appenines.

su + gl' = sugl':   Non possiamo sederci (sugl') ingressi.
We can't sit down in the entrances.

di ⟶ de + i = dei: Queste chiavi sono (dei) turisti.
These keys are the tourists'.

di ⟶ de + gli = degli: Sento il rumore (degli) aerei.
I hear the noise of the airplanes.

di ⟶ de + gl' = degl':   Il freddo (degl') inverni mi fa male.
The cold of winter makes me ill.

in ⟶ ne + i = nei: (Nei) romanzi dell'Ottocento ci sono molti personaggi affascinanti.
In the novels of the nineteenth century there are many fascinating characters.

in ⟶ ne + gli = negli: (Negli) Stati Uniti d'America ci sono molti gruppi etnici.
In the United States of America there are many ethnic groups.

in ⟶ ne + gl' = negl':   (Negl') inverni freddissimi i miei nonni scappano per la Florida.
In the coldest winters my grandparents escape to Florida.

Feminine plural forms

a + le = alle: (Alle) studentesse piacciono le lingue moderne.
The students (f.) like modern languages.

a + l' = all':   Penso sempre (all') estati (*also:* alle estati) passate in Italia.
I always think about summers spent in Italy.

da + le = dalle: Riceve molte telefonate (dalle) sue amiche.
He/she receives many telephone calls from his/her girlfriends.

da + l' = dall':   Alcune signore vanno (dall') estetiste (*also:* (dalle) estetiste) ogni mese.
Some ladies go to the beautician every month (literally, beauticians).

su + le = sulle: (Sulle) pareti (del) salotto ci sono (dei) bei quadri.
On the walls of the living room there are many beautiful pictures.

su + l' = sull':   (Sull') erbe (del) prato si dorme bene.
On the grass of the lawn one sleeps well.

di ⟶ de + le = delle: Il traffico (delle) città (*f. pl.*) è orribile.
The traffic of the city is horrible.

di ⟶ de + l' = dell':   Il caldo (dell') estati (*also:* (delle) estati) è afoso.
The heat of summer is oppressive.

in ⟶ ne + le = nelle: (Nelle) valige mettiamo troppe cose.
We put too many things in the suitcases.

in ⟶ ne + l' = nell':   (Nell') estati (*f. pl.; also:* (nelle) estati) umide non si può vivere in città.
During humid summers one can't live in the city.

Observe some additional examples:

Andiamo al palazzo delle poste!   *Let's go to the main post office!*
L'automobile è dal meccanico.   *The car is at the mechanic's.*
Le penne sono sulla scrivania.   *The pens are on the desk.*
Il ragazzo è sull'albero.   *The boy is in the tree.*
Il libro è nel cassetto.   *The book is in the drawer.*
I giocatori sono nello stadio.   *The players are in the stadium.*
Ecco i libri degli studenti!   *Here are the students' books!*

32.   Complete the following by supplying the contracted form of the italicized preposition.

1. Ritorniamo _____ montagna.   *da*
2. L'avvocato è _____ studio.   *in*
3. Ecco i quaderni _____ studentesse!   *di*
4. I vestiti sono _____ armadio.   *in*
5. Gli uccellini sono _____ alberi.   *su*

6. Camminano _____ strade. *per*
7. Vieni _____ tuoi amici. *con*
8. Luigi è _____ dentista. *da*
9. I turisti ritornano _____ monti. *da*
10. I treni vengono _____ città. *da*
11. I mesi _____ estate sono piacevoli. *di*
12. _____ negozi ci sono tante belle cose. *in*
13. Il dono è _____ ragazzo. *per*
14. I libri _____ studente sono _____ tavolo. *di, su*
15. La studentessa esce _____ biblioteca. *da*
16. Sono andati _____ tabaccheria per comprare _____ francobolli. *a, di*

THE INDEFINITE ARTICLE

The indefinite articles (*a, an*) in Italian are **un** for most masculine nouns; **uno** for masculine nouns beginning with **z**, **s** plus a consonant, **ps**, or **gn**; **una** for feminine nouns; and **un'** for feminine nouns beginning with a vowel. There are no plural forms.

un ragazzo	*boy*	**una casa**	*house*
un albero	*tree*	**una camicia**	*shirt*
un amico	*friend*	**una zia**	*aunt*
un libro	*book*	**una cugina**	*cousin*
uno studio	*study*	**un'amica**	*friend*
uno studente	*student*	**un'estate (f.)**	*summer*
uno zio	*uncle*	**un'automobile (f.)**	*car*
uno zaino	*knapsack*		
uno psicologo	*psychologist*		
uno gnomo	*gnome*		

33. Rewrite the following sentences, replacing the definite article with an indefinite article except when inappropriate:

1. Pietro compra il dizionario.
2. Paola prende l'aranciata.
3. La signora Torelli compra la casa grande.
4. Il signor Marini è lo zio di Stefano.
5. Scriviamo la lettera.
6. Roberto è l'amico di Giovanni.
7. Il dottore ha lo studio grande.
8. Vincenzo guida l'ambulanza rossa.
9. Teresa porta l'abito bianco.
10. I ragazzi comprano il giocattolo.

34. Supply the appropriate indefinite articles:

1. Carlo vuole prendere ____un'____ aranciata fresca.
2. Napoli è ____una____ città molto bella.
3. Quello è ____un____ monumento molto antico.
4. Abbiamo ricevuto ____una____ lettera da Carlo.
5. Loro vanno a ____una____ spiaggia vicino a Genova.
6. Lei lavora in ____un____ ufficio nel centro della città.
7. È ____una____ lezione difficile.

8. Vogliono comprare _____ disco.
9. Lo studente ha fatto _____ sbaglio.
10. La professoressa insegna in _____ università grande.
11. Lui parla con _____ amica italiana.
12. _____ accento non è molto.
13. Margherita ha _____ zio generoso.
14. C'è _____ mercato nel centro della città.
15. C'è _____ bicchiere di latte sulla tavola.

Special Uses of the Indefinite Article

In Italian, unlike English, the indefinite article is omitted after the verb **essere** (*to be*) when it precedes unmodified nouns describing a profession or occupation:

Il padre di Arturo è avvocato.
Arthur's father is a lawyer.
La madre di Anna è dottoressa.
Anna's mother is a doctor.

The indefinite article is used, however, when the noun that follows the verb **essere** is modified:

Dante è un autore famoso.
Dante is a famous author.
Dante è un autore che ha avuto molta fama.
Dante is an author who has had a great deal of fame.
Dante è un autore di grande rinomanza.
Dante is an author of great reknown.

35. Complete the following with the appropriate indefinite article when it is necessary:

1. Lo zio di Carla è _____ chirurgo (*surgeon*) famoso.
2. Il cugino di Stefano è _____ meccanico.
3. Teresa è _____ studentessa.
4. La signora Merli è _____ giornalista.
5. Luigi è _____ studente che studia molto.
6. Mio fratello è _____ dottore.
7. La signorina Tinelli è _____ dottoressa.
8. Pietro vuole essere _____ professore.
9. Giovanna è _____ ragazzina di sette anni.
10. Machiavelli è _____ autore di molta rinomanza.

THE PARTITIVE

In Italian, the partitive (*some, any*) is expressed by **di** plus the indefinite article. **Di** becomes **de** before contracting. (See the chart of contractions on pp. 28–30.) The partitive articles are as follows:

	Singular	*Plural*
Feminine:	**della**	**delle**
Before a vowel:	**dell'**	**delle**
Masculine:	**del**	**dei**
Before a z or an s plus consonant, and before gn:	**dello**	**degli**
Before a vowel:	**dell'**	**degli**

Study the following:

Prendo della minestra.
I have some soup.
Vogliamo dell'acqua.
We want some water.
Lui compra del pane.
He buys some bread.
Ecco dello zucchero.
Here is some sugar.
Compriamo dell'inchiostro.
We buy some ink.
Vuoi delle caramelle?
Do you want some candies?
Abbiamo dei libri.
We have some books.
Hanno degli zaini.
They have some knapsacks.

36. Complete the following sentences with the appropriate form of the partitive:

1. Lei prende _____ insalata.
2. Noi leggiamo _____ romanzi.
3. Tu compri _____ zucchero.
4. Lui riceve _____ riviste.
5. Io mangio _____ marmellata.
6. Visitiamo _____ amici.
7. Prendete _____ caffè.
8. Compro _____ camicie.
9. Bevete _____ acqua.
10. Mandiamo _____ pacchi.

The Partitive versus the Definite Article

The partitive indicates a part of something. The definite article is used with nouns when a general or abstract meaning is intended.

Prende dei caffè.
He is drinking some coffee.
Gli piace il caffè.
He likes coffee.

37. Follow the models:

Prendi del caffé?
Sí, mi piace il caffé e prendo del caffé.
Volete del té?
Sí, ci piace il té e prendiamo del té.

1. Prendete del té?
2. Mangiate della carne?
3. Vuoi dei vegetali?
4. Comprate dello zucchero?
5. Bevi del latte?
6. Prendete della minestra?
7. Bevete dell'acqua minerale?
8. Mangi del pane?

Exceptions to the Rule for Using the Partitive

When the sentence is negative

In negative sentences that contain the partitive, the definite article is omitted. (For more details on forming negatives, see Chapter 6.)

Affirmative	*Negative*
Prendo dello zucchero.	**Non prendo zucchero.**
I take some sugar.	*I don't take any sugar.*
Io ho un'automobile.	**Io non ho automobile.**
I have a car.	*I don't have a car.*
Compriamo dei libri.	**Non compriamo libri.**
We buy some books.	*We don't buy any books.*
Noi mangiamo della carne.	**Noi non mangiamo carne.**
We eat some meat.	*We don't eat any meat.*

38. Rewrite the following sentences in the negative:

1. Lui compra delle penne.
2. Io prendo del té.
3. Noi mangiamo della minestra.
4. Mangio del pane.
5. Beviamo dell'acqua minerale.
6. Mandiamo dei pacchi.

After expressions of quantity with di

The partitive is formed with **di** after expressions of quantity such as the following:

un chilo di   *a kilo (one kilogram) of*   **un po' di**   *a little of*
una dozzina di   *a dozen of*   **una tazza di**   *a cup of*
un litro di   *a liter of*   **un bicchiere di**   *a glass of*

Voglio del latte.	*But:*	**Voglio un bicchiere di latte.**
I want some milk.		*I want a glass of milk.*
Compriamo della carne.	*But:*	**Compriamo un chilo di carne.**
We buy some meat.		*We buy a kilo of meat.*
Ecco delle uova!	*But:*	**Ecco una dozzina di uova!**
Here are some eggs!		*Here are a dozen eggs!*

39. Complete the following sentences with the correct form of the partitive:

1. Ecco _____ del _____ vino!
2. Vuoi una tazza _____ di _____ caffé?
3. Carlo compra una dozzina _____ di _____ pere.
4. Noi mangiamo _____ dei _____ vegetali.
5. Ordino un bicchiere _____ di _____ vino.
6. Voi bevete un litro _____ di _____ latte.
7. Per favore, desidero _____ della _____ latte.
8. Compro due chili _____ di _____ patate.
9. Bevo un po' _____ di _____ té.
10. Prendiamo _____ della _____ limonata.

Review

40. Complete each of the following sentences with the appropriate definite article:

1. _____ calciatori sono nello stadio.
2. _____ amica di Rosa è in Italia.

3. _____gli_____ zii di Marco lavorano insieme.
4. _____Le_____ ragazze vanno alla spiaggia.
5. Mio nonno fuma _____la_____ pipa.
6. _____Le_____ aquile sono uccelli grandi.
7. _____Il_____ proprietario chiude il negozio.
8. _____Gli_____ sbagli sono molto comuni.
9. _____Lo_____ studente fa bene agli esami.
10. _____La_____ cravatta di Stefano è variopinta.
11. So dove sono _____i_____ miei compagni.
12. _____Le_____ spiagge italiane sono bellissime.
13. _____L'_____ esame di laurea è duro.
14. _____i_____ film di Fellini sono interessanti.
15. _____La_____ cantante è simpatica.
16. _____Il_____ programma è complicato.
17. _____il_____ violinista è bravo.
18. _____La_____ pesca (*fishing*) è divertente.
19. _____L'_____ estate è piacevole.
20. _____L'_____ inverno è troppo lungo.

41. Complete the following nouns with the appropriate endings:

1. La violin_ista_ suona molto bene.
2. La duch_essa_ è molto ricca.
3. I parc_hi_ sono pieni di gente.
4. Gli asparag_hi_ sono deliziosi.
5. Le formic_he_ sono laboriose.
6. La citt_a_ di Roma è ricca di tesori d'arte.
7. L'armad_io_ è pieno di vestiti.
8. Il fagg_io_ è un albero alto.
9. L'estat_e_ è una bella stagione.
10. I miei zi_i_ sono americani.

42. Give diminutives for each of the following words:

1. il cappell_etto/ino_   5. il libr_etto_
2. la sorell_ina_   6. il fratell_ino_
3. la vecchi_etta_   7. il raccont_ino_
4. la donn_uccia_   8. la cas_uccia_

43. Rewrite the following sentences in the plural:

1. Il parco è grande. _i parchi sono grandi_   9. La gru è un uccello grande. _Le gru sono gli uccelli grandi_
2. L'estate è bella. _Le estate sono belle_   10. L'università è utile. _Le università sono utili_
3. Il film è buono. _i film sono buoni_   11. La doccia è fredda. _Le docce sono fredde_
4. La formica è piccola. _Le formiche sono piccole_ 12. La fascia è bianca. _Le fasce sono bianche_
5. Il guardasigilli è vecchio. _i guardasigilli sono vecchi_ 13. La scia della nave è lunga. _Le scie delle navi sono lunghe_
6. L'apriscatole è rotto. _gli apriscatoli sono rotti_   14. Il teologo è studioso. _i teologi sono studiosi_
7. La pianista è brava. _Le pianiste sono brave_ 15. L'uovo è sodo. _Le uova sono sode_
8. Lo sport è necessario. _gli sport sono necessari_

44. Complete the following with the correct definite or indefinite article when necessary:

1. _____La_____ scuola è una cosa importante.
2. Buon giorno, _____—_____ signorina Zocchi.

3. Mio nonno è _____ chirurgo.
4. _____ cani sono animali domestici.
5. _____ don Pietro è _____ il _____ nonno di Piero.
6. _____ i _____ diamanti sono pietre preziose.
7. La madre di Teresa è _____ una _____ dottoressa famosa.
8. _____ Ariosto è _____ un _____ poeta molto conosciuto.
9. _____ le _____ scienze sono importanti.
10. Mario scrive in _____ tedesco.
11. Olga è _____ violinista.
12. Stefano è _____ un _____ giornalista serio.
13. _____ la _____ Sicilia è _____ un' _____ isola grande.
14. Roma è _____ nell' l' _____ Italia centrale.
15. _____ l' _____ Italia è in Europa.
16. _____ Capri è _____ un' _____ isola piccola.
17. _____ donna Teresa è _____ farmacista.

45. Complete the following with the correct forms of appropriate prepositions:

1. Il mercato è _____ in _____ centro _____ della _____ città.
2. Il signore prende una tovaglia _____ dalla _____ credenza e la mette _____ sul _____ tavola.
3. Io vado _____ all' _____ università _____ con il _____ mio amico.
4. Sono andato a piedi _____ dalla _____ scuola _____ al _____ museo.
5. I libri sono _____ nel _____ banco _____ dello _____ studente.
6. Tutti i membri _____ nel _____ gruppo sono arrivati _____ all' _____ atrio _____ dell' dell' _____.
   albergo _____ con i _____ loro bagagli.

46. Complete the following sentences with the appropriate form of the partitive, when necessary:

1. Stasera mangiamo _____ del _____ minestrone.
2. Noi non prendiamo _____ zucchero.
3. Io leggo _____ dei _____ libri nuovi.
4. Prendi _____ del _____ té?
5. I bambini vogliono _____ delle _____ caramelle.
6. Tu non scrivi _____ lettere.
7. Voglio comprare una dozzina _____ delle di _____ mele.
8. Il bambino beve un po' _____ di _____ latte.
9. Luigi compra un chilo _____ di _____ asparagi.
10. Elena mangia _____ dei _____ cioccolatini.
11. Io compro un litro _____ di _____ vino per la cena.
12. Mio fratello non beve _____ caffé.

Chapter 3

Adjectives and Adverbs

ADJECTIVES ENDING IN -o

Many of the most common Italian adjectives end in **-o**. Each adjective must agree in gender and number with the noun it modifies. Adjectives that end in **-o** have four forms: masculine singular (m. s.), masculine plural (m. pl.), feminine singular (f. s.), and feminine plural (f. pl.). Study the following:

> l'appartamento moderno ⟶ gli appartamenti moderni
> la casa moderna ⟶ le case moderne
> il ponte moderno ⟶ i ponti moderni
> la canzone moderna ⟶ le canzoni moderne

Note that descriptive adjectives usually follow the noun in Italian. Below is a list of some commonly used adjectives.

acerbo	*unripe, sour*	**maturo**	*mature, ripe*
allegro	*cheerful, happy*	**moderno**	*modern*
alto	*tall*	**nero**	*black*
ampio	*wide*	**nuovo**	*new*
antico	*old, ancient*	**oscuro**	*dark*
avaro	*stingy*	**pieno**	*full*
basso	*short, low*	**povero**	*poor*
bravo	*good, able*	**primo**	*first*
buono	*good, kind*	**ricco**	*rich*
caldo	*warm, hot*	**rosso**	*red*
cattivo	*bad, wicked*	**stretto**	*narrow*
dannoso	*harmful*	**timido**	*timid, shy*
delizioso	*delicious*	**ultimo**	*last*
domestico	*domestic*	**vasto**	*vast*
duro	*hard*	**vecchio**	*old*
freddo	*cold*	**vero**	*true, real*
generoso	*generous*	**vuoto**	*empty*
leggero	*light*		

1. Complete the following with the appropriate form of the indicated adjective(s):

1. La casa non è _vecchia_, è _nuova_. *vecchio, nuovo*
2. Le mele di quell'albero non sono _mature_, sono _acerbe_. *maturo, acerbo*
3. Gli zii di Carlo non sono _avari_, sono _generosi_. *avaro, generoso*
4. Le frittate di quel cuoco sono _deliziose_. *delizioso*
5. La minestra è _calda_, non è _fredda_. *caldo, freddo*
6. Lunedí è il _primo_ giorno della settimana. *primo*
7. Carlo e Pietro sono _alti_, ma Stefano è _basso_. *alto, basso*
8. Le bambine non sono _cattive_, sono _buone_. *cattivo, buono*
9. Il cane è un animale _domestico_, ma il leone è _selvatico_. *domestico, selvatico (wild)*
10. La bandiera è _bianca_ e _gialla_. *bianco, giallo*
11. Il baule non è _vuoto_, è _pieno_ di libri. *vuoto, pieno*
12. I grattacieli sono degli edifici _moderni_. *moderno*
13. La radio di Paolo è sempre _accesa_. *acceso*

14. Il cerchio è una forma geometrica _rotonda_ , non _quadrata_ .   *rotondo, quadrato*
15. La tua soluzione del cruciverba è _sbaliata_ , non è _corretta_ .   *sbagliato, corretto*
16. I fiori sono _rossi_ , non _gialli_ .   *rosso, giallo*
17. Le strade di questa città sono _ampie_ , non _strette_ .   *ampio, stretto*
18. Il padre di Luigi è _ricco_ e _generoso_ .   *ricco, generoso*
19. Le canzoni antiche sono molte _melodiose_ .   *melodioso*
20. La camicia di Silvia non è _nera_ , è _rossa_ .   *nero, rosso*

ADJECTIVES ENDING IN -e

Many adjectives, like many nouns, end in the vowel **-e**. Such adjectives have only two forms, singular and plural. The singular ending **-e** becomes **-i** in the plural.

il signore elegante ⟶ i signori eleganti   *elegant gentleman*
la signora elegante ⟶ le signore eleganti   *elegant lady*

Below is a list of commonly used adjectives that end in -**e**.

abile	*able*	**importante**	*important*
acre	*sour*	**intelligente**	*intelligent*
breve	*brief, short*	**interessante**	*interesting*
celebre	*famous*	**nobile**	*noble*
difficile	*difficult*	**triste**	*sad*
eccellente	*excellent*	**umile**	*humble*
efficace	*effective*	**universale**	*universal*
facile	*easy*	**utile**	*useful*
felice	*happy*	**valente**	*skillful, clever*
forte	*strong*	**veloce**	*fast, speedy*
generale	*general*	**verde**	*green*
grande	*big, large, great*		

2. Complete the following with the appropriate form of the indicated adjective:

1. Le studentesse sono _intelligenti_ .   *intelligente*
2. Lo zio di Stefano è un uomo _importante_ .   *importante*
3. Per molte persone l'aria di montagna è _salubre_ .   *salubre*
4. Gli amici di Pietro sono _tristi_ .   *triste*
5. È una decisione _nobile_ .   *nobile*
6. Le lettere sono _interessanti_ .   *interessante*
7. I giovani sono _forti_ e _agili_ .   *forte, agile*
8. Le tue domande sono _inutili_ .   *inutile*
9. I pacchi sono _sono grandi_ .   *grande*
10. Il signor Merli è un uomo molto _umile_ .   *umile*
11. Queste lezioni sono _difficili_ .   *difficile*
12. Le foglie sono _so verdi_ .   *verde*

ADJECTIVES OF NATIONALITY

Many adjectives of nationality end in **-o**. These adjectives function as any regular adjective ending in **-o** and have four forms. They always follow the nouns they modify.

il ragazzo americano ⟶ i ragazzi americani   *American boy*
la ragazza americana ⟶ le ragazze americane   *American girl*

Many other adjectives of nationality end in **-e**. These adjectives have only two forms: **-e** in the singular and **-i** in the plural.

la signora svedese ⟶ **le signore svedesi**   *Swedish lady*
la macchina inglese ⟶ **le macchine inglesi**   *English car*
il ragazzo francese ⟶ **i ragazzi francesi**   *French boy*
l'uomo portoghese ⟶ **gli uomini portoghesi**   *Portuguese man*

3.   Complete the following with the appropriate form of the indicated adjective:

1. Teresa è _italiana_ . *italiano*
2. I monumenti sono _greci_ . *greco*
3. La signora è _inglese_ . *inglese*
4. I nostri amici sono _messicani_ . *messicano*
5. I formaggi sono _svizzeri_ . *svizzero*
6. Le signorine sono _svedesi_ . *svedese*
7. I turisti sono _francesi_ . *francese*
8. La chitarra è _spagnola_ . *spagnolo*
9. Le cugine di Pietro sono _canadesi_ . *canadese*
10. I miei ospiti sono _scandinavi_ . *scandinavo*

4.   Complete the following with the appropriate form of the indicated adjective.

1. I ragazzi sono _messicani_ . *messicano*
2. Le biciclette sono _americane_ . *americano*
3. Le acciughe sono _portoghesi_ . *portoghese*
4. Le radio sono _giapponesi_ . *giapponese*
5. Le stoffe sono _scozzesi_ . *scozzese*
6. Olga è _greca_ . *greco*
7. I vini sono _spagnoli_ . *spagnolo*
8. Mia zia è _irlandese_ . *irlandese*
9. Le canzoni sono _italiane_ . *italiano*
10. Le merci sono _canadesi_ . *canadese*

[handwritten margin notes:]
Si, la razza e svedese
Si il signore e canadese.
Si i vini sono francesi
Si le signore sono portoghesi
Si la cantante e inglese
Si il tuo amico e messicano
Si i turisti sono irlandesi
Si le chitarre sono spagnole
Si l'automobile e italiana.
Si gli ospiti sono americani

5.   Answer the following questions according to the model:

Sono dell'Olanda i calciatori? ⟶ **Sí, i calciatori sono olandesi.**

1. È della Svezia la ragazza?
2. È del Canadà il signore?
3. Sono della Francia i vini?
4. Sono del Portogallo le signore?
5. È dell'Inghilterra la cantante?
6. È del Messico il tuo amico?
7. Sono dell'Irlanda i turisti?
8. Sono della Spagna le chitarre?
9. È dell'Italia l'automobile?
10. Sono dell'America gli ospiti?

ADJECTIVES ENDING IN *-co, -ca, -go, -ga*

All feminine adjectives ending in **-ca** and **-ga** form their plural in **-che** and **-ghe**, thus preserving the hard sound of the **c** and **g** of the singular.

stanca ⟶ stanche		atomica ⟶ atomiche	
sporca ⟶ sporche		lunga ⟶ lunghe	
comica ⟶ comiche		larga ⟶ larghe	
poetica ⟶ poetiche		vaga ⟶ vaghe	

6. Rewrite the following sentences in the plural:

1. La tariffa è turistica. *Le tariffe sono turistiche*   4. La strada è larga. *le strade sono larghe*
2. La bomba è atomica. *atomiche*   5. La storia è lunga. *le storie sono lunghe.*
3. La bambina è stanca. *Le bambine sono stanche.*

Masculine adjectives ending in **-co** and **-go** usually form their plural in **-chi** and **-ghi**.

bianco ⟶ bianchi	**lungo ⟶ lunghi**
sporco ⟶ sporchi	**largo ⟶ larghi**
stanco ⟶ stanchi	**vago ⟶ vaghi**
antico ⟶ antichi	**tedesco ⟶ tedeschi**

However, almost all adjectives with more than two syllables and ending in **-co** (commonly **-ico**) with their stress on a syllable other than the next to the last (penultimate) form their plural in **-ci**.

unico ⟶ unici	**magnifico ⟶ magnifici**
simpatico ⟶ simpatici	**drastico ⟶ drastici**
poetico ⟶ poetici	**drammatico ⟶ drammatici**

7. Complete the following sentences with the correct form of the adjective **stanco**:

1. Il bambino è _*stanco*_.   3. I signori sono _*stanchi*_.
2. La ragazza è _*stanca*_.   4. Le bambine sono _*stanche*_.

8. Complete the following sentences with the correct form of the adjective **simpatico**:

1. La signora è _*simpatica*_.   3. Il ragazzo è _*simpatico*_.
2. Le ragazze sono _*simpatiche*_.   4. I signori sono _*simpatici*_.

9. Write the following sentences in the plural:

1. Il ragazzo è simpatico. *i ragazzi sono simpatici*   7. Il signore è stanco. *i signori sono stanchi*
2. Il vino è bianco. *i vini son bianchi*   8. Il fiume è largo. *i fiumi sono larghi*
3. L'autobus è carico. *gli autobus son car...*   9. L'uomo è buono. *gli uomini sono buoni*
4. Il monumento è antico. *il monumento è antico* 10. La strada è larga. *le strade sono larghe*
5. Il vestito è sporco. *i vestiti son sporchi*   11. La storia è lunga. *le storie sono lunghe.*
6. La veduta è magnifica. *Le vedute sono magnifiche* 12. Il romanzo è lungo. *i romanzi sono lunghi*

ADJECTIVES ENDING IN *-cio, -cia, -gio, -gia*

Note that all adjectives ending in **-cio**, **-gio**, **-cia**, and **-gia** form their plural in **-ci**, **-gi**, **-ce**, and **-ge**. The adjectives belonging to this category are very few, such as:

bigio ⟶ bigi	*grayish*	**bigia ⟶ bige**
grigio ⟶ grigi	*gray*	**grigia ⟶ grige**
marcio ⟶ marci	*rotten*	**marcia ⟶ marce**

IRREGULAR ADJECTIVES OF COLOR

The following adjectives of color do not change form regardless of the noun they modify. They are **arancione** (*orange*), **blu** (*blue*), **marrone** (*brown*), **rosa** (*pink*), and **viola** (*purple*), and are referred to as invariable adjectives. Study the following:

il vestito blu ——→ i vestiti blu   *blue suit*
il fazzoletto rosa ——→ i fazzoletti rosa   *pink kerchief*
la gonna blu ——→ le gonne blu   *blue skirt*
la giacca marrone ——→ le giacche marrone   *brown jacket*
la copertina arancione ——→ le copertine arancione   *orange cover*
la cravatta viọla ——→ le cravatte viọla   *purple tie*

10. Pluralize the following sentences:

1. Il disegno è rosa.
2. La porta è marrone.
3. Il vestito è blu.
4. Il quaderno è arancione.
5. La poltrona è viọla.

6. La parete è blu.
7. Il cappello è marrone.
8. La cravatta è rosa.
9. La maglia è arancione.
10. Il gilé è viọla.

ADJECTIVES WITH SHORTENED FORMS

The adjectives **bello** (*beautiful, handsome*), **grande** (*great, large*), **santo** (*holy*), **buono** (*good*), and **nessuno** (*no, not one*) have shortened forms when they precede a noun.

Bello

Study the following forms of the adjective **bello** when it precedes a noun. Note the similarity between the endings of the adjective and the forms of the definite article.

lo zịo	il bello zịo	la zịa	la bella zịa
l'uọmo	il bell'uọmo	l'estate	la bell'estate (la bella estate)
il ragazzo	il bel ragazzo	la ragazza	la bella ragazza
gli zịi	i begli zịi	le zịe	le belle zịe
gli uọmini	i begli uọmini	le amiche	le belle amiche
i ragazzi	i bei ragazzi	le ragazze	le belle ragazze

Conforming to the rule for definite articles, **bello** is used before masculine nouns beginning with **z**, **s** plus a consonant, and **ps**. **Bello** is shortened to **bell'** before masculine nouns beginning with a vowel. It is shortened to **bel** before all regular masculine nouns. **Bella** is used with all feminine nouns beginning with a consonant. **Bella** is shortened to **bell'** before feminine nouns beginning with a vowel.

In the plural **belle** is used with all feminine plural nouns but can be shortened to **bell'** with a plural noun beginning with **e**. **Begli** is used before all masculine plural nouns beginning with **z**, **s** plus a consonant, **ps**, or a vowel. **Bei** is used with all other plural masculine nouns.

For nouns beginning with **e** in the plural, there are optional forms: **l'estati, le bell'estati; le estati, le belle estati.**

11. Complete the following with the correct form of the adjective **bello:**

1. È un ____bel____ giọrno.
2. Teresa canta una ____bella____ canzone.
3. Ho veduto dei ____begli____ uccelli nel giardino.
4. Carlo ha comprato un ____bello____ specchio.
5. Noi abbiạmo due ____belle____ poltrone nel salotto.
6. I Loro figli sono due ____bei____ ragazzi.
7. C'è un ____bel____ vaso con due ____bei____ fiọri (m.) sul tạvolo.

Grande

The adjective **grande** may be shortened to **gran** before masculine and feminine nouns that begin with a consonant other than **z, s** plus a consonant, and **ps**. With all nouns beginning with **z, s** plus a consonant, **ps**, or a vowel, **grande** is used.

un gran signore	*a great gentleman*	**una gran signora**	*a great lady*
un gran maestro	*a great master (teacher)*	**una gran maestra**	*a great teacher*

un grande artista	*a great artist*	**una grande artista**	*a great artist*
un grande zio	*a great uncle*	**una grande zia**	*a great aunt*
un grande studente	*a great student*	**una grande studentessa**	*a great student*
un grande psicologo	*a great psychologist*	**una grande psicologa**	*a great psychologist*

However, note that **grande** becomes **grand'** before a masculine noun beginning with **u**:

un grand'uomo   *a great man*

The plural form of **grande** is **grandi** for all nouns.

12.   Complete the following with the correct form of the adjective **grande**:

1. La signora Torre è una ____gran____ donna.
2. Garibaldi fu un ____grande____ uomo.
3. Milano è una ____grande____ città.
4. La signora Fellini è una ____grande____ artista.
5. Mio padre è un ____grande____ psicologo.

Santo

Santo[1] is shortened to **San** before masculine nouns, including proper names, beginning with any consonant other than **z** or **s** plus a consonant. **Sant'** is used before all masculine and feminine names and other nouns beginning with a vowel. **Santa** is used for all other singular feminine names.

Santo Stefano
San Giuseppe
Sant'Anselmo
Sant'Anna
Santa Maria

The plural forms are always **santi, sante**.

13.   Write the correct form of **Santo** with each of the following names.

1. ____Santa____ Maria   5. ____San____ Paolo
2. ____Sant'____ Antonio   6. ____Sant'____ Agata
3. ____San____ Pietro   7. ____San____ Giuseppe
4. ____Santo____ Stefano   8. ____Santo____ Zeno.

Buono and Nessuno

Buono and **nessuno** have forms that are very similar to the forms of the indefinite article. Study the following and note the similarities:

---

[1]   It is not unusual to see, because of regional usage, **San** in front of names beginning with **Z-** or **S-** plus a consonant: **San Zaccaria, San Stae, San Zeno,** etc. This is particularly so in Venice.

uno zio *an uncle* ⟶ **un buono zio** *a good uncle*
una zia *an aunt* ⟶ **una buona zia** *a good aunt*
un ragazzo *a boy* ⟶ **un buon ragazzo** *a good boy*
una ragazza *a girl* ⟶ **una buona ragazza** *a good girl*
un amico *a friend* ⟶ **un buon amico** *a good friend*
un'amica *a girl friend* ⟶ **una buon'amica** *a good girl friend*

Note that **buono** and **nessuno** are shortened to **buon** and **nessun** before all masculine nouns except those beginning with **z, s** plus a consonant, or **ps**. **Buona** and **nessuna** are used with all feminine nouns beginning with a consonant and elided to **buon'** and **nessun'** before feminine nouns beginning with a vowel.

Nessuno has no plural forms. The plural of **buono, buona** is always **buoni, buone**.

14. Complete the following with the correct form of the indicated adjective:

   1. Il signor Martini è un _____ *buon* _____ maestro. *buono*
   2. Questo rimedio non fa _____ *nessun* _____ male. *nessuno*
   3. Pietro non mandò _____ *nessuna* _____ notizia. *nessuno*
   4. Maria è una _____ *buon'* _____ amica. *buono*
   5. Carlo e Stefano sono _____ *buoni* _____ amici. *buono*
   6. Lo studente non ha _____ *nessun* _____ libro. *nessuno*
   7. Giuseppe è un _____ *buono* _____ studente. *buono*
   8. Questo _____ *buon'* _____ uomo è molto generoso. *buono*
   9. È una _____ *buon'* _____ idea. *buono*
   10. _____ *buon* _____ anno nuovo! *buono*

TITLES ENDING IN *-e*

Titles ending in **-e**, such as **dottore** and **signore**, drop the final **-e** before proper names. Study the following:

Buongiorno, dottore.	*But:* **Buongiorno, dottor Marini.**
Good morning, Doctor.	*Good morning, Dr. Marini.*
Il professore è americano.	*But:* **Il professor Smith è americano.**
The professor is American (m.).	*Professor Smith is American (m.).*

15. Supply the correct form of the titles provided.

   1. Il _____ *dottor* _____ Pirri è specializzato in chirurgia. *dottore*
   2. Buongiorno, _____ *professor* _____ Monti. *professore*
   3. Buona sera, _____ *professore* _____ Aliano. *professore*
   4. L'_____ *ingegnere* _____ è italiano. *ingegnere*
   5. Quel _____ *signore* _____ è dentista. *signore*
   6. Come sta l'_____ *ingegner* _____ Trevi? *ingegnere*
   7. Il _____ *signor* _____ Marchi arriva alle cinque. *signore*
   8. _____ *Dottore* _____, come sta mio figlio? *dottore*

COMPARATIVE

Comparative of Equality with Adjectives

The comparative of adjectives may be one of equality or inequality. The comparison of equality means that two items being compared have equal characteristics (*as . . . as*). In Italian the words **così . . . come** or **tanto . . . quanto** are used. These correlatives are interchangeable.

Roberto è così alto come Luisa.
Roberto è tanto alto quanto Luisa.
Robert is as tall as Louise.

Luisa è così alta come Roberto.
Luisa è tanto alta quanto Roberto.
Louise is as tall as Robert.

Questi libri sono così interessanti come gli altri.
Questi libri sono tanto interessanti quanto gli altri.
These books are as interesting as the others.

Note that the disjunctive personal pronouns are used following a term of comparison. (The disjunctive personal pronouns appear on page 204.)

Luisa è { **così** / **tanto** } **alta** { **come** / **quanto** } **lui.**

Louise is as tall as he.

Teresa è { **così** / **tanto** } **intelligente** { **come** / **quanto** } **me.**

Theresa is as intelligent as I.

16. Complete the following with the appropriate words to express the comparison of equality:

1. Maria è così brava _____come_____ Stefano.
2. Questi ragazzi son tanto alti _____quanto_____ quelli.
3. Noi siamo così intelligenti _____come_____ loro.
4. Io sono così biondo _____come_____ mio cugino.
5. Questa pittura è tanto bella _____quanto_____ l'altra.

17. Complete the following with the appropriate words to express the comparison of equality:

1. Questa forchetta è _____così_____ sporca come l'altra.
2. Carlo è _____tanto_____ ricco quanto suo fratello.
3. Queste spiagge sono _____così_____ belle come le altre.
4. Questi libri sono _____tanto_____ interessanti quanti gli altri.
5. Queste lezioni sono _____tanto_____ difficili quanto tutte le altre.

Comparative of Equality with Nouns

The comparative of equality can also be expressed with nouns (*as many . . . as, as much . . . as*). In Italian the words **tanto . . . quanto** are used with nouns. Note that **tanto** must agree with the noun it modifies. Study the following:

Noi abbiamo tanto denaro quanto voi.
Maria ha tanta energia quanto sua sorella.
Questa biblioteca ha tanti libri quanto l'altra.
Questo museo ha tante statue quanto l'altro.

18. Complete the following with the appropriate words to express the comparison of equality:

1. Lui mangia _____tante_____ verdure _____quanto_____ noi.
2. Io leggo _____tanti_____ libri _____quanto_____ mio fratello.

3. Teresa riceve _____*tante*_____ lettere ___*quanto*___ loro.
4. Questa signora guadagna _____*tanti*_____ soldi ___*quanto*___ quella.
5. Ci sono _____*tante*_____ forchette ___*quanto*___ coltelli sulla tavola.
6. Genova non ha _____*tanti*_____ abitanti ___*quanto*___ Napoli.

Note that **cosí . . . come** and **tanto . . . quanto** can be used alone without modifying any other word. **Cosí** and **tanto** are often omitted from the comparisons. Observe the following:

> **Tu ti vesti cosí come me.**
> **Tu ti vesti come me.**
> *You dress as I do.*

> **Antonio lavora tanto quanto lui.**
> **Antonio lavora quanto lui.**
> *Anthony works as much as he does.*

19. Complete the following with the appropriate words:

1. Carlo studia _____*tanto*_____ quanto me.
2. Io mi vesto _____*cosí*_____ come lui.
3. Voi correte ___*quanto / come*___ me.
4. Loro lavorano ___*quanto / come*___ noi.

Comparative of Inequality

The comparatives of inequality are: **piú . . . di**, **meno . . . di** (*more . . . than, less . . . than*). Note that **di** contracts with the definite articles it precedes when two entities are being compared.

> **Stefano ha piú libri di Luigi.**
> *Stephen has more books than Louis.*
> **La ragazza ha piú amici del ragazzo.**
> *The girl has more friends than the boy.*
> **Pietro ha meno cugini della sua amica.**
> *Peter has fewer cousins than his friend.*

The comparatives **piú . . . che** (*more . . . than*) and **meno . . . che** (*less . . . than*) are used when describing one entity (with two adjectives, two nouns, or two verbs). Observe below:

> **Questa città è piú sporca che bella.**
> *This city is more dirty than (it is) beautiful.*
> **A Roma ci sono meno chiese che fontane.**
> *In Rome there are fewer churches than (there are) fountains.*
> **È piú facile giocare che studiare.**
> *It is easier to play than to study.*
> **Roberto è meno ricco che bello.**
> *Robert is less rich than (he is) handsome.*

Piú di . . . and **meno di . . .** are used when the comparison is followed by a number.

> **Abbiamo piú di dieci dollari.**
> *We have more than ten dollars.*
> **Il libro costa meno di sette dollari.**
> *The book costs less than seven dollars.*
> **Non ho piú di cinque dollari.**
> *I don't have more than five dollars.*
> **Non costano meno di venti dollari.**
> *They don't cost less than twenty dollars.*

20. Complete the following sentences with the appropriate words for the comparative. The comparatives meaning *more . . . than* and *less . . . than* are indicated with the signs + and − on the right side.

1. Carlo e Piętro fanno ___*più*___ rumore ___*dei*___ loro cugini. +
2. Piętro mangia ___*meno*___ ___*di*___ te. −
3. Noi studiamo ___*più*___ ___*di*___ loro. +
4. Voi comprate ___*più*___ libri ___*della*___ signora. − ———
5. Le bambine vogliono ___*più*___ regali ___*di*___ noi. +
6. A Nuọva York ci sono ___*più*___ negozi ___*dei che*___ grattacięli. +
7. È ___*meno*___ difficile camminare ___*di*___ saltare. −
8. Sįlvia è ___*più*___ intelligente ___*che*___ buọna. +
9. Noi abbiạmo ___*più*___ amici ___di___ Luịsa. −
10. Luigi è ___*più*___ alto ___*di*___ Piętro. +
11. Luigi ha ___*più*___ ___*di*___ cịnque dollari. +
12. Tu hai ___*meno*___ ___*di*___ diciannove anni. −
13. Questa penna è ___*più*___ bella ___*che*___ buona. +
14. Questi giocạttoli sono ___*meno*___ ụtili ___*che*___ belli. −
15. Io ho ___*più*___ ___*di*___ quịndici anni. +

RELATIVE SUPERLATIVE OF ADJECTIVES

The relative superlative of adjectives (*most, -est, least*) is formed by using the appropriate definite article and the word **piú** (or **meno**) before the adjective and the preposition **di** contracted with the definite article before the noun.

> **Teresa è la (ragazza) piú brava della classe.**
> *Theresa is the smartest (girl) in the class.*
> **Roberto è il (ragazzo) meno atlętico del gruppo.**
> *Robert is the least athletic (boy) of the group.*
> **Nuọva York è la città piú grande degli Stati Uniti.**
> *New York is the largest city in the United States.*
> **Stęfano e Antọnio sono i piú alti della famiglia.**
> *Stephen and Anthony are the tallest in the family.*
> **Maria e Rosa sono le piú brave del riọne.**
> *Mary and Rose are the smartest in the neighborhood.*

21. Complete the following with the appropriate words for the relative superlative:

1. Loro sono ___*le*___ studentesse ___*più*___ brave ___*della*___ classe.
2. Carlo e Pietro sono ___*i*___ ragazzi ___*più*___ bassi ___*del*___ gruppo.
3. Questa scuọla è ___*la*___ ___*più*___ moderna ___*della*___ città.
4. Il padre di Olga è ___*il*___ dottore ___*più*___ famoso ___*di*___ Roma.
5. La Sicịlia è ___*la*___ ___*più*___ grande ịsola ___*del*___ Mediterrạneo.
6. Pelé è ___*ie*___ calciatore ___*più*___ famoso ___*del*___ mondo.
7. Questi ragazzi sono ___*i*___ ___*più*___ atlętici ___*della*___ scuola.
8. Maria è ___*la*___ ___*meno*___ atletica ___*di*___ tutte.
9. Quelle studentesse sono ___*le*___ ___*più*___ intelligenti.
10. Il signor Martini è ___*il*___ ingegnere ___*più*___ capace ___*della*___ fạbbrica.

ABSOLUTE SUPERLATIVE OF ADJECTIVES AND ADVERBS

The absolute superlative is formed by adding the suffix **-issimo** to an adjective or an adverb after dropping the last vowel of both the adjective and the adverb. It gives the meaning of *most, very,* and *extremely*.

bello   *handsome* ——→ **bellissimo**   *most handsome*
intelligente   *intelligent* ——→ **intelligentissimo**   *extremely intelligent*
capace   *able* ——→ **capacissimo**   *very able*
ricco   *rich* ——→ **ricchissimo**   *very rich*
bene   *well* ——→ **benissimo**   *very well*
male   *badly* ——→ **malissimo**   *very badly*

Note that the absolute superlative behaves like a regular (or positive) adjective and must agree in gender and number with the noun it modifies.

una signora intelligentissima ——→ **delle signore intelligentissime**   *a very intelligent lady*
un giovane ricchissimo ——→ **dei giovani ricchissimi**   *a very rich young man*
una lezione utilissima ——→ **delle lezioni utilissime**   *a very useful lesson*
un ragazzo poverissimo ——→ **dei ragazzi poverissimi**   *a very poor boy*

In order to preserve the hard sound of the positive adjective, an **h** must be added to the adjective ending in **-co**, **-go**, **-ca**, and **-ga** before **-issimo**.

un uomo stanco   *a tired man* ——→ **un uomo stanchissimo**   *a very tired man*
una donna ricca   *a rich woman* ——→ **una donna ricchissima**   *a very rich woman*
un fiume largo   *a wide river* ——→ **un fiume larghissimo**   *a very wide river*
una strada larga   *a wide street* ——→ **una strada larghissima**   *a very wide street*

The absolute superlative may also be formed by placing the adverbs **assai** (*very, much*) and **molto** (*very*) before the adjective or the adverb.

buono   *good* ——→ **molto buono**   *very good*
bene   *well* ——→ **molto bene**   *very well*
capace   *able* ——→ **assai capace**   *very able*
facilmente   *easily* ——→ **molto facilmente**   *very easily*
male   *badly* ——→ **molto male**   *very badly*
bella   *beautiful* ——→ **molto bella**   *very beautiful*

22.   Follow the model:

> **È un giovane molto povero.** ——→ **È un giovane poverissimo.**
> *He is a very poor young man.*

1. Il signor Rossi è molto sensibile.   *sensibilissimo*
2. Teresa sta molto bene.   *benissima*
3. La stanza è molto grande.   *grandissima*
4. La rivista è molto utile.   *utilissima*
5. Gli stadi sono molto grandi.   *grandissimi*
6. È un lavoro molto difficile.   *difficilissimo*

23.   Follow the model:

> **È una signora ricchissima.** ——→ **È una signora molto ricca.**   *She is a very rich lady.*

1. Il teatro è affollatissimo.   *il è molto affollato*
2. L'esame è facilissimo.   *è molto facile*
3. Roberto sta malissimo.   *molto male*
4. L'appartamento è modernissimo.   *molto moderno*

IRREGULAR COMPARATIVES AND SUPERLATIVES

The adjectives **buono**, **cattivo**, **grande**, and **piccolo** have irregular forms for the comparative and superlatives.

Positive		Comparative		Relative superlative		Absolute superlative	
buono	good	**migliore**	better	**il migliore**	the best	**ottimo**	very good
cattivo	bad	**peggiore**	worse	**il peggiore**	the worst	**pessimo**	very bad
grande	big	**maggiore**	older	**il maggiore**	the oldest	**massimo**	best, most
piccolo	small	**minore**	younger	**il minore**	the youngest	**minimo**	worst

The comparative forms are expressed without an article. The appropriate definite article is used with the relative superlative. Study the following:

Comparative:	**Questo studente è migliore (peggiore) dell'altro.**
	This student is better (worse) than the other.
Relative Superlative:	**Questo studente è il migliore (il peggiore) di tutti.**
	This student is the best (the worst) of all.
Comparative:	**Questa casa è migliore dell'altra.**
	This house is better than the other one.
Relative Superlative:	**Queste strade sono le peggiori di tutte.**
	These streets are the worst of all.

When they refer to people, the words **maggiore** and **minore** express the meaning of age rather than size.

Luigi è il fratello minore.
Louis is the younger brother.
Roberto è maggiore di suo fratello.
Robert is older than his brother.
Luisa è minore di sua sorella.
Louise is younger than her sister.
Olga è la maggiore della famiglia.
Olga is the oldest in the family.

In order to convey the meaning of size, **grande** and **piccolo** are used.

Questo pacco è piú grande di quello.
This package is bigger than that one.
Carlo è il piú piccolo del gruppo.
Charles is the smallest (one) in the group.

24. Complete the following with the appropriate form of the comparative or relative superlative according to the indicated expressions:

1. Maria è ___maggiore___ ___di___ sua sorella. *Ha piú anni.*
2. Questo museo è ___maggiore___ della città. *È molto grande.*
3. Roberto è ___piú grande del___ suo amico. *È piú alto.*
4. Carlo è ___piccolissimo___. *È molto piccolo.*
5. Mio nonno è ___maggiore___ ___di___ mia nonna. *Ha piú anni.*
6. Luisa è ___minore___ ___di___ sua cugina. *Ha meno anni.*
7. Olga è ___la migliore___ della classe. *È la piú buona.*
8. Stefano è ___piú piccolo___ ___di___ suo fratello. *È piú basso.*

25. Write the following in Italian.

1. Who is the youngest girl here?

Chi è la ragazza minore qui fine

2. I am older than you (*te*), but Anthony (*Antonio*) is the oldest.

Sono maggiore di te ma Anthony e il maggiore

Loro sono buoni, ma siamo migliori [handwritten]

3. They are good, but we are better.
4. George (*Giorgio*) and Gabriel (*Gabriele*) are the best. *George e Gabriele sono i migliori* [handwritten]
5. This book is better than that one (*quello*). *questo libro e migliori di quello* [handwritten]
6. Teresa (*Theresa*) is my younger sister. *Theresa è la mia sorella minore* [handwritten]
7. Stephen (*Stefano*) is our best cousin. *Stefano è il nostro cugino migliore* [handwritten]
8. Joseph (*Giuseppe*) is her older brother. *Giuseppe è il suo fratello maggiore* [handwritten]

IRREGULAR COMPARATIVES AND SUPERLATIVES OF ADVERBS

The adverbs **bene**, **male**, **molto**, and **poco** have irregular forms in the comparative and relative superlative. All of these adverbs have regular absolute superlative forms: **bene** ⟶ **molto bene, benissimo**; **male** ⟶ **molto male, malissimo; molto** ⟶ **moltissimo; poco** ⟶ **pochissimo**.

Positive		*Comparative*		*Relative Superlative*	
bene	*well*	**meglio**	*better*	**il meglio**	*the best*
male	*badly*	**peggio**	*worse*	**il peggio**	*the worst*
molto	*a lot*	**piú (di piú)**	*more*	**il piú**	*the most*
poco	*a little*	**meno (di meno)**	*less*	**il meno**	*the least*

Study the following examples:

Come stai? Sto meglio.
How are you? I am better.
Come sta Luisa? Sta peggio.
How is Louise? She is worse.
È meglio tornare a casa adesso.
It's better to go back home now.
È peggio di prima.
It's worse than before.
Se Carlo studia, fa meglio a scuola.
If Charles studies, he does better in school.
Piú studiamo, piú impariamo.
The more we study, the more we learn.
Meno mangiamo, piú dimagriamo.
The less we eat, the more weight we lose.
Lo vedo il meno possibile.
I see him as little as possible.
Studio il piú possibile.
I study as much as possible.

26. Complete the following sentences in the comparative or superlative using the indicated expressions as a guide:

1. Luigi sta _____ di prima.   *non bene come prima*
2. Luisa studia _____ _____ possibile.   *moltissimo*
3. Non sto male, sto _____ di ieri.   *non male come prima*
4. È tardi, è _____ tornare a casa.
5. Piú lavoro, _____ mangio.   *mangio poco*
6. Alberto sta _____ .   *molto male*
7. I ragazzi stanno _____ .   *molto bene*

FORMATION OF NOUNS FROM ADJECTIVES

Most adjectives can become nouns when they are accompanied by the definite article.

I giovani viaggiano dappertutto.
Young people travel all over.
I vecchi hanno molto da raccontare.
Old people have a lot to tell.
I cattivi non piacciono a nessuno.
Nobody likes bad people.

27.   Change the following adjectives into nouns according to the model:

i ragazzi ribelli ⟶ i ribelli

1.   il signore ricco
2.   le ragazze giovani
3.   i tipi cattivi
4.   le signorine americane
5.   i monumenti antichi

6.   il ragazzo povero
7.   gli studenti intelligenti
8.   la signora italiana
9.   il fratello minore
10.   le riviste importanti

POSSESSIVE ADJECTIVES

Possessive adjectives indicate ownership or possession. All possessive adjectives must agree in gender and number with the noun they modify with the exception of **loro** (*their*). The possessive adjectives are preceded by the appropriate definite article. Study the following:

il mio vestito ⟶ i miei vestiti   *my suit*
la mia cravatta ⟶ le mie cravatte   *my tie*
il tuo amico ⟶ i tuoi amici   *your friend*
la tua amica ⟶ le tue amiche   *your friend, f.*
il suo cappotto ⟶ i suoi cappotti   *his/her overcoat*
la sua maglia ⟶ le sue maglie   *his/her sweater*

il nostro vicino ⟶ i nostri vicini   *our neighbor*
la nostra casa ⟶ le nostre case   *our house*
il vostro giardino ⟶ i vostri giardini   *your (voi) garden*
la vostra bicicletta ⟶ le vostre biciclette   *your (voi) bicycle*
il loro libro ⟶ i loro libri   *their book*
la loro rivista ⟶ le loro riviste   *their journal, magazine*

28.   Complete the following sentences by supplying the appropriate possessive pronouns according to the italicized subject pronouns:

1.   _____ vestiti sono nuovi.   *noi* (we)
2.   _____ camicia è verde.   *io* (I)
3.   _____ amici sono bravi.   *tu* (you, s.)
4.   _____ amiche sono brave.   *tu* (you, s.)
5.   _____ vicini sono italiani.   *lui* (he)
6.   _____ bicicletta è rossa.   *voi* (you, pl.)
7.   _____ riviste sono interessanti.   *loro* (they)
8.   _____ cravatte sono belle.   *io* (I)
9.   _____ libri sono grossi.   *noi* (we)
10.   _____ cappotti sono pesanti.   *lei* (she)

With Nouns Denoting Family Members or Relatives

Possessive adjectives followed by singular nouns denoting family members or relatives do not use the definite article with the exception of **loro** (e.g., **la loro madre**, *their mother*). Study the following:

Singular	*Plural*
Mia sorella è a scuola.	**Le mie sorelle sono a scuola.**
My sister is at school.	*My sisters are at school.*
Tuo cugino è americano.	**I tuoi cugini sono americani.**
Your cousin is American.	*Your cousins are American.*
Il loro fratello è in Italia.	**I loro fratelli sono in Italia.**
Their brother is in Italy.	*Their brothers are in Italy.*

29. Complete the following sentences by supplying the appropriate possessive adjectives according to the indicated subject pronouns:

   1. _____ madre è dottoressa.   *io*
   2. _____ sorelle studiano molto.   *noi*
   3. _____ cugina viaggia spesso.   *voi*
   4. _____ fratelli lavorano al centro.   *tu*
   5. _____ padre è maestro.   *lei*
   6. _____ nonni sono in Italia.   *loro*
   7. _____ zia parla molte lingue.   *loro*
   8. _____ zio ha sessantadue anni.   *lui*
   9. _____ nonna è molto saggia.   *io*
   10. _____ fratelli frequentano l'università.   *noi*

Note that the formal possessive adjectives **Suo** (*your*) and **Loro** (*your*) begin with capital letters. This practice, however, is frequently not observed.

il Suo libro   *your book* ⟶ **i Suoi libri**   *your books*
la Sua penna   *your pen* ⟶ **le Sue penne**   *your pens*
il Loro cane   *your dog* ⟶ **i Loro cani**   *your dogs*
la Loro vacanza   *your vacation* ⟶ **le Loro vacanze**   *your vacations*

Study the following sentences:

Signora, il Suo cappello è elegantissimo.
Madame, your hat is very elegant.
Dottor Martini, i Suoi pazienti sono qui.
Dr. Martini, your patients are here.
Signor Valetti e Signorina Torre, i Loro libri sono arrivati.
Mr. Valetti and Miss Torre, your books have arrived.
Signori, le Loro prenotazioni sono confermate.
Gentlemen, your reservations are confirmed.

30. Complete the following sentences with the appropriate possessive adjectives. In some sentences, a subject pronoun indicates the possessive adjective to be used.

   1. Mi vuoi prestare _____ motocicletta?
   2. Luigi desidera visitare _____ nonni.
   3. _____ sorella studia lingue straniere (*foreign*).   *io*
   4. Andiamo al teatro con _____ amici.
   5. _____ zii arrivano domani.   *tu*

6. Signor Spinelli, _____ biglietto è pronto.
7. Gli studenti preparano _____ lezioni.
8. Signori, dove sono _____ valige?
9. _____ madre lavora in un ospedale.   *noi*
10. Luisa va in Italia con _____ fratelli.
11. Signorina Marini, può chiamare _____ padre?
12. _____ amiche vanno alla spiagga tutti i giorni.   *noi*
13. I bambini giocano con _____ giocattoli.
14. Le studentesse leggono _____ riviste.
15. Don Giuseppe, _____ caffé espresso è sul tavolino.
16. _____ zia Angelina è molto brava.   *io*
17. Roberto accompagna _____ cugine a casa.

31. Rewrite the following sentences substituting the words in italics with the appropriate possessive adjectives. Make all necessary changes, and include the definite article when needed.

1. Gli amici *di Paolo* telefonano spesso.
2. La sorella *di Luisa e di Carlo* studia molto.
3. Lo zio *di Stefano* è molto ricco.
4. La madre *di Antonio* è giovane.
5. Le amiche *di Olga* sono greche.

DEMONSTRATIVE ADJECTIVES

The demonstrative adjective **questo** (*this*) has four forms—**questo**, m. s.; **questa**, f. s.; **questi**, m. pl.; and **queste**, f. pl.—and agrees in gender and number with the noun it modifies. Note that, before nouns beginning with a vowel, **quest'** (**quest'amico**) may be used. The use of the latter is optional. The definite article is not used with demonstrative adjectives.

questo cavallo	*this horse*	**questi cavalli**	*these horses*
questa macchina	*this car*	**queste macchine**	*these cars*

The forms of the demonstrative adjective **quello** (*that*) are very similar to the forms of the definite article. To the letters '**que**' are added the appropriate definite articles. Review the articulated prepositions, Chapter 2, page 28. Also, **quello** takes the same forms as **bello** (*handsome, beautiful*), see page 41.

lo	**quello studente**	**la**	**quella studentessa**
	quello zio		**quella zia**
	quello psicologo		**quella psicologa**
l'	**quell'amico**	**l'**	**quell'amica**
	quell'inverno		**quell'estate**
il	**quel ragazzo**	**la**	**quella ragazza**
	quel libro		**quella rivista**
gli	**quegli studenti**	**le**	**quelle studentesse**
	quegli zii		**quelle zie**
	quegli psicologi		**quelle psicologhe**
	quegli amici		**quelle amiche**
	quegli (quegl') inverni		**quelle (quell') estati**
i	**quei ragazzi**	**le**	**quelle ragazze**
	quei libri		**quelle riviste**

32. Rewrite the following sentences in the singular:

1. Quegli studenti sono studiosi.
2. Queste cravatte sono blu.
3. Quelle spiagge sono bellissime.
4. Quei signori sono americani.
5. Questi amici sono generosi.
6. Quelle amiche sono italiane.
7. Questi zii sono vecchi.
8. Quegli alberi sono alti.
9. Queste macchine sono veloci.
10. Quei libri sono vecchi.
11. Questi giornali sono interessanti.
12. Quegli zaini sono pieni.
13. Queste estati sono meravigliose.
14. Quegli psicologi sono giovani.

33. Complete the following with the appropriate form demonstrative adjective:

1. (*These*) _____ paesaggi sono pittoreschi.
2. (*Those*) _____ fotografie sono lucide.
3. (*That*) _____ inverno è duro.
4. (*This*) _____ amica è inglese.
5. (*That*) _____ albero è alto.
6. (*These*) _____ studentesse sono brave.
7. (*Those*) _____ gnocchi sono deliziosi.
8. (*This*) _____ signora è dell'Irlanda.
9. (*That*) _____ psichiatra è giovane.
10. (*That*) _____ dottoressa è brava.
11. (*That*) _____ zio è scherzoso.
12. (*Those*) _____ asparagi sono gustosi.
13. (*This*) _____ tavolo è marrone.
14. (*That*) _____ ragazzo gioca sempre.
15. (*That*) _____ biblioteca è grande.

EXPRESSIONS *Che!* AND *Quanto!*

The exclamation *What a . . . !* in Italian is expressed by the word **Che . . . !** Study the following:

Che folla!	*What a crowd!*
Che bella giornata!	*What a beautiful day!*
Che belle giornate!	*What beautiful days!*
Che bel paesaggio!	*What a beautiful landscape!*
Che bei paessagi!	*What beautiful landscapes!*

The exclamation **Quanto!** (**Quanti!**, **Quanta!**, **Quante!**) expresses a number or a quantity of people or things. It literally means *So much!* or *So many!* **Quanto!** agrees in gender and number with the noun it modifies. Study the following:

Quanto rumore!	*So much noise!*
Quanti bravi giocatori!	*So many excellent players!*
Quanta gente!	*So many people!*
Quante belle barche!	*So many beautiful boats!*

34. Rewrite the following in Italian:

1. What a game (*partita*)!
2. What pretty flowers!
3. So many books!
4. So much happiness (*gioia*)!
5. What a fantastic idea!
6. So many friends!
7. What a beautiful day!
8. What beautiful cities!

FORMATION OF ADVERBS

In Italian adverbs are formed by adding the suffix **-mente** to the singular feminine form of the masculine adjective ending in **-o**.

meraviglioso *marvelous* ⟶ **meravigliosa** ⟶ **meravigliosamente** *marvelously*
disastroso *disastrous* ⟶ **disastrosa** ⟶ **disastrosamente** *disastrously*
ottimo *excellent* ⟶ **ottima** ⟶ **ottimamente** *excellently*
bonario *good-natured* ⟶ **bonaria** ⟶ **bonariamente** *good-naturedly*
valoroso *courageous* ⟶ **valorosa** ⟶ **valorosamente** *courageously*

Many adjectives ending in **-e** simply add **-mente** without any change. Adjectives ending in **-le** and **-re** drop the final **-e** before **-mente** is added.

enorme *enormous* ⟶ **enormemente** *enormously*
corrente *current* ⟶ **correntemente** *currently*
legale *legal* ⟶ **legalmente** *legally*
orribile *horrible* ⟶ **orribilmente** *horribly*
regolare *regular* ⟶ **regolarmente** *regularly*
basilare *basic* ⟶ **basilarmente** *basically*
particolare *particular* ⟶ **particolarmente** *particularly*

35. Change the following into adverbs:

1.	difficile	12.	aristocratico
2.	grazioso	13.	liberale
3.	forte	14.	paziente
4.	terribile	15.	magistrale
5.	interno	16.	facile
6.	mirabile	17.	raro
7.	caro	18.	breve
8.	militare	19.	parziale
9.	urgente	20.	lento
10.	veloce	21.	singolare
11.	leale	22.	preliminare

Review

36. Supply the appropriate forms of the following adjectives in parentheses in the spaces provided.

1. Olga è una ragazza molto _____ . (*buono*)
2. Lo zio di Paolo è un _____ cuoco. (*grande*)
3. Le loro lettere sono troppo _____ . (*lungo*)
4. Tutte le mie camicie sono _____ . (*bianco*)
5. I suoi pantaloni sono _____ . (*marrone*)
6. Tuo padre è un _____ uomo. (*bello*)
7. Quei fazzoletti sono _____ . (*viola*)
8. Quelle studentesse sono _____ . (*intelligente*)
9. Gli esercizi sono _____ . (*facile*)
10. I miei amici sono _____ . (*generoso*)
11. Il gatto e il cane sono animali _____ . (*domestico*)
12. Questo formaggio è _____ . (*francese*)

13. Quelle riviste sono _____ . (*vęcchio*)
14. I tuoi vestiti sono tutti _____ . (*blu*)
15. Quei televisori (*television sets*) sono _____ . (*tedesco*)
16. Teresa e Marįa sono _____ . (*greco*)
17. Oggi ci sono _____ studenti. (*poco*)
18. Fermiąmoci! Sįamo _____ ! (*stanco*)
19. I libri sono sempre _____ . (*ųtile*)
20. La madre di Aldo è una persona _____ . (*importante*)
21. Oggi è la festa di _____ Stęfano. (*Santo*)
22. La basįlica di _____ Antǫnio è a Pądova. (*Santo*)
23. Lui non ha _____ amico. (*nessuno*)
24. Stęfano è un _____ amico. (*buono*)
25. È una _____ idęa. (*buono*)

37. Translate the following sentences

1. Good morning, Dr. Merini.
2. Professor Rossi lives (*abita*) in Rome.
3. We are as tall as they.
4. Paul is as studious as Mary.
5. In this classroom there are more boys than girls.
6. They have as many friends as we do.
7. He is older than forty.
8. Theresa studies as much as Paul.
9. Olga and Theresa are the smartest (girls) in the class.
10. Robert is the least studious (boy) in the class.
11. I have fewer friends than you.
12. They run (*cǫrrono*) more than us.
13. We sing as she does.
14. Charles is as short as his cousin.
15. This bread is better than the other.
16. Those shoes are worse than these.
17. Carmelina is the younger sister.
18. Peter is the smallest in the class.
19. This cheese (*formąggio*) is very bad.
20. Who is the oldest boy?
21. My ties are blue, pink, and green.
22. Her coat is very heavy.
23. What a beautiful view (*veduta*)!
24. Those students are from foreign countries (*paęsi stranięri*).
25. Paul's friends are English.

38. Change the following adjectives into adverbs in the spaces provided:

1. fącile _____
2. feroce _____
3. corragiǫso _____
4. raro _____
5. sleąle (*disloyal*) _____

6. triste _____
7. irregolare _____
8. breve _____
9. esterno _____
10. flębile (*feeble*) _____

Chapter 4

Numbers, Dates, and Time

NUMBERS

Cardinal Numbers

The Italian cardinal numbers are as follows:

1	uno	11	undici
2	due	12	dodici
3	tre	13	tredici
4	quattro	14	quattordici
5	cinque	15	quindici
6	sei	16	sedici
7	sette	17	diciassette
8	otto	18	diciotto
9	nove	19	diciannove
10	dieci	20	venti

After **venti**, **trenta**, **quaranta**, etc., the numbers **uno** through **nove** are added and attached. Note that the final vowel of **venti**, **trenta**, **quaranta**, etc., is dropped when the numbers **uno** and **otto** are added. Also, when the number **tre** is added to **venti**, etc., the final **-e** of **tre** is accented: **ventitré**, etc. The final vowel of **ventuno**, **trentuno**, etc., is dropped before nouns: **ventun libri**, **trentun cavalli**, **sessantun ragazze**, etc. Observe the following numbers:

21	ventuno	60	sessanta
22	ventidue	61	sessantuno
23	ventitré	63	sessantatré
24	ventiquattro	68	sessantotto
25	venticinque	69	sessantanove
26	ventisei	70	settanta
27	ventisette	71	settantuno
28	ventotto	73	settantatré
29	ventinove	75	settantacinque
30	trenta	78	settantotto
31	trentuno	80	ottanta
33	trentatré	81	ottantuno
38	trentotto	83	ottantatré
40	quaranta	86	ottantasei
41	quarantuno	88	ottantotto
43	quarantatré	90	novanta
48	quarantotto	91	novantuno
50	cinquanta	92	novantadue
51	cinquantuno	93	novantatré
53	cinquantatré	98	novantotto
58	cinquantotto	99	novantanove

The word **cento** is invariable. Note that the word *one*, which in English appears before *hundred* (*one hundred*), is not included in Italian. The numbers indicating *tens* and *units*—one, two, etc.—are usually added but not attached; however, some people do attach them. These combined forms are given below in parentheses. The compounds of **cento** are attached: **duecento**, **trecento**, etc.

100	**cento**
101	**cento uno (centouno, centuno)**
102	**cento due (centodue)**
103	**cento tre (centotré)**
104	**cento quattro (centoquattro)**
105	**cento cinque (centocinque)**
106	**cento sei (centosei)**
107	**cento sette (centosette)**
108	**cento otto (centotto)**
109	**cento nove (centonove)**
110	**cento dieci (centodieci)**
111	**cento undici (centoundici)**
112	**cento dodici (centododici)**
113	**cento tredici (centotredici)**
114	**cento quattordici (centoquattordici)**
115	**cento quindici (centoquindici)**
116	**cento sedici (centosedici)**
117	**cento diciassette (centodiciassette)**
118	**cento diciotto (centodiciotto)**
119	**cento diciannove (centodiciannove)**
120	**cento venti (centoventi)**
121	**cento ventuno (centoventuno)**
130	**cento trenta (centotrenta)**
131	**cento trentuno (centotrentuno)**
140	**cento quaranta (centoquaranta)**
143	**cento quarantatré (centoquarantatré)**
150	**cento cinquanta (centocinquanta)**
158	**cento cinquantotto (centocinquantotto)**
160	**cento sessanta (centosessanta)**
165	**cento sessantacinque (centosessantacinque)**
170	**cento settanta (centosettanta)**
180	**cento ottanta (centottanta)**
190	**cento novanta (centonovanta)**
191	**cento novantuno (centonovantuno)**
193	**cento novantatré (centonovantatré)**
198	**cento novantotto (centonovantotto)**
200	**duecento**
300	**trecento**
400	**quattrocento**
450	**quattrocento cinquanta (quattrocentocinquanta)**
500	**cinquecento**
600	**seicento**
700	**settecento**
800	**ottocento**
900	**novecento**
999	**novecento novantanove (novecentonovantanove)**

The word **mille** (*one thousand*) does not use the word *one* in Italian. However, **un** (*one*) is always used with **milione** (*million*) and **miliardo** (*billion*). **Mille**, **milione**, and **miliardo** have plurals. Note that the English *eleven hundred, twelve hundred,* etc., are expressed in Italian by dividing the number into thousands and hundreds.

1000	**mille**
1001	**mille uno**

1010	**mille dięci**
1100	**mille cento**
1200	**mille duecento**
1300	**mille trecento**
1400	**mille quattrocento**
1500	**mille cinquecento**
1600	**mille seicento**
1700	**mille settecento**
1800	**mille ottocento**
1980	**mille novecento ottanta (mille novecentottanta)**
2000	**due mila (duemila)**
3000	**tre mila (tremila)**
4000	**quattro mila (quattromila)**
20.000	**venti mila (ventimila)**
100.000	**cento mila (centomila)**
1.000.000	**un milione**
2.000.000	**due milioni**
10.000.000	**dieci milioni**
1.000.000.000	**un miliardo**
2.000.000.000	**due miliardi**
9.000.000.000	**nove miliardi**
1.000.000.000.000	**un trilione**
2.000.000.000.000	**due trilioni**

Note that **un milione**, **due milioni**, **un miliardo**, **due miliardi**, etc., take the preposition **di** before a noun:

un milione di dọllari	**due milioni di persone**
a million dollars	*two million people*
un miliardo di dọllari	**cinque miliardi di lire**
a billion dollars	*five billion lire*

Note that in Italian, a period is used when English uses a comma, and a comma is used when English uses a decimal point. Observe the following:

Italian	*English*
1.236.000	*1,236,000*
1.236,60	*1,236.60*
8,50	*8.50*

1. Write the following numbers in Italian:

1.	5		12.	78
2.	13		13.	79
3.	17		14.	82
4.	21		15.	88
5.	28		16.	90
6.	33		17.	91
7.	40		18.	100
8.	48		19.	300
9.	51		20.	1,000
10.	53		21.	8,533
11.	67		22.	3,000,000

2. Translate the following words:

1. one hundred men
2. four thousand books
3. one million people
4. six billion dollars
5. nine hundred letters (*lettere*)

*Special use of **Duecento**, **Trecento**, etc.*

When referring to centuries, the ordinal numbers are used: **dodicesimo**, **tredicesimo**, etc. (*twelfth, thirteenth,* etc.). However, it is very common to use the cardinal numbers within the context of art, history, or literature. Note that **Duecento**, **Trecento**, etc., are capitalized when used in this context. They are also preceded by the appropriate masculine singular definite article. Observe:

il secolo tredicęsimo (**il tredicęsimo secolo**)	**il Duecento**	*the 13th century* (*the twelve hundreds*)
il secolo quattordicęsimo (**il quattordicęsimo secolo**)	**il Trecento**	*the 14th century* (*the thirteen hundreds*)
Il secolo quindicęsimo (**il quindicęsimo secolo**)	**Il Quattrocento**	*the 15th century* (*the fourteen hundreds*)
il secolo sedicęsimo (**il sedicęsimo secolo**)	**il Cinquecento**	*the 16th century* (*the fifteen hundreds*)
il secolo diciassettęsimo (**il diciassettęsimo secolo**)	**il Seicento**	*the 17th century* (*the sixteen hundreds*)
il secolo diciottęsimo (**il diciottęsimo secolo**)	**il Settecento**	*the 18th century* (*the seventeen hundreds*)
il secolo diciannovęsimo (**il diciannovęsimo secolo**)	**l'Ottocento**	*the 19th century* (*the eighteen hundreds*)
il secolo ventęsimo (**il ventęsimo secolo**)	**il Novecento**	*the 20th century* (*the nineteen hundreds*)

3. Using cardinal numbers, give the Italian equivalents of the following centuries. Use the definite article.

1. 20th century
2. 13th century
3. 16th century
4. 19th century
5. 15th century

Ordinal Numbers

The Italian ordinal numbers function as adjectives and must therefore agree in gender and number with the nouns they modify. They are

1st	**primo, prima, primi, prime**
2nd	**secondo (-a, -i, -e)**
3rd	**terzo (-a, -i, -e)**
4th	**quarto (-a, -i, -e)**
5th	**quinto (-a, -i, -e)**
6th	**sesto (-a, -i, -e)**
7th	**settimo (-a, -i, -e)**
8th	**ottavo (-a, -i, -e)**
9th	**nono (-a, -i, -e)**
10th	**dęcimo (-a, -i, -e)**

11th	**undicęsimo (-a, -i, -e)**	*also:*	**undęcimo**
12th	**dodicęsimo (-a, -i, -e)**	*also:*	**duodęcimo**
13th	**tredicęsimo (-a, -i, -e)**	*also:*	**decimoterzo**
14th	**quattordicęsimo (-a, -i, -e)**	*also:*	**decimoquạrto**
15th	**quindicęsimo (-a, -i, -e)**	*also:*	**decimoquịnto**
16th	**sedicęsimo (-a, -i, -e)**	*also:*	**decimosesto**
17th	**diciassettęsimo (-a, -i, -e)**	*also:*	**decimosęttimo**
18th	**diciottęsimo (-a, -i, -e)**	*also:*	**decimottavo**
19th	**diciannovęsimo (-a, -i, -e)**	*also:*	**decimonono**
20th	**ventęsimo (-a, -i, -e)**	*also:*	**vigęsimo**
21st	**ventunęsimo (-a, -i, -e)**	*also:*	**ventesimoprimo**

As you have noticed above, beginning with **undicęsimo** (*eleventh*), the suffix **-ęsimo** is added to the cardinal numbers (**ụndici**, **dọdici**, etc.) by dropping the final vowel of the cardinal number with the exception of the numbers ending in **-tré** (**ventitré**, etc.) The cardinal numbers ending in **-tré** drop their accent (**-tre**) and remain intact when **-ęsimo** is added. Observe the following:

23rd	**ventitreęsimo (ventesimoterzo)**
25th	**venticinquęsimo (ventesimoquinto)**
30th	**trentęsimo (trigęsimo)**
40th	**quarantęsimo (quadragęsimo)**
50th	**cinquantęsimo (quinquagęsimo)**
60th	**sessantęsimo (sessagęsimo)**
70th	**settantęsimo (settuagęsimo)**
80th	**ottantęsimo (ottuagęsimo)**
90th	**novantęsimo (nonagęsimo)**
100th	**centęsimo**
200th	**duecentęsimo**
300th	**trecentęsimo**
1,000th	**millęsimo**
2,000th	**duemillęsimo**
3,000th	**tremillęsimo**
1,000,000th	**milionęsimo**

Ordinal numbers with titles

With the numerical sucession of kings, emperors, and popes, the ordinal numbers are used, and they are capaitalized

Umberto I:	**Umberto Primo**
Carlo V:	**Carlo Quinto**
Luigi XIV:	**Luigi Quattordicesimo**
Leone X:	**Leone Decimo**
Pio XII:	**Pio Dodicesimo**
Giovanni Paolo II:	**Giovanni-Paolo Secondo**

4. Complete the following sentences with the appropriate ordinal numbers according to the cues in English.

1. Marzo è il _____ mese dell'anno.   *third*
2. Giugno è il _____ mese dell'anno.   *sixth*
3. Leone _____ è un papa del Rinascimento.   *X*
4. Pio _____ è un papa del Novecento.   *XII*
5. Martedí è il _____ giorno della settimana.   *second*
6. È la _____ volta che ti chiamo.   *hundredth*

7. Oggi è il _____ anniversario del nostro matrimonio.   *twenty-fifth*
8. Francesco _____ è un re francese.   *I*

Note that when the ordinal and cardinal numbers are used together, the ordinals precede the cardinals.

Questi sono i primi cinque ragazzi.
These are the first five boys.
Sono passati i primi due giorni.
The first two days are over.

Fractions

Usually, fractions consist of both cardinal and ordinal numerals.

2/3	**due terzi**	*two-thirds*
1/4	**un quarto**	*one-fourth*
1/8	**un ottavo**	*one-eighth*
2/5	**due quinti**	*two-fifths*
1/10	**un decimo**	*one-tenth*
10/100	**dieci centesimi**	*ten-hundredths*
1/1000	**un millesimo**	*one-thousandth*

Some special forms are:

1/2	**mezzo; mezza; una metà; la metà**	*half; one half*
8 1/2	**otto e mezzo**	*eight and one-half*
9 1/3	**nove e un terzo**	*nine and one-third*

Ne ho comprato la metà
I bought half of it.
Abbiamo consumato una mezza-bottiglia di vino.
We drank a half bottle of wine.
Non ricorda nemmeno un decimo della lezione.
He doesn't even remember a tenth of the lesson.

5. Write the following fractions in Italian:

1. 1/8
2. 2/10
3. 5/100
4. 3/1000
5. 9 1/2
6. 10 3/4
7. 1/3
8. 2/5
9. 1/10
10. 2/6
11. 4 1/4

6. Complete the following sentences with the correct Italian form of the number supplied:

1. Mio zio ha _____ libri.   *two thousand*
2. Questa è la _____ volta che ti telefono.   *tenth*
3. Stefano ha _____ anni.   *twenty-three*
4. Durante le vacanze riceverò _____ del mio salario.   *two-thirds*
5. Il secolo _____ è anche detto il _____.   *sixteenth*
6. Luigi _____ fu un re francese.   *fourteenth*
7. Lunedí è il _____ giorno della settimana.   *first*
8. Quell'edificio costa piú di _____ di dollari.   *two million*
9. Mia cugina è nata nel _____.   *1978*
10. Ecco i _____ clienti.   *first two*

7. Complete the following with the correct form of the indicated adjective.

1. Gli appartamenti sono _____ e _____. *moderno, grande*
2. La motocicletta è _____ e _____. *piccolo, veloce*
3. Il cibo è _____ e _____. *caldo, delizioso*
4. I signori sono _____ e _____. *ricco, generoso*
5. Le gonne _____ sono nell'armadio. *blu*
6. Luisa è una ragazza _____. *timido*
7. Dante è un _____ poeta. *grande*
8. Gli studenti sono _____ e _____. *intelligente, studioso*
9. _____ signorine _____ sono turiste. *quello, svedese*
10. I _____ cugini hanno la radio _____. *mio, acceso*
11. _____ zia Maria è _____. *mio, italiano*
12. _____ vini _____ sono _____. *quello, bianco, dolce*
13. _____ pera è _____, però non è _____, è _____.
    questo, bello, maturo, acerbo
14. _____ studenti sono i _____ della classe. *quello, migliore*
15. Le sorelle _____ di Luigi sono _____. *minore, simpatico*
16. I _____ vestiti non sono _____, sono _____. *tuo, sporco, pulito*
17. In Italia, la festa di _____ Giuseppe è molto _____. *Santo, importante*
18. _____ calciatore non ha _____ talento. *quello, nessuno*
19. Teresa è piú _____ che _____. *intelligente, studioso*
20. Le lezioni sono _____, non sono _____. *difficile, facile*

8. Answer the following questions according to the indicated response.

1. Qual è il fiume piú lungo d'Italia?   *Il Po (or: Quale è....)*
2. Qual è l'isola piú grande del Mediterraneo?   *La Sicilia*
3. Chi è piú brava, Olga o Luisa?   *Olga*
4. Chi sono i piú alti, questi o quelli?   *Quelli*
5. Dove sono i cugini di Mario?   *in Italia*
6. Chi è cosí intelligente come Stefano?   *Antonio*
7. Qual è la capitale d'Italia?   *Roma*
8. Chi è il calciatore piú famoso del mondo?   *Pelé*
9. Chi è tanto brava quanto Silvia?   *Maria*
10. Dove sono i giocatori?   *nello stadio*

DATES

The days of the week, the months, and the seasons of the year are not capitalized in Italian.

Days of the Week

All the days of the week are masculine except **domenica** (*Sunday*).

lunedí   *Monday*
martedí   *Tuesday*
mercoledí   *Wednesday*
giovedí   *Thursday*
venerdí   *Friday*
sabato   *Saturday*
domenica   *Sunday*

Months of the Year

All the months of the year are masculine.

gennaio *January*
febbraio *February*
marzo *March*
aprile *April*
maggio *May*
giugno *June*
luglio *July*
agosto *August*
settembre *September*
ottobre *October*
novembre *November*
dicembre *December*

Seasons of the Year

In Italian, *spring* and *summer* are feminine; *fall* and *winter* are masculine.

la primavera *spring*
l'estate *summer*
l'autunno *fall*
l'inverno *winter*

Observe the following expressions:

Che giorno è oggi? *What day is today?*
Oggi è lunedí. *Today is Monday.*

Quanti ne abbiamo oggi? *What's today's date?* *(not the full date)*
Oggi ne abbiamo cinque. *Today is the fifth.*
*(or **Oggi è il cinque.**)*

Qual è la data di oggi? *What's today's date?*
(Also: **Quale è . . .?**) *(the full date)*
Oggi è lunedí, il sei settembre, mille novecento novantaquattro.
Today is Monday, September 6, 1994.

Note that the year is masculine; when appropriate, the masculine definite article (or the articulated preposition **nel**) is used:

Il mille novecento novantatré è stato un ottimo anno.
1993 was an excellent year.
Dante nacque nel mille duecento sessantacinque.
Dante was born in 1265.

Note that in a date the English *on* is translated with **il** (the masculine singular definite article). All the numbers used in a date are cardinal numbers except for the first day of each month. Observe the following:

Quando ci vedremo di nuovo?
When shall we see each other again?
Ci vedremo il dieci ottobre.
We'll see each other on October tenth.

or:

Ci vedremo il primo dicembre.
We'll see each other on December first.

Note that all the seasons take the preposition **in**, as follows:

Che tempo fa in primavera?   **Che tempo fa in autunno?**
How's the weather in the spring?   *How's the weather in the fall?*
In primavera fa bel tempo.   **In autunno piove molto.**
In spring the weather is good.   *In the fall it rains a lot.*

Che tempo fa in estate?   **Che tempo fa in inverno?**
How's the weather in the summer?   *How's the weather in the winter?*
In estate fa caldo.   **In inverno nevica sempre.**
In the summer it's hot.   *In the winter it always snows.*

Note that when there is a specific reference to a season in a specific year, the articulated preposition (**in** plus the appropriate definite article) is used. For example:

Siamo andati in Italia nella primavera del mille novecento novantadue.
We went to Italy in the spring of 1992.
Ho visitato i miei nonni nell'estate del 1992.
I visited my grandparents in the summer of 1992.
I genitori di Luisa hanno comprato una macchina sportiva nell'autunno del 1993.
Louise's parents bought a sports car in the fall of 1993.
Nell'inverno dell'anno scorso ci sono stati molti incidenti stradali.
In the winter of last year there were many traffic accidents.

Note that a definite article before a day of the week suggests a recurrent event. For example:

Domenica andiamo allo zoö.
Sunday (this coming Sunday) we go to the zoo.

but:

La domenica andiamo allo zoö.
On Sundays (every Sunday) we go to the zoo.
Il sabato usciamo con gli amici.
On Saturdays we go out with our friends.

9. Answer the following questions with complete sentences using the indicated words, where given, as guides:

   1. Che giorno è oggi?   *lunedí*
   2. Cosa è mercoledí?
   3. Che tempo fa in inverno?
   4. Che anno è questo?   *1994*
   5. Quanti mesi ha un anno?
   6. Quando nacque Dante?   *1265*
   7. Quanti ne abbiamo oggi?   *15*
   8. Quando nevica?
   9. Vai al cinema la domenica?   *Sí*
   10. Qual è (Quale è) la data di oggi?   *October 1, 1994*
   11. Quali sono i primi tre giorni della settimana?
   12. Quali sono i mesi dell'estate?
   13. Fa caldo in estate?   *Sí*
   14. Quando piove?   *fall*
   15. Cosa fai il sabato?   *studiare*
   16. Qual è l'ultimo (*last*) mese dell'anno?
   17. Quale mese viene dopo giugno?

18.   In che mese comincia l'anno scolastico?

19.   Qual è la tua stagione preferita?   *spring*

20.   Che giorno era ieri?   *Thursday*

10.   Write the following in Italian:

1.   Tomorrow is Sunday, December 19, 1993.
2.   We'll travel (*viaggeremo*) in summer.
3.   March is crazy (*pazzo*).
4.   On Wednesday we eat pizza.
5.   Today is Tuesday.
6.   Tomorrow is the eighth.
7.   There are seven days in a week.
8.   Yesterday was (*era*) October first.
9.   I was born (*Sono nato[-a]*) in 1973.
10.   Monday is the first day of the week.

11.   Complete the following with the appropriate word or words:

1.   _____ è il sesto mese dell'_____ .
2.   Oggi _____ abbiamo due; domani sarà il _____ .
3.   Le quattro stagioni sono la _____ , l'_____ , l'_____ , e l'_____ .
4.   Un anno ha _____ mesi.
5.   Di solito in _____ fa freddo.
6.   _____ è il quinto _____ della settimana.
7.   Oggi è il diciotto; ieri era _____ _____ .
8.   È (*1994*) _____ _____ _____ _____ .
9.   _____ domenica sempre andiamo dai nonni.
10.   La mia _____ preferita è l'autunno.

TIME

Colloquial Time

In Italian, the question *What time is it?* has two equivalents: **Che ora è?** and **Che ore sono?** The answer is in the singular if the time is one o'clock, noon, or midnight; it is in the plural with all other hours. Observe the following:

Q. – Che ora è?   *What time is it?*
Che ore sono?   *What time is it?*

A. – È l'una.   *It's one o'clock.*
È mezzogiorno.   *It's noon.*
È mezzanotte.   *It's midnight.*
Sono le due.   *It's two o'clock.*
Sono le dieci.   *It's ten o'clock.*

Note that minutes are added to the hour after the conjunction **e** (*and*) up to half past the hour. The quarter hour and the half hour may be expressed in two ways. Observe the following:

È l'una e cinque.   *It's 1:05.*
È mezzogiorno e venti.   *It's 12:20.*
Sono le due e quindici.   *It's 2:15.*

Sono le due e un quarto. *It's 2:15.*
È l'una e trenta. *It's 1:30.*
È l'una e mezza (mezzo). *It's 1:30.*
Sono le undici e mezzo (mezza). *It's 11:30.*
Sono le nove e mezza (mezzo). *It's 9:30.*

Usually, after the half hour, the minutes are subtracted from the next hour by using the word **meno** (*minus*). For example:

È l'una meno venti. *It's 12:40.*
Sono le otto meno un quarto. *It's 7:45.*

Although it is not incorrect, one rarely hears the minutes added after the half hour. Here are some examples:

Sono le dodici e quaranta. *It's 12:40.*
Sono le sette e quarantacinque. *It's 7:45.*
Or: **Sono le sette e tre quarti.**

Often, the verb **mancare** (lit., *to lack*) is used in the third-person singular (**manca**) or plural (**mancano**) to subtract minutes. For example:

È l'una meno un quarto.
Manca un quarto all'una.
It's 12:45.

Sono le nove meno quindici.
Mancano quindici minuti alle nove.
It's 8:45.

The question *At what time?* is asked with **A che ora?** The answer utilizes the preposition **a** (*at*) before **mezzogiorno** (*noon*) and **mezzanotte** (*midnight*), and the articulated preposition (**a** plus an appropriate definite article) before the specified time. Only one o'clock takes **all'** (**all'una** being singular); all other hours take **alle** (**alle due, alle tre**, etc.). Observe the following:

A che ora parte il treno? *At what time does the train leave?*
Il treno parte a mezzogiorno. *The train leaves at noon.*
Il treno parte a mezzanotte. *The train leaves at midnight.*
Il treno parte all'una. *The train leaves at 1:00.*
Il treno parte alle due. *The train leaves at 2:00.*

In Italian, the expressions *a.m.* and *p.m.* are indicated with **di mattina** (A.M.), **del pomeriggio** (P.M. equals from about 1 P.M. through about 4 P.M.), and **di sera** (P.M. equals from about 5 P.M. till late P.M.). The expression *sharp* is **in punto**. Observe the following:

Sono le sette di mattina. *It's 7:00 A.M.*
Sono le sette di sera. *It's 7:00 P.M.*
È l'una di mattina. *It's 1:00 A.M.*
È l'una del pomeriggio. *It's 1:00 P.M.*
Mi alzo alle otto in punto di mattina. *I get up at 8:00 A.M. sharp.*

Official Time

For schedules pertaining to trains, airplanes, office hours, radio, TV, movies, and theatrical performances, the so-called official time is widely used. It corresponds approximately with the American "military time" (e.g., 11:00 A.M. equals eleven hundred hours; 3:00 P.M. equals fifteen hundred hours, etc.). The Italian 24-hour system simply mentions the numbers from 1 to 24 without indicating the *hundreds* or the *hours*. With this system, the use of A.M. and P.M. is unnecessary. Minutes are always added; they are never subtracted. Observe the following comparisons between colloquial time and official time:

Colloquial Time	*Official Time*
Sono le sette di mattina.	**Sono le sette.**
It's 7:00 A.M.	*It's 7:00 A.M.*
È l'una del pomeriggio.	**Sono le tredici.**
It's 1:00 P.M.	*It's 1:00 P.M.*
Sono le dieci di sera.	**Sono le venti.**
It's 10:00 P.M.	*It's 10:00 P.M.*
Sono le nove meno un quarto di mattina.	**Sono le otto e quarantacinque.**
It's 8:45 A.M.	*It's 8:45 A.M.*

Observe the full 24-hour system:

1. **È l'una.** *It's 1:00 A.M.*
2. **Sono le due.** *It's 2:00 A.M.*
3. **Sono le tre.** *It's 3:00 A.M.*
4. **Sono le quattro.** *It's 4:00 A.M.*
5. **Sono le cinque.** *It's 5:00 A.M.*
6. **Sono le sei.** *It's 6:00 A.M.*
7. **Sono le sette.** *It's 7:00 A.M.*
8. **Sono le otto.** *It's 8:00 A.M.*
9. **Sono le nove.** *It's 9:00 A.M.*
10. **Sono le dieci.** *It's 10:00 A.M.*
11. **Sono le undici.** *It's 11:00 A.M.*
12. **Sono le dodici.** *It's 12:00 A.M.*
13. **Sono le tredici.** *It's 1:00 P.M.*
14. **Sono le quattordici.** *It's 2:00 P.M.*
15. **Sono le quindici.** *It's 3:00 P.M.*
16. **Sono le sedici.** *It's 4:00 P.M.*
17. **Sono le diciassette.** *It's 5:00 P.M.*
18. **Sono le diciotto.** *It's 6:00 P.M.*
19. **Sono le diciannove.** *It's 7:00 P.M.*
20. **Sono le venti.** *It's 8:00 P.M.*
21. **Sono le ventuno.** *It's 9:00 P.M.*
22. **Sono le ventidue.** *It's 10:00 P.M.*
23. **Sono le ventitré.** *It's 11:00 P.M.*
24. **Sono le ventiquattro.** *It's 12:00 P.M.*

Note that official time is very popular with the Italians, who use it at all times and for a variety of reasons in addition to the original ones noted above.

12. Answer the following questions with complete sentences. Follow the indications given in parentheses. Always use colloquial time unless otherwise instructed.

1. Che ora è? *11:00 a.m. sharp*
2. Che ore sono? *1:00 P.M. official time*
3. A che ora ti alzi? *6:15 A.M.*
4. A che ora parte il treno? *9:50 P.M. official time*
5. A che ora arriva Luisa? *10:50 A.M.*
6. Quanto manca alle dieci? *20 minutes*
7. Quanto manca all'una? *a quarter*

8. Quando c'incontriamo tu ed *(and)* io?   *at noon*
9. Che ore sono?   *3:00 P.M.*
10. È mezzanotte?   (**Sí**, ... *[Repeat, indicating the official time]*)

13. Complete the following sentences in Italian. All numbers must be written out in Italian, not in arabic numerals.

1. Antonio arriva *(at 8:15 a.m. sharp)* _____ .
2. No, non è *(noon)* _____ , è *(1:15 p.m.)* _____ .
3. Partiamo *(at midnight)* _____ .
4. Nessuno si alza *(at 5:00 a.m.)* _____ .
5. Dobbiamo essere all'aeroporto *(at 2:30 p.m.)* _____ .
6. Fanno la prima colazione *(at 7: 50 a.m.)* _____ .
7. Sí, Giorgio e Piero ci telefoneranno *(at 10:45 p.m.)* _____ .
8. La festa comincia *(at 6:40 p.m.)* _____ .
9. Sono *(11:10 p.m.)* _____ .
10. Non so, saranno *(5:00 p.m.)* _____ .

14. Rewrite the sentences of exercise 13 above using official time. All numbers must be written out in Italian.

1. _____
2. _____
3. _____
4. _____
5. _____
6. _____
7. _____
8. _____
9. _____
10. _____

Review

15. Write out in Italian the following arabic numerals:

1. 1,000   _____
2. 63   _____
3. 2.000.000   _____ _____
4. 1994   _____ _____ _____
5. 107   _____ _____
6. 58   _____
7. 91   _____
8. 17   _____
9. 11   _____
10. 100   _____

16. Supply an equivalent expression for each of the following:

1. il secolo ventesimo   _____ _____
2. il secolo diciassettesimo   _____ _____

3. l'Ottocento _____ _____ _____
4. il Trecento _____ _____ _____
5. il secolo tredicesimo _____ _____ _____

17. Change the following into ordinal numbers:

1. tre _____
2. cento _____
3. mille _____
4. nove _____

5. ventuno _____
6. quarantatré _____
7. sedici _____
8. otto _____

18. Write out in Italian the following fractions:

1. 2/8 _____
2. 1/10 _____
3. 8 1/2 _____
4. 5/100 _____

5. 4/1000 _____
6. 1/3 _____
7. 9 3/4 _____
8. 5 2/3 _____

19. Answer the following questions with complete sentences; use the indicated guides when appropriate:

1. Qual è il terzo mese dell'anno?
2. Cosa viene dopo (comes after) lunedì?
3. Qual è il settimo giorno della settimana?
4. In quale stagione c'è la neve?
5. Quali sono le quattro stazioni dell'anno?
6. Quale mese viene dopo giugno?
7. A che ora ti alzi (do you get up) la mattina?   (7:00)
8. A che ora parte il treno?   (2:00 p.m., official time)

20. Complete the following sentences by supplying the Italian equivalents of the time in parentheses (use colloquial time only):

1. Pietro arriva verso _____.   (2:00 P.M.)
2. Il treno per Milano parte _____.   (at midnight)
3. È troppo tardi! Già sono _____.   (8:30 P.M.)
4. Roberto, incontriamoci _____.   (at 9:45 A.M.)
5. Loro fanno la prima colazione _____.   (at 7:10 A.M.)
6. – Che ora è? – È _____.   (1:00 sharp)

21. Rewrite the following sentences, using the official time equivalents:

1. Sono le tre del pomeriggio.
2. È mezzanotte.
3. Sono le undici di mattina.
4. Sono le nove di sera.

5. Sono le sei di mattina.
6. Sono le tre e un quarto del pomeriggio.
7. È l'una e trenta del pomeriggio.
8. Sono le dieci meno cinque di sera.

Chapter 5

Verbs

A verb is a word that indicates an action or a state of being. Italian verbs function in quite a different way from English verbs. In English, a subject pronoun such as *I, you, he,* or *she* is used. In Italian, the subject pronouns (see pages 186 to 188) are usually omitted since the ending of the verb changes in order to indicate the doer of the action. In order to form tenses, English uses auxiliary verbs such as *have, had, will,* or *would.* In Italian, a suffix or ending is usually added to the verb in order to indicate the appropriate tense (it is never done with compound tenses).

Each verb, however, does not function as an entity unto itself. Many verbs that are formed in the same way can be grouped together into classes or conjugations. In Italian there are three regular conjugations of verbs. The infinitives of first-conjugation verbs end in **-are**, second-conjugation verbs in **-ere**, and third-conjugation verbs in **-ire**. As you will observe in subsequent parts of this chapter, even many so-called irregular verbs have characteristics in common and can be grouped together to facilitate learning.

FORMAL VERSUS FAMILIAR FORMS

In Italian, there are four ways to express the pronoun *you.* When addressing a friend, relative, child, or close associate, the pronoun **tu** is used most of the time. **Tu** is called the familiar singular form. The plural of **tu** is **voi.** **Voi** is used when addressing two or more friends, relatives, children, or close associates. (**Voi,** however, can also be used when addressing just one person, such as an older friend, relative, or associate.)

When addressing a stranger, an acquaintance you do not know very well, or an older person, the pronoun **Lei** is used. **Lei** is called the formal singular and is capitalized. The plural of **Lei** is **Loro,** and it, too, is capitalized. Note that many Italians prefer not to capitalize **Lei.**

PRESENT INDICATIVE TENSE (*Presente Indicativo*)

Regular First-Conjugation Verbs

The first-conjugation verbs end in **-are.** Many of the most frequently used verbs in Italian belong to this conjugation, and a short list of some of them appears below.

abitare	*to live*	**giocare**	*to play (a game, etc.)*
alzare	*to raise, lift, pick up*	**guardare**	*to look*
amare	*to love*	**guidare**	*to drive, to guide*
arrivare	*to arrive*	**imparare**	*to learn*
ascoltare	*to listen*	**informare**	*to inform*
ballare	*to dance*	**insegnare**	*to teach*
cambiare	*to change*	**invitare**	*to invite*
camminare	*to walk*	**lavare**	*to wash*
cantare	*to sing*	**lavorare**	*to work*
chiamare	*to call*	**mandare**	*to send*
comprare	*to buy*	**nuotare**	*to swim*
contare	*to count*	**parlare**	*to speak*
cucinare	*to cook*	**pensare**	*to think*
desiderare	*to desire*	**preparare**	*to prepare*
firmare	*to sign*	**raccontare**	*to tell, to relate*
formare	*to form*	**salutare**	*to greet*

sposare	*to marry*		telefonare	*to telephone*
studiare	*to study*		visitare	*to visit*
suonare	*to play (an instrument), to ring (as a telephone rings)*			

The present indicative tense of **-are** verbs is formed by dropping the infinitive ending **-are** and adding to the resulting root the personal endings **-o, -i, -a, -iamo, -ate, -ano**. Observe the following:

Infinitive:	**chiamare**	**mandare**	**parlare**
Root:	**chiam-**	**mand-**	**parl-**
io	chiamo	mando	parlo
tu	chiami	mandi	parli
lui,[1] lei,[2] Lei	chiama	manda	parla
noi	chiamiamo	mandiamo	parliamo
voi	chiamate	mandate	parlate
loro,[3] Loro	chiamano	mandano	parlano

Lui chiama i ragazzi.   *He calls the boys.*
Loro mandano i pacchi.   *They send the packages.*
Io parlo agli amici.   *I speak to my friends.*
Noi firmiamo il documento.   *We sign the document.*
Tu nuoti molto bene.   *You swim very well.*
Voi cantate ad alta voce.   *You [voi] sing aloud.*
Telefona molto Lei?   *Do you telephone a lot?*
Lavorano molto Loro?   *Do you work a lot?*

Since each verb form changes to indicate the person referred to, the subject pronouns are usually omitted. The subject pronouns must be included for emphasis or contrast, however:

Compro i biglietti.
I buy the tickets.   or   *I am buying the tickets.*
Emphasis: **Io compro i biglietti.**
I buy the tickets.   or   *I am the one who buys the tickets.*
Contrast: **Tu compri i biglietti e io compro i panini.**
You buy the tickets and I buy the bread rolls.

1.   Complete the following with the appropriate present indicative verb endings:

    1.   Roberto impar_a_____ la lezione.
    2.   Rosanna lavor_a_____ in un negozio.
    3.   I ragazzi parl_ano_____ italiano.
    4.   Le signorine cant_ano_____ delle belle canzoni.
    5.   Quei signori nuot_ano_____ molto bene.
    6.   Noi cammin_iamo_____ lentamente.
    7.   Tu alz_i_____ il ricevitore.
    8.   Antonio guard_a._____ l'orologio.
    9.   Voi invit_ate_____ gli amici.
    10.   Lei firm_a_____ la lettera.
    11.   Le signore cant_ano_____ bene.
    12.   Io guid_o_____ la macchina.
    13.   Lavor_a_____ fino a tardi Lei?

---

[1] **Egli** is used infrequently but it is not obsolete.

[2] **Ella** (*she*) and **essa** (*she*) are alternate forms of **lei** but are rarely used.

[3] **Loro** (*they*) has no gender. **Essi** (*they,* m. pl.) and **esse** (*they,* f. pl.) are alternate forms of **loro** and show gender; they are used when gender must be shown.

14. Insegn_ano_ Loro?
15. Tu prepar_i_ la lettera.
16. Noi lav_iamo_ i piatti.
17. Stefano am_a_ Luisa.
18. Maria e Anna guard_ano_ la televisione.
19. I cuochi cucin_ano_ bene.
20. Io ball_o_ con Olga.

2. Complete the following with the appropriate present indicative forms of the indicated verbs:

1. Noi _____ in un ristorante.   *pranzare (to dine, to have lunch)*
2. Il cameriere _____ il caffé.   *portare*
3. Tu _____ l'automobile.   *lavare*
4. Loro _____ in ritardo.   *arrivare*
5. Voi _____ i vostri vicini.   *invitare*
6. Dove _____ lui?   *lavorare*
7. Quando _____ Loro?   *telefonare*
8. Che cosa _____ Lei?   *cantare*
9. Io _____ nella mia piscina.   *nuotare*
10. Lui _____ molto denaro.   *guadagnare (to earn)*

3. Rewrite the following in the singular:

1. I ragazzi guardano la partita.
2. Voi imparate le lezioni.
3. Loro arrivano presto.

4. Noi ceniamo (*to have dinner*) tardi.
5. Le studentesse tornano a casa.

4. Rewrite the following in the plural:

1. Io chiamo il mio amico.
2. Lei compra il biglietto.
3. Tu nuoti molto bene.

4. Il cameriere porta la bevanda.
5. La signora compra il giornale.

Verbs in *-ciare*, *-giare*, *-chiare*, and *-ghiare*

Like all regular **-are** verbs, the verbs ending in **-ciare**, **-giare**, **-chiare**, and **-ghiare** drop the **-are** ending before they are conjugated. However, they also drop the **-i** in the **tu** and **noi** forms before the regular endings (**-i** and **-iamo**) are added. Observe the following:

Infinitive:	**cominciare**	**viaggiare**	**invecchiare**	**avvinghiare**
Root:	**cominci-**	**viaggi-**	**invecchi-**	**avvinghi-**
Root for the **tu** *and* **noi** *forms:*	**cominc-**	**viagg-**	**invecch-**	**avvingh-**
io	comincio	viaggio	invecchio	avvinghio
tu	cominci	viaggi	invecchi	avvinghi
lui, lei, Lei	comincia	viaggia	invecchia	avvinghia
noi	cominciamo	viaggiamo	invecchiamo	avvinghiamo
voi	cominciate	viaggiate	invecchiate	avvinghiate
loro, Loro	cominciano	viaggiano	invecchiano	avvinghiano

Below are some verbs ending in **-ciare**, **-giare**, **-chiare**, and **-ghiare**.

cominciare   *to start*
marciare   *to march*
racconciare   *to fix, to mend*

parcheggiare   *to park*
viaggiare   *to travel*
arrischiare   *to risk*

assaggiare   *to taste*   **invecchiare**   *to grow old*
noleggiare   *to rent (a car, etc.)*   **avvinghiare**   *to grip, to clutch*

5. Complete each sentence with the correct present indicative form of the indicated verb.

1. Tu _____ la macchina.   *noleggiare*
2. Noi _____ i pantaloni.   *racconciare*
3. Voi _____ forte.   *avvinghiare*
4. Io _____ tutto per te.   *arrischiare*
5. Lui _____ la motocicletta.   *parcheggiare*
6. Loro _____ per molte ore.   *marciare*
7. Tu _____ molto.   *invecchiare*
8. Noi _____ la minestra.   *assaggiare*

Verbs in **-care** *and* **-gare**

All verbs with infinitives ending in **-care** and **-gare** add an **-h-** to the root in the **tu** and **noi** forms of the verb. This is done in order to preserve the hard sound of the **c** or **g** of the infinitive. Observe the following:

Infinitive:	**cercare**	**pagare**
Root:	**cerc-**	**pag-**
Root for the **tu** *and* **noi** *forms:*	**cerch-**	**pagh-**
io	cerco	pago
tu	cerchi	paghi
lui, lei, Lei	cerca	paga
noi	cerchiamo	paghiamo
voi	cercate	pagate
loro, Loro	cercano	pagano

Below is a partial list of verbs ending in **-care** and **-gare**.

allargare   *to widen*   **impaccare**   *to pack*
allungare   *to lengthen*   **indagare**   *to investigate*
attaccare   *to attack, to glue*   **sbarcare**   *to disembark*
divagare   *to amuse*   **toccare**   *to touch*
frugare   *to rummage*   **troncare**   *to break, to cut off*

6. Supply the **tu** and **noi** present indicative forms of the indicated verbs.

1. Tu _____ le cause dell'incidente.   *indagare*
2. Noi _____ i bambini.   *divagare*
3. Tu _____ quella teoria.   *attaccare*
4. Noi _____ i libri nella valigia.   *impaccare*
5. Tu _____ i pantaloni.   *allargare*
6. Noi _____ la conferenza.   *allungare*
7. Tu _____ la conversazione.   *troncare*
8. Noi _____ domani.   *sbarcare*

7. Complete each sentence with the correct present indicative form of the indicated verb.

1. Loro _____ la strada.   *allargare*
2. Io _____ la situazione.   *indagare*
3. Mio fratello _____ le valige.   *impaccare*
4. Loro _____ stasera.   *sbarcare*

Regular Second-Conjugation Verbs

The infinitives of second-conjugation verbs end in **-ere**. The present indicative of regular **-ere** verbs is formed by dropping the infinitive ending and adding to the root the personal endings **-o**, **-i**, **-e**, **-iamo**, **-ete**, and **-ono**. Observe the following:

Infinitive:	**cọrrere**	**lẹggere**
Root:	**corr-**	**legg-**
io	corro	leggo
tu	corri	leggi
lui, lei, Lei	corre	legge
noi	corriạmo	leggiạmo
voi	correte	leggete
loro, Loro	cọrrono	lẹggono

Most regular and irregular **-ere** and **-ire** verbs form the **loro** ending by adding **-no** to the first-person singular form. For example:

lẹggere: io leggo ⟶ loro lẹggono
potere: io posso ⟶ loro pọssono
capire: io capisco ⟶ loro capịscono
dire: io dico ⟶ loro dịcono
venire: io vengo ⟶ loro vẹngono

Below is a list of commonly used second-conjugation verbs:

apprẹndere	*to learn*	**nạscere**	*to be born*
bạttere	*to beat, to hit*	**offẹndere**	*to offend*
cadere	*to fall*	**pẹrdere**	*to lose*
chiẹdere	*to ask*	**piạngere**	*to cry*
conọscere	*to know*	**prẹndere**	*to take*
cọrrere	*to run*	**promẹttere**	*to promise*
crẹdere	*to believe*	**rạdere**	*to shave*
descrịvere	*to describe*	**ricẹvere**	*to receive*
elẹggere	*to elect*	**ripẹtere**	*to repeat*
frịggere	*to fry*	**rispọndere**	*to answer*
invọlgere	*to wrap*	**scrịvere**	*to write*
lẹggere	*to read*	**uccịdere**	*to kill*
mẹttere	*to put, to place*	**vẹndere**	*to sell*
mordere	*to bite*	**vịvere**	*to live*

Observe the following sentences:

Gli studenti apprẹndono la leziọne.
Il bambino piạnge sempre.
Noi leggiạmo il giornale.
Io scrivo una lẹttera.
Tu giạci sul divano.
Voi vivete nella città.

8. Complete the following verbs with the appropriate present indicative endings:

1. Gino descriv_____ le sue vacanze.
2. Tu mett_____ i libri nel cassetto.
3. Il barbiẹre rad_____ i cliẹnti.
4. I ragazzi vend_____ giornali.
5. Voi ripet_____ la domanda.

6. Gli elettori elęgg_____ i candidati polįtici.
7. Noi non offend_____ nessuno.
8. Giọrgio promett_____ un regalo al fratellino.
9. Quel cane mord_____ la gente.
10. Loro pęrd_____ sempre le chiạvi.

9. Complete the following with the appropriate present indicative forms of the indicated verbs:

1. I giornalại _____ molti giornali.   *vẹndere*
2. I bambini _____ spesso.   *piạngere*
3. Il padre _____ molte cose ai figli.   *promẹttere*
4. I ragazzi _____ per la strada.   *cọrrere*
5. Noi _____ molte lẹttere.   *ricẹvere*
6. Tu _____ la partita di cạlcio.   *pẹrdere*
7. Le studentesse _____ la lezione.   *apprẹndere*
8. Io _____ il mio viạggio.   *descrịvere*
9. Voi _____ quell'artịcolo.   *lẹggere*
10. Le pere mature _____ dall'ạlbero.   *cadere*

Verbs ending in -cere

Note the spelling changes when verbs ending in **-cere** are conjugated in the present indicative: **piacere** (*to please*) and **tacere** (*to be quiet*).

Infinitive:	**piacere**	**tacere**
Root:	**piac-**	**tac-**
Root for **io**, **noi**, *and* **loro**:	**piacci-**	**tacci-**
io	piạccio	tạccio
tu	piạci	taci
lui, lei, Lei	piạce	tace
noi	piacciạmo (piaciạmo)	tacciạmo (taciạmo)
voi	piacete	tacete
loro, Loro	piạcciono	tạcciono

Below is a partial list of verbs ending in **-cere**.

compiacere   *to gratify, to please*
dispiacere   *to displease*
giacere   *to lie down*

10. Complete the following sentences with the appropriate present indicative form of the indicated verb:

1. Questo discorso non _____ a Giụlio.   *piacere*
2. Quel signore _____ sul divano.   *giacere*
3. Tutti gli studenti _____ in classe.   *tacere*
4. Tu non _____ mai.   *tacere*
5. Voi _____ sul tappeto.   *giacere*
6. Io _____ il nome.   *tacere*

11. Rewrite the following sentences in the singular.

1. I ragazzi piạcciono alle ragazze.
2. Giacete sul sofà.
3. Noi tacciạmo quasi sempre.
4. Voi piacete a noi.

Regular Third-Conjugation Verbs

The infinitives of regular third-conjugation verbs end in **-ire**.

The present indicative of regular **-ire** verbs is formed by dropping the infinitive ending and adding to the root the personal endings **-o**, **-i**, **-e**, **-iamo**, **-ite**, and **-ono**. Observe the following:

Infinitive:	**coprire**	**sentire**
Root:	**copr-**	**sent-**
io	copro	sento
tu	copri	senti
lui, lei, Lei	copre	sente
noi	copriamo	sentiamo
voi	coprite	sentite
loro, Loro	coprono	sentono

Below is a list of some of the most commonly used third-conjugation verbs.

acconsentire	*to acquiesce, to agree*	**riaprire**	*to reopen*
aprire	*to open*	**scoprire**	*to discover, to uncover*
bollire	*to boil*	**seguire**	*to follow*
coprire	*to cover*	**sentire**	*to hear, to feel, to smell*
dormire	*to sleep*	**servire**	*to serve*
fuggire	*to flee*	**sfuggire**	*to escape*
offrire	*to offer*	**soffrire**	*to suffer*
partire	*to leave*	**vestire**	*to dress, to wear*

Please note that the personal indicative endings of the second- (**-ere**) and third-conjugation (**-ire**) verbs are the same with the exception of the **voi** form:

correre: Corr* *ete **per la strada.**
aprire: Apr **ite** **la porta.**

12.   Complete the following with the appropriate present indicative endings:

1.   I miei zii sempre acconsent_____ facilmente.
2.   Il malato soffr_____ molto.
3.   Noi apr_____ la scatola.
4.   I signori vest_____ elegantemente.
5.   Luisa offr_____ il caffé alle amiche.
6.   Gli studenti segu_____ l'esempio del maestro.
7.   Voi sent_____ il campanello.
8.   Noi scopr_____ la verità.
9.   Boll_____ le patate Loro?
10.   Il cameriere serv_____ il té.

13.   Follow the model:

Seguire la moda? Noi?
Sí, noi seguiamo la moda.

1.   Aprire la finestra?   Io?
2.   Sfuggire il pericolo?   Voi?
3.   Scoprire la verità?   Loro?
4.   Vestire bene?   Mario?
5.   Bollire i vegetali?   Il cuoco?
6.   Soffrire molto?   I malati?
7.   Riaprire il negozio?   Noi?
8.   Servire le bevande?   Io?
9.   Coprire la pentola?   Lei?
10.   Aprire la porta?   Teresa?

Third-Conjugation Verbs with -isc-

Many **-ire**, or third-conjugation, verbs add **-isc-** to the root in all forms of the present indicative with the exception of **noi** and **voi**. Study the following forms of the verb **capire** (*to understand*) as a model:

Infinitive:	**capire**
Root for **noi** *and* **voi**:	**cap-**
Irregular Root:	**capisc-**
io	capisco
tu	capisci
lui, lei, Lei	capisce
noi	capiamo
voi	capite
loro, Loro	capiscono

The following is a partial list of **-isc-** verbs:

apparire   *to appear, to seem*   **impedire**   *to prevent*
capire   *to understand*   **ingrandire**   *to enlarge*
comparire   *to appear, to cut a good figure*   **preferire**   *to prefer*
costruire   *to build, to construct*   **pulire**   *to clean*
differire   *to differ, to be different*   **riferire**   *to relate, to refer*
dimagrire   *to lose weight*   **ubbidire**   *to obey*
finire   *to end, to finish*

14.   Complete the following with the appropriate present indicative forms of the indicated verbs:

1. Gli studenti _____ il maestro.   *capire*
2. La ditta (*company*) _____ un grattacielo.   *costruire*
3. Noi _____ gli esami.   *finire*
4. Tu _____ durante l'estate.   *dimagrire*
5. Io _____ la primavera all'estate.   *preferire*
6. Antonio _____ le parole.   *capire*
7. Voi _____ al professore.   *ubbidire*
8. Il fotografo _____ le fotografie.   *ingrandire*
9. Io _____ la casa.   *pulire*
10. Loro _____ rimanere qui.   *preferire*
11. Noi _____ la lezione.   *capire*
12. Tu _____ i tuoi amici.   *capire*
13. Voi _____ in questioni politiche.   *differire*
14. Il bambino _____ ai genitori.   *ubbidire*

15.   Write the following sentences, putting the subjects and verbs in the plural:

1. Tu preferisci questo disco.
2. Io riferisco il suo messaggio.
3. Lo studente capisce la lezione.
4. Tu capisci tutto.
5. Io costruisco una scatola (*box*) di legno.
6. Il bambino ubbidisce sempre.

Note that **apparire** (*to appear*), **comparire** (*to appear*), and **scomparire** (*to disappear*) have two different sets of endings in the present indicative (except the **noi** and **voi** forms). Although they can be conjugated like other **-isc-** verbs, they also have alternate endings. Note that these three verbs drop the letters **-rire** and add **-i-** to the root in the **io** and **loro** forms. Observe the following:

Infinitive:	**apparire**	**comparire**	**scomparire**
io	appaio (apparisco)	compaio (comparisco)	scompaio (scomparisco)
tu	appari (apparisci)	compari (comparisci)	scompari (scomparisci)
lui, lei, Lei	appare (apparisce)	compare (comparisce)	scompare (scomparisce)
noi	appariamo	compariamo	scompariamo
voi	apparite	comparite	scomparite
loro, Loro	appaiono (appariscono)	compaiono (compariscono)	scompaiono (scompariscono)

Irregular Verbs

Dare, stare, andare

The verbs **stare** (*to stay, to be*) and **dare** (*to give*) are irregular in the present indicative. You will note, however, that the vowel endings of these verbs are almost the same as those of regular first-conjugation verbs. Study the following forms:

Infinitive:	**dare**	**stare**
io	do	sto
tu	dai	stai
lui, lei, Lei	dà[4]	sta
noi	diamo	stiamo
voi	date	state
loro, Loro	danno	stanno

Study also the verb **andare** (*to go*). Note that all three verbs double the **n** in the third-person plural: **danno**, **stanno**, **vanno**.

	andare
io	vado
tu	vai
lui, lei, Lei	va
noi	andiamo
voi	andate
loro, Loro	vanno

16. Rewrite the following in the singular (**io**):

1. Stiamo bene.
2. Stiamo qui.
3. Diamo gli esami.
4. Andiamo al cinema.

5. Stiamo per partire.
6. Diamo i regali.
7. Diamo il benvenuto.
8. Andiamo in salotto.

17. Complete the following with the appropriate present indicative forms of the indicated verbs:

1. Maria _____ al centro in autobus.   *andare*
2. Oggi io _____ a casa.   *stare*
3. I ragazzi _____ dagli zii.   *stare*
4. Luigi _____ il numero telefonico a Carlo.   *dare*
5. Noi _____ gli esami.   *dare*
6. Io _____ dai nonni.   *andare*

---

[4] Note the accent in **dà,** which is used to distinguish this form of the verb **dare** from the preposition **da.** The accents on **dài, dàte,** and **dànno** are no longer in use.

7. Tu ed io _____ al mare.   *andare*
8. Loro _____ molto bene.   *stare*

Bere

In Italian, several verbs have infinitives that have been shortened from their earlier versions. The verb **bere** (*to drink*) is a good example. **Bere** is a shortened form of the old Italian infinitive *bevere*. In the formation of the present indicative, the root comes from this old Italian infinitive. In all other aspects the verb is completely regular in the present indicative, and the personal forms are the same as those of any other regular verb of the second conjugation. You will find this to be the case with other irregular verbs you will study.

bere[5]

Root:	bev-
io	bevo
tu	bevi
lui, lei, Lei	beve
noi	beviamo
voi	bevete
loro, Loro	bevono

18. Complete the following with the appropriate present indicative form of the verb **bere**:

1. Durante l'estate io _____ troppo.
2. I bambini _____ il latte.
3. Pietro _____ un té freddo.
4. Noi _____ il vino durante la cena.
5. Cosa _____ Loro?
6. Voi _____ birra o vino?
7. Antonia, cosa _____ oggi?
8. Mia madre _____ soltanto (*only*) acqua minerale.

Irregular Verbs with -co

Infinitives ending in -durre

Italian verbs with their infinitives ending in **-durre**, such as **condurre** (*to lead, to drive, to conduct*) and **produrre** (*to produce*), have their origins in the longer Latin infinitive forms *conducĕre* and *producĕre*. The roots for the present indicative of these verbs come from the original Latin infinitives. Note that the endings are the same as the endings of any regular **-ere** verb. Study the following forms:

Infinitive:	**produrre**	**condurre**
Root:	**produc-**	**conduc-**
io	produco	conduco
tu	produci	conduci
lui, lei, Lei	produce	conduce
noi	produciamo	conduciamo
voi	producete	conducete
loro, Loro	producono	conducono

Below is a list of some verbs ending in **-durre**.

condurre	*to lead, to drive, to conduct*	**ridurre**	*to reduce, to curtail*
introdurre	*to introduce*	**tradurre**	*to translate*
produrre	*to produce*		

---

[5] From the Latin *bĭbĕre* (*to drink*). *Bevere* still exists in its full form in some dialects, such as Neapolitan.

19. Rewrite the following sentences in the singular:

1.   Introducete gli amici.
2.   Producono molto.
3.   Traduciamo in inglese.
4.   Conducete i treni.
5.   Riducono le frasi (*sentences*).
6.   Produciamo poco.

20. Complete the following with the appropriate present indicative forms of the indicated verbs:

1.   Gli agricoltori _____ molte cose. *produrre.*
2.   Il professor Martini _____ molte poesie. *tradurre*
3.   Il padre di Giorgio _____ l'autobus. *condurre*
4.   Io _____ i miei cugini. *introdurre*
5.   Noi _____ il prezzo. *ridurre*
6.   Tu _____ un romanzo. *tradurre*

Dire and verbs ending in -dire

The root for the present indicative of the verb **dire** (*to say, to tell*) comes from its original Latin infinitive *dīcĕre*. The same is true of other verbs made up of a prefix and **-dire**, such as **contraddire** (*to contradict*). You will note from the following that the endings are the same as those of a regular **-ere** verb, but the **voi** form is **dite** or the prefix and **-dite**.

Infinitive:	**dire**	**contraddire**
Root:	**dic-**	**contraddic-**
io	dico	contraddico
tu	dici	contraddici
lui, lei, Lei	dice	contraddice
noi	diciamo	contraddiciamo
voi	dite	contraddite
loro, Loro	dicono	contraddicono

Below is a partial list of verbs ending in **-dire**.

contraddire   *to contradict*
disdire   *to retract, to cancel*
indire   *to announce publicly, to declare*
interdire   *to prohibit*
maledire   *to curse*

21. Pluralize the following sentences:

1.   Disdice la promessa.
2.   Tu contraddici il tuo amico.
3.   L'organizzazione indice il concorso.
4.   Non maledico nessuno.
5.   Dici tutto.
6.   Che dici?

22. Complete the following with the appropriate forms of the present indicative of the indicated verbs:

1.   Loro _____ la nostra partecipazione. *interdire*
2.   Tu _____ la mia risposta. *contraddire*

3. Maria _____ la verità. *dire*
4. Loro non _____ nessuno. *maledire*
5. Voi _____ la vostra promessa. *disdire*
6. Il comitato (*committee*) _____ una riunione. *indire*
7. Noi _____ poche cose. *dire*
8. Loro non _____ nessuno. *contraddire*

Verbs with *-go*

Porre *and verbs ending in* -porre

The verb **porre** (*to put, to place*) comes from the original Latin **ponĕre**, from which it gets its root for the formation of the present indicative. You will note that there is a **-g-** in the **io** and **loro** forms. The same is true of other verbs made up of a prefix plus **-porre**. Study the following forms:

Infinitive:	**porre**	**comporre**
Root:	**pon-**	**compon-**
Root for **io** *and* **loro***:*	**pong-**	**compong-**
io	pongo	compongo
tu	poni	componi
lui, lei, Lei	pone	compone
noi	poniamo	componiamo
voi	ponete	componete
loro, Loro	pongono	compongono

Below is a list of commonly used verbs ending in **-porre**.

disporre	*to dispose, to provide*	**posporre**	*to postpone*
esporre	*to expose, to show, to expound*	**proporre**	*to propose*
imporre	*to impose*	**riporre**	*to put back*
opporre	*to oppose*	**supporre**	*to suppose*

23. Complete the following sentences with the appropriate present indicative forms of the indicated verbs:

1. I signori _____ l'appuntamento. *posporre*
2. Voi _____ i soldi in banca. *porre*
3. Lo scienziato _____ una nuova teoria. *esporre*
4. Noi _____ senza sapere. *supporre*
5. Tu _____ una poesia. *comporre*
6. I soldati _____ il dittatore (*dictator*). *opporre*
7. Io _____ una via d'uscita. *proporre*
8. Il compositore _____ una canzone. *comporre*
9. Loro _____ i piatti sulla tavola. *porre*
10. Lui _____ i libri sul banco. *riporre*

24. Rewrite the following sentences putting the subjects and verbs in the plural:

1. Lui propone l'appuntamento.
2. Tu imponi queste regole.
3. Io propongo una soluzione.
4. Tu componi il tema.

Rimanere, valere, salire

The verbs **rimanere** (*to stay, to be left*), **valere** (*to be worth*), and **salire** (*to climb*) also have a **-g-** in the **io** and **loro** forms of the present indicative. All other forms are regular, and the personal endings are either those of **-ere** or **-ire** verbs, depending upon the conjugation to which the verb belongs.

	rimanere	**valere**	**salire**
Root:	**riman-**	**val-**	**sal-**
Root for **io/loro**:	rimang-	valg-	salg-
io	rimango	valgo	salgo
tu	rimani	vali	sali
lui, lei, Lei	rimane	vale	sale
noi	rimaniamo	valiamo	saliamo
voi	rimanete	valete	salite
loro, Loro	rimangono	valgono	salgono

25. Complete the following with the appropriate forms of the present indicative of the indicated verbs:

1. Quest'anello _____ molto. *valere*
2. Io _____ lí solamente due giorni. *rimanere*
3. Quanto tempo _____ tu? *rimanere*
4. Io _____ le scale in fretta. *salire*
5. Voi _____ sul treno. *salire*
6. Questi diamanti _____ molto denaro. *valere*
7. Noi _____ e loro _____ a bordo (*on board*). *rimanere, salire*
8. I signori _____ al terzo piano. *salire*
9. Noi _____ sul treno. *salire*

Trarre and verbs ending in -trarre

The verb **trarre** (*to pull, to extract, to draw*) and all verbs formed by **-trarre** with a prefix have a double **g** in the **io** and **loro** forms. All other forms come from the original Latin infinitive *trahĕre*. Study the following forms of **trarre** and **attrarre** (*to attract, to draw*):

	trarre	**attrarre**
Root:	tra-	attra-
Root for **io/loro**:	tragg-	attragg-
io	traggo	attraggo
tu	trai	attrai
lui, lei, Lei	trae	attrae
noi	traiamo	attraiamo
voi	traete	attraete
loro, Loro	traggono	attraggono

The following are some verbs with **-trarre** as suffix:

distrarre *to distract*
contrarre *to contract*
sottrarre *to subtract*

26. Complete the following with the appropriate present indicative forms of the indicated verbs:

1. Il circo _____ molta gente. *attrarre*
2. I giocattoli _____ i bambini. *distrarre*

3. Tu _____ molta attenzione.   *attrarre*
4. Noi _____ una conclusione dalla storia.   *trarre*
5. I ragazzi _____ un raffreddore.   *contrarre*
6. Io _____ ispirazione dalle tue parole.   *trarre*

27. Rewrite the following in the plural:

1. Il gioco distrae il ragazzo.
2. Lo studente trae le conclusioni.
3. Io contraggo la febbre.
4. Tu attrai la mia simpatia.

Verbs ending in *-gliere*

All verbs ending in **-gliere**, such as **cogliere** (*to pick, to gather, to seize* [an opportunity, etc.]), change to **-olgo** and **-olgono** in the **io** and **loro** forms respectively. Study the following:

cogliere

io	colgo
tu	cogli
lui, lei, Lei	coglie
noi	cogliamo
voi	cogliete
loro, Loro	colgono

Below is a list of commonly used verbs ending in **-gliere**.

accogliere   *to welcome, to receive*
raccogliere   *to collect, to gather, to pick up*
togliere   *to remove, to take away, to deduct*

28. Complete the following with the appropriate forms of the present indicative of the indicated verbs:

1. Maria _____ gli ospiti.   *accogliere*
2. I bambini _____ i giocattoli.   *raccogliere*
3. Noi _____ l'occasione.   *cogliere*
4. Io _____ i fiori nel giardino.   *raccogliere*
5. Voi _____ il tappeto.   *togliere*
6. Tu _____ i tuoi parenti a braccia aperte.   *accogliere*
7. Antonio _____ i regali.   *raccogliere*

Tenere *and* venire

The verbs **tenere** (*to have, to keep*) and **venire** (*to come*) (and any verbs made up of a prefix plus **-tenere** or **-venire**) have a **g** in the **io** and **loro** forms. In addition, the vowel of the root changes to **-ie-** in the **tu** and **lui/lei** forms. Study the following:

Infinitive:	**tenere**	**venire**
io	tengo	vengo
tu	tieni	vieni
lui, lei, Lei	tiene	viene
noi	teniamo	veniamo
voi	tenete	venite
loro, Loro	tengono	vengono

The following is a list of useful verbs with a prefix plus **-tenere** or **-venire**:

appartenere	*to belong*	**avvenire**	*to happen, to occur*
contenere	*to contain*	**contravvenire**	*to contravene*
intrattenere	*to entertain*	**convenire**	*to convene*
mantenere	*to maintain*	**divenire**	*to become*
ottenere	*to obtain*	**intervenire**	*to intervene*
ritenere	*to retain*	**provenire**	*to come from, to proceed*
sostenere	*to sustain, to support*	**sovvenire**	*to help*
trattenere	*to withhold, to detain*	**svenire**	*to faint*

29. Complete the following with the appropriate forms of the present indicative of the indicated verbs:

1. Queste scatole _____ esplosivi.   *contenere*
2. I miei amici _____ alle nove.   *venire*
3. Luigi _____ un favore da suo zio.   *ottenere*
4. Voi _____ una tesi falsa.   *sostenere*
5. Noi _____ il comitato martedí.   *riconvenire*
6. L'infermiere _____ il malato.   *sovvenire*
7. Io _____ i miei ospiti.   *intrattenere*
8. Molte cose _____ nelle città grandi.   *avvenire*
9. La signora _____ la ricevuta (*receipt*).   *ritenere*
10. Tu _____ con me.   *venire*
11. Loro _____ al circolo italiano.   *appartenere*
12. Noi _____ se fa troppo caldo.   *svenire*

30. Answer each question in the affirmative with a complete sentence.

1. Luigi, vieni a scuola oggi?
2. Signora, viene domani Sua figlia?
3. Ragazzi, provenite da Nuova York?
4. Olga, vengono con noi le tue amiche?
5. Roberto, appartieni al Club italiano?
6. Chi intrattiene gli ospiti? (voi)

31. Rewrite each sentence, putting the subject and the verb in the singular.

1. Mantenete bene i giardini?
2. Queste riviste contengono poco.
3. Ottengono i biglietti Loro?
4. Intratteniamo gli amici.
5. Le studentesse appartengono a quella classe.

Verbs with *-io*

Parere

The verb **parere** (*to seem*), interchangeable with the regular verb **sembrare** (*to seem*), takes an **i** with **io** and **loro**, and with the alternate **noi** form (in parentheses). Study the following:

	parere
io	paio
tu	pari
lui, lei, Lei	pare
noi	paiamo (pariamo)
voi	parete
loro, Loro	paiono

32.   Complete the following with the appropriate form of the present indicative of the verb **parere**:

1.   Oggi io _____ molto stanco.
2.   Quel signore _____ triste.
3.   Gli studenti _____ preparati per l'esame.
4.   Noi _____ riposati.
5.   Tu _____ arrabbiato oggi.
6.   Voi _____ stanchi.
7.   _____ stanco Marcello?
8.   _____ riposati i signori?

Morire

The verb **morire** (*to die*) also takes an **i** in the **io** and **loro** forms. In addition, the vowel **o** changes to **uo** in all forms except **noi** and **voi**. Study the following:

	morire
io	muọio
tu	muọri
lui, lei, Lei	muọre
noi	moriạmo
voi	morite
loro, Loro	muọiono

33.   Complete the following with the appropriate form of the present indicative of the verb **morire**:

1.   Loro _____ dalle risa.
2.   Io _____ dal caldo.
3.   Voi _____ dalla noia (*boredom*).
4.   Tu _____ dal sonno.
5.   Noi _____ dalla vergogna (*shame*).
6.   Lui _____ dalla paura.

Other Verbs with a Vowel Change in the Root

Sedere

The verb **sedere** (*to sit down*) changes the vowel **e** to **ie** in all forms except **noi** and **voi**. Note also the less frequently used alternate forms for **io** and **loro** in parentheses.

	sedere
Root:	sied-
Root for **noi** *and* **voi**:	sed-
io	siẹdo (seggo)
tu	siẹdi
lui, lei, Lei	siẹde
noi	sediạmo
voi	sedete
loro, Loro	siẹdono (sẹggono)

34.   Complete the following with the correct form of the present indicative of the verb **sedere**:

1.   Io _____ qui e tu _____ lí.
2.   Marịa e Carlo _____ in prima fila (*row*).

3. Dove _____ voi?
4. Signora Monti, Lei _____ qui o lí?
5. Noi _____ sempre in fondo.
6. Carlo, perché _____ lontano da tutti?

Udire

The vowel **u** in **udire** (*to hear*) changes to **o** in all forms except **noi** and **voi**.

	udire
Root:	**ud-**
Root for **noi** *and* **voi**:	**od-**
io	odo
tu	odi
lui, lei, Lei	ode
noi	udiạmo
voi	udite
loro, Loro	ọdono

35. Complete the following with the appropriate present indicative forms of **udire**:

1. Gli studenti _____ parlare la maẹstra.
2. Io _____ la rạdio.
3. Ragazzi, _____ il suọno del campanello?
4. Signorina, _____ la mịa voce?
5. Noi _____ il telegiornale.
6. Carlo, _____ quella bella canzone?

Uscire

The vowel **u** of the verb **uscire** (*to go out*) changes to **e** in all forms of the present indicative except **noi** and **voi**. Note that the verb **riuscire** (*to succeed*) is conjugated like **uscire**. Observe the following:

Infinitive:	**uscire**	**riuscire**
Root for **noi** *and* **voi**:	**usc-**	**riusc-**
Irregular Root:	**esc-**	**riesc-**
io	esco	riesco
tu	esci	riesci
lui, lei, Lei	esce	riesce
noi	usciạmo	riusciạmo
voi	uscite	riuscite
loro, Loro	ẹscono	riẹscono

36. Complete the following with the appropriate present indicative forms of the indicated verbs:

1. Luịsa e Piẹtro _____ insiẹme il sạbato.   *uscire*
2. Olga _____ molto bene a scuọla.   *riuscire*
3. I miei nonni _____ soltanto la domẹnica.   *uscire*
4. Voi _____ di casa alle otto di mattina.   *uscire*
5. Signori, _____ a trovare l'orạrio?   *riuscire*

6. Tu _____ sempre con gli stessi amici.   *uscire*
7. Io non _____ bene in matemạtica.   *riuscire*

Fare

Study the following forms of the irregular verb **fare** (*to do, to make*). You will note that the **io** and **noi** forms return to the original Latin infinitive *facĕre*. Also, the two-syllable third-person plural **fanno** doubles the **-n-** as do **dare** (**danno**), **stare** (**stanno**), and **sapere** (**sanno**).

	fare
io	fạccio (fo)
tu	fại
lui, lei, Lei	fa
noi	facciạmo
voi	fate
loro, Loro	fanno

37. Complete the following with the appropriate present indicative forms of the verb **fare**:

1. Il cuọco _____ la minestra.
2. Noi _____ i buọni.
3. Tu _____ il meccạnico.
4. Cosa _____ Lei?
5. Dove _____ le vacanze voi?
6. I giọvani _____ una gita in campagna.
7. Oggi io non _____ niẹnte.
8. Cosa _____ tuo padre?

Sapere

Study the following forms of the irregular verb **sapere** (*to know, to know how to*). Note the similarity of the forms **so**, **sai**, **sa**, and **sanno** with the same present indicative forms of **dare** (*to give*), **fare** (*to do, to make*), and **stare** (*to stay, to be*).

	sapere
io	so
tu	sai
lui, lei, Lei	sa
noi	sappiamo
voi	sapete
loro, Loro	sanno

38. Complete the following with the appropriate present indicative forms of **sapere**:

1. Quei giọvani _____ sciạre molto bene.
2. Antọnio _____ suonare il violino.
3. Noi _____ dove abitate.
4. Io non _____ cosa fare.
5. La bambina _____ contare fino a cento.
6. Tu non _____ il nome del maẹstro.
7. _____ guidare Loro?
8. Voi _____ molte cose.

Volere

The present indicative forms of **volere** (*to want, to desire*) are all irregular except for the **voi** form (**volete**). Observe the following:

	volere
io	voglio
tu	vuoi
lui, lei, Lei	vuole
noi	vogliamo
voi	volete
loro, Loro	vogliono

39. Complete the following with the appropriate present indicative forms of **volere**:

1. Quest'estate io _____ andare in Europa.
2. I ragazzi _____ giocare tutto il giorno.
3. (Tu) _____ andare al cinema stasera (*tonight*)?
4. Signore, _____ comprare qualcosa?
5. Noi _____ visitare i nonni.
6. Adesso cosa (voi) _____ fare?
7. I signori _____ viaggiare in aereo.
8. Io _____ imparare a sciare (*to ski*).

Potere

All present indicative forms of **potere** (*to be able to, can*) are irregular except **voi** (**potete**). Observe the following:

	potere
io	posso
tu	puoi
lui, lei, Lei	può
noi	possiamo
voi	potete
loro, Loro	possono

40. Complete the following with the appropriate present indicative forms of **potere**:

1. Luisa _____ andare al teatro con noi.
2. Noi _____ guardare la televisione fino a tardi.
3. Pietro e Olga _____ suonare il pianoforte.
4. Cosa _____ fare Lei?
5. Adesso voi non _____ fare niente.
6. Io _____ giocare fino alle quattro.
7. Carlo, _____ prestarmi (*lend me*) la bicicletta?
8. Con tutta questa neve, il signor Martini non _____ andare in ufficio.

Dovere

Dovere (*to have to, must*) is irregular in all forms except the **voi** form (**dovete**). Note that **io** and **loro** have two forms each (**io devo** or **debbo**; **loro devono** or **debbono**). Observe the following:

dovere

io	devo (debbo)
tu	devi
lui, lei, Lei	deve
noi	dobbiamo
voi	dovete
loro, Loro	devono (debbono)

41. Complete the following with the appropriate present indicative forms of **dovere**:

1. Noi _____ studiare di piú.
2. Io _____ finire questo lavoro.
3. Loro _____ arrivare alle tre.
4. Tu _____ dormire di meno.
5. Voi _____ parlare ad alta voce.
6. Luigi _____ tornare a casa.
7. Io non _____ scrivere molte lettere.
8. Noi _____ cercare gli amici.

Avere

In the present tense, **avere** (*to have, to hold*) is irregular in all forms except **voi** (**avete**). Note that most forms of **avere** begin with **h-** (never pronounced) in order to distinguish the verb's personal forms from other words with similar spellings but different meanings. Observe the following:

avere

io	ho
tu	hai
lui, lei, Lei	ha
noi	abbiamo
voi	avete
loro, Loro	hanno

42. Complete the following with the appropriate present indicative form of **avere**:

1. Luigi _____ la penna in mano
2. Io _____ due fratelli e tre sorelle.
3. Le studentesse _____ molti compiti da fare.
4. Tu _____ una bella voce.
5. Voi _____ degli ottimi amici.
6. Il padre di Roberto _____ un negozio al centro della città.
7. Oggi noi _____ ospiti in casa.
8. Stefano _____ una motocicletta giapponese.

Essere

In the present tense, **essere** (*to be*) is irregular in all of its forms. (Note that the **io** and **loro** forms have the same spelling, **sono**. This is seldom confusing since the correct meaning is evident from the context.) Observe the following:

essere

io	sono
tu	sei
lui, lei, Lei	è
noi	siamo
voi	siete
loro, Loro	sono

43. Complete the following with the appropriate present indicative forms of **essere**:

1. Questi signori _____ americani.
2. La madre di Olga _____ greca.
3. Dove _____ i bambini?
4. Noi _____ pronti a giocare.
5. Ragazzi, _____ a scuola alle due?
6. La domenica io _____ sempre a casa.
7. _____ in Italia i tuoi genitori?
8. Marcello non _____ qui, _____ da suo zio.

44. Answer the following questions in the affirmative with a complete sentence. Use the cues, when given.

1. Carlo, sei italiano?
2. Signora, è a casa Sua figlia?
3. Ragazzi, siete pronti adesso?
4. Sono nello stadio i giocatori?
5. Luisa, sei l'amica di Giovanni?
6. Siamo bravi o cattivi?   *bravi*
7. Antonio, dove sono i tuoi genitori?   *al cinema*
8. Silvia, sono io il tuo compagno di scuola?

Special Use of the Present Indicative and the Preposition *da*

The present indicative, together with the preposition **da**, may be used to describe an action which began in the past and is still going on in the present. Note that in English, as shown below, a past tense, the present perfect, is used to convey the same concept. Observe the following:

Da quanto tempo Lei studia l'italiano?
How long have you been studying Italian?
Studio l'italiano da due anni. (*or:* **Sono due anni che studio l'italiano.**)
I have been studying Italian for two years.

45. Complete the following with the appropriate present indicative forms of the indicated verbs:

1. Noi _____ negli Stati Uniti da tre anni.   *vivere*
2. Da quanti anni Lei _____ qui?   *lavorare*
3. Tu _____ Stefano da sei anni.   *conoscere*
4. Mio zio _____ il dottore da quindici anni.   *fare*
5. Da quanto tempo (voi) _____ l'inglese?   *studiare*
6. È da molto tempo che io non _____ notizie dai miei parenti in Italia.   *ricevere*
7. Maria _____ in Italia da sei mesi.   *essere*
8. Noi _____ questa scuola da tre anni.   *frequentare* (to attend)
9. Sono quattro mesi che io non _____ mia madre.   *vedere*
10. È da sei mesi che Antonio _____ per il mondo.   *viaggiare*

46. Answer the following questions in complete sentences, according to the cues:

1. Da quanto tempo frequenti questa scuola?   *due anni*
2. Da quanto tempo studi l'italiano?   *un anno*
3. Da quanto tempo vivi in questa città?   *cinque anni*
4. Da quanto tempo conosci il tuo migliore amico?   *molti anni*
5. Da quanto tempo non visiti i tuoi nonni?   *tre mesi*
6. Da quanto tempo non vai al teatro?   *sei mesi*

Review

47. Complete the following with the appropriate present indicative forms of the indicated verbs:

1. Noi _____ fino a tardi. *ballare*
2. Mio fratello _____ in un ospedale. *lavorare*
3. Cosa _____ i signori? *preferire*
4. Carlo, dove _____ a pallone? *giocare*
5. Alcune persone _____ presto. *invecchiare*
6. Voi _____ il caffé agli amici. *offrire*
7. Che rivista _____ Lei? *leggere*
8. Tu _____ in Italia in aereo. *andare*
9. I nostri amici _____ canadesi. *essere*
10. Il mio maestro _____ molti esami. *dare*
11. Gli Stati Uniti _____ molte automobili. *produrre*
12. Io _____ il libro sul tavolo. *porre*
13. Loro _____ al circolo italiano. *appartenere*
14. Voi _____ che io _____ sempre. *dire, contraddire*
15. Questi giornali _____ ai lettori. *piacere*
16. Il teatro _____ molta gente. *attrarre*
17. Noi _____ gli ospiti. *accogliere*
18. Oggi io non _____ niente. *fare*
19. Tu _____ studiare di piú. *dovere*
20. I cuochi _____ molto bene. *cucinare*
21. Io non _____ la lezione. *sapere*
22. Le signore _____ partire domani. *volere*
23. Quest'orologio _____ molto denaro. *costare*
24. Noi _____ studiare in biblioteca. *potere*
25. Voi _____ troppo vino. *bere*
26. Quei giovani _____ energici. *parere*
27. Tu _____ lí e io _____ qui. *sedere*
28. Noi _____ due sorelle in Italia. *avere*
29. Voi _____ qui da due anni. *essere*
30. Io non _____ il tedesco. *capire*
31. Tu _____ la settima lezione. *finire*
32. I sarti _____ dei bei vestiti. *fare*
33. Molti soldati _____ nelle guerre. *morire*
34. Io _____ sull'albero. *salire*
35. _____ la radio Loro? *udire*
36. _____ spesso Lei? *uscire*
37. Quando _____ i tuoi parenti? *venire*
38. Loro non _____ in Italia spesso. *andare*
39. Cosa _____ voi durante le vacanze? *fare*
40. Questo esercizio _____ troppo lungo. *essere*

IMPERFECT INDICATIVE TENSE (*Imperfetto Indicativo*)

Regular *-are* verbs

The imperfect indicative is used to express a recurrent event in the past, to indicate age, time, size, color, etc., in the past. See pages 96 to 100 for full details (Chap. 5). The imperfect indicative of **-are** verbs is formed by dropping the infinitive ending **-are** and adding the following endings to the root: **-avo**, **-avi**, **-ava**, **-avamo**, **-avate**, and **-avano**. Observe the following:

Infinitive:	**guardare** *(to look at)*	**parlare** *(to speak)*	**giocare** *(to play)*
Root:	**guard-**	**parl-**	**gioc-**
io	guardavo	parlavo	giocavo
tu	guardavi	parlavi	giocavi
lui, lei, Lei	guardava	parlava	giocava
noi	guardavamo	parlavamo	giocavamo
voi	guardavate	parlavate	giocavate
loro, Loro	guardavano	parlavano	giocavano

48. Complete the following with the appropriate imperfect indicative forms of the indicated verbs:

1. Noi _____ sempre dai nonni.   *andare*
2. Molti anni fa io _____ sempre in autobus.   *viaggiare*
3. Mia sorella _____ ogni giorno.   *cantare*
4. I giovani _____ tutti gl'inverni.   *sciare*
5. Voi _____ spesso i vostri parenti.   *visitare*
6. Tu _____ a tennis con gli amici.   *giocare*
7. Da piccolo io _____ , non _____ .   *saltare* (to jump), *camminare*
8. Mio zio mi _____ molti regali.   *portare*

49. Rewrite the following in the imperfect indicative:

1. Antonio parla molto.
2. Voi camminate per le strade.
3. Mia madre compra molte cose.
4. Noi giochiamo nel parco.
5. Le ragazze cantano ad alta voce.
6. Io ascolto i miei maestri con attenzione.
7. Tu guardi la televisione tutte le sere.
8. Visita Lei i Suoi cugini?
9. Viaggiate molto?
10. Studiano con diligenza gli studenti?

Regular *-ere* Verbs

The imperfect indicative of regular **-ere** verbs is formed by dropping the infinitive ending **-ere** and adding the following endings to the root: **-evo**, **-evi**, **-eva**, **-evamo**, **-evate**, **-evano**. Observe the following:

Infinitive:	**correre** *(to run)*	**leggere** *(to read)*	**mettere** *(to place; to put)*
Root:	**corr-**	**legg-**	**mett-**
io	correvo	leggevo	mettevo
tu	correvi	leggevi	mettevi
lui, lei, Lei	correva	leggeva	metteva
noi	correvamo	leggevamo	mettevamo
voi	correvate	leggevate	mettevate
loro, Loro	correvano	leggevano	mettevano

50. Complete the following with the appropriate imperfect indicative forms of the indicated verbs:

1. Anni fa, Pietro _____ molti romanzi.   *leggere*
2. I bambini _____ sempre.   *piangere*
3. Noi _____ ad ogni occasione.   *correre*

4. I gelatai _____ molti gelati durante l'estate. *vendere*
5. Gli studenti _____ le domande. *ripetere*
6. Olga e Anna _____ sempre le lezioni. *sapere*
7. Tu _____ sempre a carte. *perdere*
8. Le bambine _____ molti giocattoli. *avere*

51. Rewrite the following in the imperfect indicative:

1. Eleggiamo un nuovo presidente.
2. Descrivete quel paesaggio.
3. Friggo *(I fry)* le uova.
4. Offendi molte persone.

5. Promettete troppe cose.
6. I bambini cadono spesso.
7. Angelo vende biciclette.

Regular *-ire* Verbs

The imperfect indicative of all **-ire** verbs is formed by adding the following endings to the root of the verb: **-ivo**, **-ivi**, **-iva**, **-ivamo**, **-ivate**, **-ivano**. Note that there are no irregular **-ire** verbs in the imperfect. Observe the following verbs:

Infinitive:	**capire**	**salire**
Root:	**cap-**	**sal-**
io	capivo	salivo
tu	capivi	salivi
lui, lei, Lei	capiva	saliva
noi	capivamo	salivamo
voi	capivate	salivate
loro, Loro	capivano	salivano

52. Complete the following with the appropriate imperfect indicative forms of the indicated verbs:

1. Gli studenti _____ tutto. *capire*
2. Io _____ le lezioni alle due. *finire*
3. Voi _____ dei corsi interessanti. *seguire*
4. Noi _____ la radio tutti i giorni. *sentire*
5. Loro _____ il mare alla montagna. *preferire*
6. Voi _____ molte case a due piani. *costruire*
7. Tu _____ sempre molto stanco. *apparire*
8. I bambini _____ i genitori. *ubbidire*
9. Le cipolle _____ per l'insalata. *servire*
10. Marco sempre _____ le scale in fretta. *salire*
11. Una volta io _____ facilmente. *dimagrire*
12. Luisa _____ le parole in classe. *scandire* (to pronounce distinctly)
13. Tu _____ con gli amici. *scomparire*
14. Noi _____ i dettagli del viaggio. *riferire*

53. Rewrite the following in the imperfect indicative:

1. Senti il campanello?
2. Vestite i bambini?
3. Preferiamo un gelato.
4. Capiscono bene.
5. Olga soffre molto.

6. Io seguo i tuoi consigli.
7. Offri sempre il tuo aiuto.
8. Apriamo le finestre.
9. Paolo riapre la porta.
10. Ubbidiscono la madre.

54. Answer the following questions in the affirmative with a complete sentence:

1. Aprivi le porte?
2. Servivate il caffé?
3. Vestivamo elegantemente?
4. Capiva bene Lei?
5. Reagivi cautamente?
6. Finivano presto Loro?
7. Soffrivate molto in ospedale?
8. Seguiva molti corsi Luigi?
9. Vestivamo i bambini?
10. Scandivano le parole gli alunni?

Irregular Verbs

The verbs **fare** (*to do, to make*), **dire** (*to say*), **bere** (*to drink*), **produrre** (*to produce*), and **porre** (*to place, to put*) take their roots for the formation of the imperfect indicative from their original Latin infinitives, most of which are shown in parentheses below. In all other respects they are regular. Note that all verbs ending in **-fare**, **-dire**, **-durre**, and **-porre** follow this same pattern. Study the following:

	fare	**dire**	**bere**	**produrre**	**porre**
	(*facĕre*)	(*dicĕre*)	(*bevere*)[6]	(*producĕre*)	(*ponĕre*)
Root:	**fac-**	**dic-**	**bev-**	**produc-**	**pon-**
io	facevo	dicevo	bevevo	producevo	ponevo
tu	facevi	dicevi	bevevi	producevi	ponevi
lui, lei, Lei	faceva	diceva	beveva	produceva	poneva
noi	facevamo	dicevamo	bevevamo	producevamo	ponevamo
voi	facevate	dicevate	bevevate	producevate	ponevate
loro, Loro	facevano	dicevano	bevevano	producevano	ponevano

55. Rewrite the following sentences in the imperfect indicative:

1. Stefano dice la verità.
2. Queste fabbriche producono pantaloni.
3. Il signor Martini fa il dottore.
4. Io non dico niente.
5. Dove fate le vacanze?
6. Questo terreno (*land*) produce molti vegetali.
7. Tu non dici la verità.

56. Complete the following with the appropriate imperfect indicative forms of the indicated verbs:

1. Cosa _____ i tuoi amici? *dire*
2. Chi _____ il cattivo, Stefano o Luigi? *fare*
3. L'Italia _____ molti legumi. *produrre*
4. Io non _____ niente. *dire*
5. Tu non _____ nessuno. *contraddire*
6. I miei fratelli _____ i soldati. *fare*
7. Mio zio _____ un treno. *condurre*

57. Complete the following with the appropriate imperfect forms of **bere**:

1. Noi _____ molto latte.
2. Roberto non _____ vino.
3. Voi _____ poco.

---

6 *Bevere* is actually not the Latin infinitive but an old Italian infinitive no longer in use except in some dialects. It comes from the Latin infinitive *bibĕre*. See p. 79.

    4. Tu _____ acqua minerale.
    5. Io _____ un té freddo.
    6. _____ qualcosa Loro?
    7. Mario _____ mentre pranzava.
    8. I ragazzi _____ molte aranciate.

58. Complete the following with the appropriate imperfect indicative forms of the indicated verbs:

    1. Il filosofo _____ la sua teoria.   *esporre*
    2. Io _____ i libri sul tavolo.   *porre*
    3. Tu _____ un'ottima soluzione.   *proporre*
    4. I musicisti _____ molte sonate.   *comporre*
    5. Noi _____ sempre i nostri appuntamenti.   *posporre*
    6. Voi _____ le valige nell'attico.   *porre*
    7. _____ molto Lei?   *supporre*
    8. Mio nonno _____ molte regole.   *imporre*

Trarre

The irregular root for the imperfect indicative of **trarre** (*to extract, to pull, to draw*) is **tra-**. This root comes from the original Latin infinitive *trahĕre*. To this root are added the regular **-ere** imperfect indicative endings: **-evo**, **-evi**, etc. Note that all verbs ending in **-trarre**, such as **attrarre** (*to attract*), follow **trarre** as a model.

Infinitive:	**trarre**	**attrarre**
Irregular Root:	**tra-**	**attra-**
io	traevo	attraevo
tu	traevi	attraevi
lui, lei, Lei	traeva	attraeva
noi	traevamo	attraevamo
voi	traevate	attraevate
loro, Loro	traevano	attraevano

59. Complete the following with the appropriate imperfect indicative forms of the indicated verbs:

    1. Quella commedia _____ molta gente.   *attrarre*
    2. Il poeta _____ ispirazione dalla natura.   *trarre*
    3. Tu _____ i bambini.   *distrarre*
    4. Voi _____ molte persone.   *ritrarre*
    5. Io _____ le conclusioni.   *trarre*
    6. Noi _____ i numeri a scuola.   *sottrarre*

Essere

The verb **essere** is irregular in all forms of the imperfect indicative. The imperfect indicative forms come from the original Latin forms: *eram,* etc. Study the following:

	essere
io	ero
tu	eri
lui, lei, Lei	era
noi	eravamo
voi	eravate
loro, Loro	erano

60. Complete the following with the appropriate imperfect indicative forms of **ẹssere**:

1. Teresa _____ amica di Rosa.
2. Noi _____ a scuọla.
3. Dove _____ i tuoi amici?
4. Dove _____ tu?
5. L'argento _____ molto in richiẹsta *(in demand)*
6. Voi _____ molto bravi a scuola.
7. Signori, dove _____ Loro?
8. Cosa _____ Lei?

61. Answer the following questions, according to the cues, with complete sentences:

1. Cosa eri?   *studente (-essa)*
2. Dov'ẹrano Marịa e Carlo?   *al teatro*
3. Era pronto quello studente?   *Sí*
4. Chi era quel signore?   *mio zio*
5. Eravạmo bravi?   *Sí*
6. Eri a casa spesso?   *Sí*
7. Eravạte malati?   *Sí*
8. Dov'era tuo padre?   *in Itạlia*

Uses of the Imperfect Indicative Tense

Continuing action

The imperfect indicative tense is much less commonly used in English than in Italian. Since the word *imperfect* means *not perfected* or *not completed*, the imperfect indicative is used to express continuance, to express actions in the past which are either customary or habitual. Some common adverbial expressions which would indicate continuance and thus demand the use of the imperfect are

a volte   *at times*
certe volte   *sometimes*
come d'uso   *usually*
con frequenza   *frequently*
continuamente   *continuously*
di quando in quando   *from time to time*
di tanto in tanto   *from time to time*
frequentemente   *frequently*
giọrno dopo giọrno   *day in and day out*
ininterrottamente   *without interruption*
la domẹnica (il lunedí, etc.)   *on Sundays (on Mondays,* etc.)
mentre   *while*
ogni giọrno (ogni settimana, ogni mese, ogni anno, etc.)   *every day (every week, every month, every year,* etc.)
ogni tanto   *once in a while*
quotidianamente   *daily*
ripetutamente   *repeatedly*
sempre   *always*
senza sosta   *without stopping*
spesso   *often*
spesso spesso   *again and again*
tuttị i giọrni   *every day*
usualmente   *usually*

Study the following examples:

Andạvano alla spiaggia ogni giọrno.
They would (used to) go to the beach every day.
Quando ero pịccolo, visitavo i miei nonni frequentemente.
When I was little, I used to visit my grandparents frequently.

Mio zįo parlava sempre in inglese.
My uncle always spoke (used to speak) English.
I mięi amici e io giocavamo spesso tutto il pomerįggio.
My friends and I would (used to) play often the entire afternoon.

62.   Rewrite the following sentences in the imperfect indicative:

1. Mio fratello arriva sempre in ritardo.
2. Tu parli ininterrottamente.
3. Le studentesse vanno spesso in biblioteca.
4. Usualmente Olga cena presto.
5. La domęnica andiąmo al parco.
6. Di quando in quando vedo un bel film.
7. Le mie sorelle vęngono a casa tutti i giǫrni.
8. A volte nęvica senza sosta.
9. I bambini piąngono frequentemente.
10. Mio cugino scrive ogni mese.

Parallel actions

When two or more descriptive actions occur at the same time, the imperfect indicative must be used. Study the following examples:

Io dormivo e Luįgi studiava.
I was sleeping and Louis was studying.
Mentre noi cantavamo, voi giocavate.
While we were singing, you were playing.
Tu dormįvi, Anna studiava, e io cucinavo.
You were sleeping, Ann was studying, and I was cooking.

63.   Complete the following with the appropriate imperfect indicative forms of the indicated verbs:

1. Antǫnio _____ il piąno e tu _____ .   *suonare, cantare*
2. Noi _____ i piątti e voi _____ le camįcie.   *lavare, lavare*
3. Mentre io _____ , loro _____ .   *lavorare, giocare*
4. Stęfano _____ e noi _____ .   *dormire, studiare*
5. Tu _____ e lui _____ la televisįone.   *telefonare, guardare*
6. Noi _____ e voi _____ .   *scrįvere, parlare*
7. Io _____ e tu _____ .   *lęggere, scrįvere*
8. Luįsa _____ la verità e voi _____ .   *dire, mentire*
9. Antǫnio _____ e Stęfano _____ .   *gridare (to shout), piąngere*
10. Loro _____ e noi _____ a casa.   *viaggiąre, stare*

Mental activity

In order to express duration of mental activity in the past, the imperfect indicative is used. The following is a partial list of verbs denoting mental activity:

amare   *to love*
capire   *to understand*
crędere   *to believe*
decįdere   *to decide*
dedurre   *to deduce*
desiderare   *to desire, to want*

> **intuire**   *to sense*
> **odiare**   *to hate*
> **pensare**   *to think*
> **potere**   *to be able, can*
> **preferire**   *to prefer*
> **ragionare**   *to reason*
> **riflettere**   *to reflect*
> **sapere**   *to know*
> **sospettare**   *to suspect*
> **sperare**   *to hope*
> **temere**   *to fear*
> **volere**   *to want*

Observe the following examples:

> **Sempre credevano tutto.**
> *They always believed everything.*
> **Volevamo andare in Italia.**
> *We wanted to go to Italy.*
> **Anni fa preferivo il mare alla montagna.**
> *Years ago I preferred the sea to the mountains.*
> **I nostri nonni sapevano sempre ciò che pensavamo.**
> *Our grandparents always knew what we thought (were thinking).*

64.   Complete the following with the appropriate imperfect indicative forms of the indicated verbs:

1. Mia madre _____ il caffé al té.   *preferire*
2. Tu _____ sempre la situazione.   *capire*
3. Loro _____ spesso il freddo dell'inverno.   *temere*
4. Io non _____ mai il mio amico Paolo.   *credere*
5. Mio nonno _____ senza sosta.   *riflettere*
6. Voi non _____ viaggiare in aereo.   *volere*
7. Anni fa io _____ giocare quando _____ .   *potere, desiderare*
8. Tu _____ guidare l'automobile.   *odiare*
9. Pietro _____ ogni pericolo facilmente.   *intuire*
10. Noi _____ sempre i genitori.   *credere*

Description in the past: color, size, inner qualities

The imperfect indicative is often used to describe people or things in the past using color, size, and inner qualities. Observe the following:

> **Il cielo era sempre blu.**   *The sky was always blue.*
> **Le strade erano larghe.**   *The streets were wide.*
> **Tua nonna era generosa.**   *Your grandmother was generous.*

65.   Rewrite the following in the imperfect indicative:

1. La casa è grande.
2. Gli edifici sono rossi.
3. Olga è brava.
4. Gli studenti sono intelligenti.
5. La copertina (*cover*) del libro è verde.
6. I genitori sono pazienti.
7. Noi siamo alti.
8. Voi siete cattivi.
9. Le camicie sono bianche.
10. Tu sei basso.

Description in the past: age, time, weather

Descriptions in the past concerning age, time, and weather are usually expressed with the imperfect indicative tense. Observe the following examples:

Quanti anni aveva tuo nonno? *How old was your grandfather?*
Aveva ottantacinque anni. *He was eighty-five years old.*
Che ora era? (*or:* **Che ore ẹrano?)** *What time was it?*
Era l'una in punto. *It was one o'clock sharp.*
Ẹrano le nove e mezza. *It was nine thirty.*
Che tempo faceva? *How was the weather?*
Faceva bel tempo. *The weather was good.*
Faceva cattivo tempo. *The weather was bad.*
Pioveva. *It was raining.*
Nevicava. *It was snowing.*
Tirava vento. *It was windy.*

66. Rewrite the following in the imperfect indicative.

1. Che tempo fa?
2. Quanti anni hai?
3. Che ora è?
4. Nẹvica?
5. Sono le quattro e un quarto.

6. Abbiạmo sẹdici anni.
7. Tira vento.
8. Piẹtro ha diciannove anni.
9. È mezzanotte.
10. Piọve.

Special use of the imperfect indicative with the preposition **da**

You have already studied the special use of **da** with the present indicative (see page 90). In Italian, the preposition **da** is also used with the imperfect indicative to describe an action in the remote past. In English, this is done with the pluperfect tense (past perfect or progressive past perfect). Observe the following examples:

Vincenzo era alla spiaggia da due settimane.
Vincent had been at the beach for two weeks.
Pioveva da tre giorni.
It had been raining for three days.
Lavoravo in quell'edificio da molti anni.
I had been working in that building for many years.
Non mangiavo da due giorni.
I hadn't eaten for two days.
Caterina era a Nuova York da quattro mesi.
Catherine had been in New York for four months.

67. Complete the following with the appropriate imperfect indicative forms of the indicated verbs:

1. Da quanto tempo (voi) _____ in Itạlia? *ẹssere*
2. Noi non _____ i nonni da sei mesi. *visitare*
3. _____ da due giorni. *nevicare*
4. Il giocatore _____ in quella squạdra da sette anni. *giocare*
5. Loro _____ da molto tempo. *fumare* (to smoke)
6. Tu _____ lí da tre mesi. *lavorare*
7. I turisti _____ a Roma da una settimana. *ẹssere*
8. Io lo _____ da molti anni. *sapere*

Review

68. Complete the following with the appropriate imperfect indicative forms of the indicated verbs:

1. María e Olga _____ sempre insięme.   *giocare*
2. Noi _____ a casa dei nonni ogni giọrno.   *andare*
3. Pięatro _____ sempre con attenziọne.   *ascoltare*
4. Voi _____ per le strade senza sosta.   *cọrrere*
5. Io _____ sempre con gli amici.   *ęssere*
6. Chi _____ quęi signori?   *ęssere*
7. Quando Gino _____ pįccolo, _____ molti giocạttoli.   *ęssere, avere*
8. Quelle minięre _____ molto oro.   *produrre*
9. Tu _____ sempre la verità.   *dire*
10. Durante le feste noi _____ con gli amici.   *bere*
11. Anni fa Teresa _____ delle belle poesįe.   *comporre*
12. Una volta le processiọni _____ molta gente.   *attrarre*
13. Io sempre _____ i libri sul tavolino.   *porre*
14. Ragazzi, _____ tutto in classe?   *capire*
15. In quell'ospedale i malati _____ poco.   *soffrire*

69. Answer the following questions in the affirmative, or using the cues, with complete sentences:

1. Dormivi sempre fino a tardi?
2. Andavạte in chiesa la domẹnica?
3. Uscivi frequentemente?
4. Pioveva spesso?
5. Andavạte alla spiạggia tutti i giorni?
6. Arrivava sempre tardi Luịgi?
7. Piangẹvano spesso i bambini?
8. Viaggiava ogni estate Lei?
9. Signori, Loro preferịvano il mare o la montagna?
10. Era verde la casa di María?
11. A che ora andavi a scuọla?   *otto e mezzo*
12. Ẹrano strette (*narrow*) le strade?
13. Che tempo faceva?   *bello*
14. Quanti anni aveva tuo fratello?
15. Eri sempre contento(-a) quando eri piccolo(-a)?
16. Avevate paura dell'oscurità (*dark*)?
17. Da quanto tempo non andava in Itạlia Lei?   *sei anni*
18. Da quanto tempo nevicava?   *tre giorni*
19. Ẹrano generosi i tuoi nonni?
20. Cosa leggevate in classe?   *molti racconti*

PRETERITE TENSE (*PASSATO REMOTO*)

The preterite (also called the past definite and the past absolute) expresses the completion of an action or a state of being in the past without relation to the present.

Regular -are Verbs

The preterite of regular **-are** verbs is formed by dropping the infinitive ending **-are** and adding to the root the following personal endings: **-ại**, **-asti**, **-ò**, **-ammo**, **-aste**, **-ạrono**. Study the following:

Infinitive:	**parlare** (to speak)	**andare** (to go)	**camminare** (to walk)
Root:	**parl-**	**and-**	**cammin-**
io	parlai	andai	camminai
tu	parlasti	andasti	camminasti
lui, lei, Lei	parlò	andò	camminò
noi	parlammo	andammo	camminammo
voi	parlaste	andaste	camminaste
loro, Loro	parlarono	andarono	camminarono

70. Complete the following with the appropriate preterite endings:

1. I giovani arriv_____ tardi.
2. Io parl_____ troppo.
3. Il dottore cur_____ il malato.
4. Voi gioc_____ tutto il giorno.
5. Tu cammin_____ con gli amici.
6. Le ragazze and_____ a scuola.
7. Noi cant_____ molte canzoni.
8. Antonio studi_____ tutta la notte.
9. I cuochi prepar_____ un'ottima cena.
10. Io lavor_____ fino a tardi.

71. Complete the following with the appropriate preterite forms of the indicated verbs:

1. Gli studenti _____ il conferenziere.   *ascoltare*
2. Maria _____ le sue amiche.   *invitare*
3. Noi _____ lentamente.   *camminare*
4. Tu _____ una bella bicicletta.   *comprare*
5. Voi _____ in quel ristorante.   *pranzare*
6. Io _____ i compiti di scuola.   *preparare*
7. I turisti _____ per la città.   *girare*
8. Il film _____ piú di due ore.   *durare* (to last)
9. Marco e io _____ in autobus.   *viaggiare*
10. La maestra _____ la prima lezione.   *insegnare*

72. Rewrite the following sentences in the preterite:

1. Noi visitiamo i nonni.
2. Aspetto mio cugino.
3. Loro comprano alcuni libri.
4. Angela lava l'automobile.
5. Tu porti i regali.
6. Voi mangiate da Carlo.
7. Gli studenti passano gli esami.
8. Tu viaggi solo.
9. Io pago il biglietto.
10. Andiamo al teatro a piedi.

Regular -*ere* Verbs

The preterite of regular **-ere** verbs is formed by dropping the infinitive ending **-ere** and adding to the root the following personal endings: **-ei**, **-esti**, **-é**, **-emmo**, **-este**, **-erono**. Note that the majority of regular **-ere** verbs have alternate endings in the **io**, **lui**, and **loro** forms (these alternate endings will appear in parentheses below). Study the following:

Infinitive:	**credere** (to believe)	**ricevere** (to receive)	**sedere** (to sit)
Root:	**cred-**	**ricev-**	**sed-**
io	credei (credetti)	ricevei (ricevetti)	sedei (sedetti)
tu	credesti	ricevesti	sedesti
lui, lei, Lei	credé (credette)	ricevé (ricevette)	sedé (sedette)
noi	credemmo	ricevemmo	sedemmo
voi	credeste	riceveste	sedeste
loro, Loro	crederono (credettero)	riceverono (ricevettero)	sederono (sedettero)

73. Complete the following with the appropriate preterite forms of the indicated verbs:

1. Il malato _____ per molte ore. *gemere (to shiver, to tremble)*
2. Gli studenti _____ le frasi. *ripetere*
3. Noi _____ i nostri amici. *credere*
4. Voi _____ vicino alla porta. *sedere*
5. Tu _____ il pacco. *ricevere*
6. Io _____ l'automobile. *vendere*
7. Noi _____ al portone. *battere*
8. I lavoratori _____ l'edificio vecchio. *abbattere (to tear down)*
9. Mario _____ andare in Italia. *potere*
10. Voi _____ ritornare a casa. *dovere*

74. Rewrite the following in the preterite tense:

1. Tu ricevi una bella notizia.
2. Mario ripete il corso di geografia.
3. Loro vendono molte cose.
4. Noi sediamo soli.
5. Io credo tutto.
6. Voi potete venire presto.
7. Tu abbatti la parete.
8. Luisa batte sul banco.

Regular *-ire* Verbs

The preterite of regular **-ire** verbs is formed by dropping the infinitive ending **-ire** and adding to the root the following personal endings: **-ii, -isti, -í, -immo, -iste, -irono**. Study the following:

Infinitive:	**capire**	**finire**	**preferire**
Root:	**cap-**	**fin-**	**prefer-**
io	capii	finii	preferii
tu	capisti	finisti	preferisti
lui, lei, Lei	capí	finí	preferí
noi	capimmo	finimmo	preferimmo
voi	capiste	finiste	preferiste
loro, Loro	capirono	finirono	preferirono

75. Complete the following with the appropriate preterite endings:

1. Io fin_____ di studiare alle tre.
2. Voi costru_____ dei begli scaffali.
3. Tu rifer_____ il messaggio.
4. Giorgio cap_____ la domanda.
5. Maria e Teresa prefer_____ un té freddo.
6. Noi reag_____ cautamente. (reagire, *to react*)
7. Antonio non proffer_____ una parola.
8. I ragazzi pul_____ la rimessa (*garage*).
9. Io part_____ alle sette e mezza.
10. Voi dorm_____ fino a tardi.

76. Complete the following with the appropriate preterite forms of the indicated verbs:

1. I bambini _____ ai genitori.   *ubbidire*
2. Voi _____ il significato del libro.   *capire*
3. Io _____ dormire fino a tardi.   *preferire*
4. Il signor Martini _____ molto.   *dimagrire*
5. Tu _____ alle cinque.   *finire*
6. Noi _____ una bella casa.   *costruire*
7. I lavoratori _____ il parco.   *ingrandire*
8. Io _____ quelle poesie.   *capire*

77. Rewrite the following in the preterite tense:

1. Gl'impiegati seguono le istruzioni.
2. Il cuoco bolle la carne.
3. Loro sentono il campanello.
4. Il cameriere serve le bevande.
5. Io apro tutte le finestre.
6. Voi offrite un caffé agli amici.
7. I malati soffrono molto.

Irregular Verbs in the Preterite

Many Italian verbs are irregular in the preterite. Most, but not all, of these irregular verbs have infinitives ending in **-ere**.

Many irregular verbs in the preterite can be grouped together since they share common irregularities.

You will note in your study of the irregular preterites that in three forms, namely **tu**, **noi**, and **voi**, these verbs are completely regular in that the infinitive ending is dropped to form the root and the appropriate personal endings are added to this root. In the **io**, **lui/lei/Lei**, and **loro/Loro** forms, however, the root is shortened as are the personal endings.

Let us take the verb **chiudere** (*to close*) as an example of an irregular verb in the preterite. The infinitive ending **-ere** is dropped to form the root **chiud-**. For **tu**, **noi**, and **voi**, we add the regular personal endings to this regular root:

Infinitive:	**chiudere**
Root:	**chiud-**
—	—
tu	chiudesti
—	—
noi	chiudemmo
voi	chiudeste
—	—

For the other three forms **io**, **lui/lei/Lei**, and **loro/Loro**, the root is not formed from the infinitive but is changed to **chius-**. To this irregular root we add the personal endings **-i** for **io**, **-e** for **lui/lei/Lei**, and **-ero** for **loro/Loro**.

Irregular Root: **chius-**	
io	chiusi
—	—
lui, lei, Lei	chiuse
—	—
—	—
loro, Loro	chiusero

Now let us look at the complete conjugation of this irregular verb:

Infinitive:	**chiụdere**
Root:	**chiud-**
Irregular Root:	**chius-**
io	chiụsi
tu	chiudesti
lui, lei, Lei	chiụse
noi	chiudemmo
voi	chiudeste
loro, Loro	chiụsero

In the remainder of our study of irregular preterites, verbs will be grouped according to their common irregularities in the formation of the root for the **io**, **lui/lei/Lei** and **loro/Loro** forms in order to facilitate the learning of these verbs.

Verbs with a single -s-

Many verbs function the same as **chiụdere** and have a second, irregular root with a single **-s-** in the **io**, **lui/lei/Lei**, and **loro/Loro** forms of the preterite. Study the following forms of **rịdere** (*to laugh*) and **rimanere** (*to stay*) as models for verbs with a single **-s-**:

	rịdere	**rimanere**
io	risi	rimasi
tu	ridesti	rimanesti
lui, lei, Lei	rise	rimase
noi	ridemmo	rimanemmo
voi	rideste	rimaneste
loro, Loro	rịsero	rimạsero

Other verbs that function the same as **rịdere**[7] and **rimanere** in the preterite are:

chiẹdere	*to ask*	chiesi, chiedesti, …
chiụdere	*to close*	chiusi, chiudesti, …
conclụdere[8]	*to conclude*	conclusi, concludesti, …
decịdere[9]	*to decide*	decisi, decidesti, …
divịdere	*to divide*	divisi, dividesti, …
prẹndere[10]	*to take*	presi, prendesti, …
rispọndere	*to answer*	risposi, rispondesti, …
mẹttere[11]	*to put*	mịsi, mettesti, … (note also the vowel change)

The verb **porre**[12] functions the same as the above **-s-** verbs. The root, however, for the **tu**, **noi**, and **voi** forms is derived from the original Latin infinitive *ponĕre*. Study the following:

---

[7] Another verb conjugated like **rịdere** is **sorrịdere** (*to smile*).

[8] Other verbs conjugated like **conclụdere** are **acclụdere** (*to enclose, to inclose*), **esclụdere** (*to exclude*), **inclụdere** (*to include*).

[9] Other verbs conjugated like **decịdere** are: **coincịdere** (*to coincide*), **uccịdere** (*to kill*).

[10] Other verbs conjugated like **prẹndere** are: **accẹndere** (*to light, to turn on*), **apprẹndere** (*to learn*), **attẹndere** (*to wait*), **difẹndere** (*to defend*), **offẹndere** (*to offend*), **scẹndere** (*to descend*), **sorprẹndere** (*to surprise*), **spẹndere** (*to spend, to extinguish*), **stẹndere** (*to extend, to offer*).

[11] Other verbs conjugated like **mẹttere** are: **ammẹttere**, **commẹttere**, **permẹttere**, **promẹttere**, **rimẹttere**, **smẹttere**, **trasmẹttere**.

[12] Other verbs conjugated like **porre** are: **comporre**, **disporre**, **opporre**, **preporre**, **proporre**.

	porre
Root for **tu**, **noi**, *and* **voi**:	**pon-**
Root:	**pos-**
io	posi
tu	ponesti
lui, lei, Lei	pose
noi	ponemmo
voi	poneste
loro, Loro	posero

You will note that the single **-s-** in all of the above verbs when preceded and followed by a vowel is pronounced like a **z**. The verbs **correre**[13] (*to run*), **scegliere**[14] (*to choose*), and **volgere**[15] (*to turn*) also have a single **-s-** in the preterite. Since this single **-s-** is preceded by a consonant, it is pronounced like an **s**. Study the following:

	correre	**scegliere**	**volgere**
io	corsi	scelsi	volsi
tu	corresti	scegliesti	volgesti
lui, lei, Lei	corse	scelse	volse
noi	corremmo	scegliemmo	volgemmo
voi	correste	sceglieste	volgeste
loro, Loro	corsero	scelsero	volsero

78. Complete the following with the appropriate preterite forms of the indicated verbs:

1. Perché _____ (tu) tanti favori? *chiedere*
2. Noi _____ la porta. *chiudere*
3. Noi _____ con Angelo. *rimanere*
4. Voi _____ molto. *ridere*
5. Voi _____ bene. *rispondere*
6. Dove _____ (tu) i libri? *porre*
7. Noi _____ i passaporti sul tavolo. *porre*
8. Voi non _____ niente. *concludere*
9. Perché _____ tu? *correre*
10. _____ (voi) il vostro regalo. *scegliere*

79. Complete the following with the appropriate preterite forms of the indicated verbs:

1. Io _____ le finestre. *chiudere*
2. Io _____ di studiare a Roma. *decidere*
3. Io non _____ niente. *promettere*
4. Rosa _____ i passaporti coi biglietti. *porre*
5. Teresa _____ le valige nella macchina. *mettere*
6. Il mio amico _____ tutto il denaro. *spendere*
7. Le mie amiche _____ poesie. *comporre*
8. Loro _____ dei bei regali. *scegliere*
9. Loro _____ a tutte le domande. *rispondere*
10. I bambini _____ molto. *piangere*

---

[13] Other verbs conjugated like **correre** are: **occorrere**, **incorrere**, **precorrere**, **rincorrere**, **scorrere**, **trascorrere**.

[14] Other verbs conjugated like **scegliere** are: **accogliere**, **cogliere**, **raccogliere**, **togliere**.

[15] Other verbs conjugated like **volgere** are: **dipingere**, **fingere**, **giungere**, **piangere**, **scorgere**, **sorgere**, **spingere**, **svolgere**.

80. Answer the following questions in the affirmative with complete sentences:

1. Chiedesti molte informazioni?
2. Chiudesti la porta?
3. Decidesti di rimanere qui?
4. Rispondesti alle sue domande?

5. Prendesti il denaro?
6. Mettesti il libro sul tavolo?
7. Volgesti le spalle?
8. Scegliesti un vestito?

81. Answer the following questions in the affirmative with complete sentences:

1. Divisero (Loro) il premio in due?
2. Risposero (Loro)?
3. Decisero (Loro) immediatamente?
4. Chiusero (Loro) le finestre?

5. Presero (Loro) i passaporti?
6. Misero (Loro) i fiori nel vaso?
7. Scelsero (Loro) dei bei regali?
8. Corsero (Loro)?

82. Complete the following with the correct preterite forms of the indicated verbs:

1. Marco _____ molti favori. *chiedere*
2. Noi _____ un aumento (increase) di salario. *chiedere*
3. Finalmente i giocatori _____ la partita. *concludere*
4. L'oste _____ la porta della taverna. *chiudere*
5. Io _____ le finestre. *richiudere*
6. Voi _____ i nomi dei vicini. *includere*
7. I turisti _____ molte informazioni. *chiedere*
8. Tu _____ alcuni ragazzi dalla gita. *escludere*
9. Le date _____ molto bene. *coincidere*
10. Giovanni _____ a crepapelle (*ridere…*, to roar with laughter). *ridere*
11. Voi _____ di tornare in Italia. *decidere*
12. Noi _____ agli amici. *sorridere*
13. La giuria _____ il primo premio in due. *dividere*
14. Noi _____ senza sosta. *ridere*
15. Luisa _____ di studiare a Londra. *decidere*
16. Caino _____ Abele. *uccidere*
17. Paolo _____ i libri sul tavolo. *mettere*
18. Voi _____ uno sbaglio. *commettere*
19. Io _____ molte cose ai bambini. *promettere*
20. Tu _____ il messaggio. *trasmettere*
21. Noi _____ i passaporti sul bancone. *porre*
22. Io _____ quel candidato. *opporre*
23. Tu _____ alcune poesie. *comporre*
24. I turisti _____ i biglietti alla stazione ferroviaria. *prendere*
25. Noi _____ tutto il denaro. *spendere*
26. Loro _____ gli amici. *sorprendere*
27. Voi _____ dal tetto. *scendere*
28. Le ragazze _____ la radio. *accendere*
29. Gli studenti _____ a scuola fino a tardi. *rimanere*
30. Noi _____ a casa tutto il giorno. *rimanere*
31. Tu _____ con i tuoi genitori. *rimanere*
32. Stefano _____ bene. *rispondere*
33. Voi _____ a tutte le domande. *rispondere*

83. Complete the following with the appropriate preterite forms of the indicated verbs:

1. L'atleta _____ velocemente. *correre*
2. Noi _____ le vacanze in montagna. *trascorrere*

3. Noi _____ gli ospiti.   *accogliere*
4. I giovani _____ dei vestiti blu.   *scegliere*
5. Io _____ una cravatta rossa.   *scegliere*
6. Il bambino _____ i giocattoli.   *raccogliere*
7. Noi _____ un bel regalo.   *scegliere*
8. Mario _____ le spalle agli amici.   *volgere*
9. Gli spettatori _____ tardi.   *giungere*
10. Tu _____ di sapere tutto.   *fingere*
11. Noi _____ le pagine rapidamente.   *volgere*
12. Il bambino _____ molto.   *piangere*

Verbs with a double s (-ss-)

The verbs **leggere**[16] (*to read*), **scrivere**[17] (*to write*), and **vivere** (*to live*) have a double s (**-ss-**) in the **io**, **lui/lei/Lei** and **loro/Loro** forms of the preterite. Since the **-s-** is preceded by a vowel, it must be doubled to maintain the **s** sound. Study the following forms:

	leggere	**scrivere**	**vivere**
io	lessi	scrissi	vissi
tu	leggesti	scrivesti	vivesti
lui, lei, Lei	lesse	scrisse	visse
noi	leggemmo	scrivemmo	vivemmo
voi	leggeste	scriveste	viveste
loro, Loro	lessero	scrissero	vissero

All verbs ending in **-durre**, such as **produrre**[18] (*to produce*), and the verb **dire**[19] (*to say, to tell*) also have a double s in the **io**, **lui/lei/Lei** and **loro/Loro** forms of the preterite. The root for the **tu**, **noi**, and **voi** forms comes from the original Latin infinitives *producĕre* and *dicĕre*. Study the following forms:

	produrre	**dire**
	(*producĕre*)	(*dicĕre*)
io	produssi	dissi
tu	producesti	dicesti
lui, lei, Lei	produsse	disse
noi	producemmo	dicemmo
voi	produceste	diceste
loro, Loro	produssero	dissero

Note that the verb **trarre**[20] (*to pull, to extract, to draw*), which also has a double s, adds an **e** in the **tu**, **noi**, and **voi** forms since the root is derived from the original Latin infinitive *trahĕre*. **Sottrarre** (*to subtract*) is also conjugated below.

	trarre	**sottrarre**
io	trassi	sottrassi
tu	traesti	sottraesti
lui, lei, Lei	trasse	sottrasse
noi	traemmo	sottraemmo
voi	traeste	sottraeste
loro, Loro	trassero	sottrassero

---

[16] Other verbs conjugated like **leggere** are: **correggere, eleggere, proteggere, reggere.**

[17] Other verbs conjugated like **scrivere** are: **descrivere, iscrivere, prescrivere, trascrivere.**

[18] Other verbs conjugated like **produrre** are: **addurre, condurre, indurre, introdurre, ridurre, tradurre.**

[19] Other verbs conjugated like **dire** are: **contraddire, disdire, indire, maledire, predire, ridire.**

[20] Other verbs conjugated like **trarre** are: **attrarre, contrarre, detrarre, distrarre, ritrarre.**

84. Complete the following with the appropriate preterite forms of the indicated verbs:

1. Teresa _____ il giornale. *lęggere*
2. Noi _____ il presidente. *elęggere*
3. Io _____ la rivista. *rilęggere*
4. Tu _____ i compiti. *corręggere*
5. Le studentesse _____ il romanzo. *lęggere*
6. Stęfano _____ un bel riassunto. *scrivere*
7. Tu _____ il tuo viaggio agli amici. *descrivere*
8. Io _____ mio fratello all'università. *iscrivere (to register)*
9. Noi _____ molte lęttere. *scrivere*
10. Mio nonno _____ a lungo. *vivere*
11. Noi _____ in Itąlia per molti anni. *vivere*
12. Loro _____ dei momenti di gioia. *rivivere*

85. Complete the following with the appropriate preterite forms of the indicated verbs:

1. La casa editrice (publishing company) _____ un gran nụmero di libri. *produrre*
2. Tu _____ l'ọspite d'onore. *introdurre*
3. Io _____ molte lęttere in inglese. *tradurre*
4. Noi _____ gli amici a cantare. *indurre*
5. Gino _____ la verità. *dire*
6. Noi _____ la sfortuna. *maledire*
7. Voi _____ il futuro. *predire*
8. Io _____ la sua dichiarazione. *contraddire*
9. Noi _____ ciạo agli amici. *dire*

86. Complete the following with the appropriate preterite forms of the indicated verbs:

1. Loro _____ una certa soddisfazione. *trarre*
2. Il circo _____ molti spettatori. *attrarre*
3. Voi _____ molta gente. *attrarre*
4. Noi _____ molte conclusioni. *trarre*
5. Io _____ i numeri. *sottrarre*
6. Tu _____ un raffreddore. *contrarre*
7. Quell'ạbito _____ molto. *detrarre*
8. L'artista _____ sua madre. *ritrarre*
9. Maria _____ i bambini con i giocạttoli. *distrarre*

Verbs with a double consonant other than **s**

The verbs **cadere**[21] (*to fall*), **tenere**[22] (*to have, to keep*), and **volere** (*to want*) double the consonant of the infinitive root in the **io, lui/lei/Lei** and **loro/Loro** forms of the preterite. Study the following:

	cadere	**tenere**	**volere**
io	caddi	tenni	volli
tu	cadesti	tenesti	volesti
lui, lei, Lei	cadde	tenne	volle
noi	cademmo	tenemmo	volemmo
voi	cadeste	teneste	voleste
loro, Loro	cạddero	tęnnero	vọllero

---

[21] Other verbs conjugated like **cadere** include **decadere** and **ricadere**.

[22] Other verbs conjugated like **tenere** are **appartenere, contenere, mantenere, sostenere**.

The preterite root for the verb **bere** comes from its original Italian infinitive *bevere,* and the **v** of the irregular root is doubled in the **io**, **lui/lei/Lei** and **loro/Loro** forms of the preterite:

	bere
io	bevvi
tu	bevesti
lui, lei, Lei	bevve
noi	bevemmo
voi	beveste
loro, Loro	bevvero

The verb **venire**[23] (*to come*) doubles the **n** of the infinitive in the **io**, **lui/lei/Lei**, and **loro/Loro** forms of the preterite. As with the other irregular verbs in the preterite, the personal endings are **-i** for **io**, **-e** for **lui/lei/Lei** and **-ero** for **loro/Loro**. Since **venire** is an **-ire** or third-conjugation verb, the endings for the regular **tu**, **noi**, and **voi** forms conform to those of an **-ire** verb: **isti**, **immo**, and **iste**, respectively. Observe the verb **venire** and **divenire** (*to become*):

	venire	**divenire**
io	venni	divenne
tu	venisti	divenisti
lui, lei, Lei	venne	divenne
noi	venimmo	divenimmo
voi	veniste	diveniste
loro, Loro	vennero	divennero

Study the following forms of the verbs **conoscere**[24] (*to know, to be acquainted with*), **rompere** (*to break*), and **sapere** (*to know, to know about*), which also have a double consonant in the **io**, **lui/lei/Lei** and **loro/Loro** forms of the preterite. In the cases of **rompere** and **sapere**, note also the vowel change.

	conoscere	**rompere**	**sapere**
io	conobbi	ruppi	seppi
tu	conoscesti	rompesti	sapesti
lui, lei, Lei	conobbe	ruppe	seppe
noi	conoscemmo	rompemmo	sapemmo
voi	conosceste	rompeste	sapeste
loro, Loro	conobbero	ruppero	seppero

87. Complete the following with the appropriate preterite forms of the indicated verbs:

1. I bambini _____ a terra.   *cadere*
2. L'impero romano _____ dopo molti secoli di gloria.   *decadere*
3. Io _____ nella stessa situazione.   *ricadere*
4. Noi _____ improvvisamente.   *cadere*
5. Teresa _____ a memoria l'intera poesia.   *tenere*
6. Quegli studenti _____ al circolo italiano.   *appartenere*
7. Tu _____ l'amicizia con Antonio.   *mantenere*
8. Voi _____ un'attitudine positiva.   *sostenere*
9. Io _____ la mia rabbia.   *contenere*
10. Io non _____ niente.   *volere*
11. Gino _____ vedere il risultato.   *volere*
12. Noi _____ viaggiare in aereo.   *volere*

---

[23] Other verbs conjugated like **venire** are **avvenire**, **convenire**, **intervenire**, **pervenire**, **rivenire**, **sopravvenire**, **sovvenire**, and **svenire**.

[24] Another verb conjugated like **conoscere** is **riconoscere**.

88. Complete the following with the appropriate preterite forms of the verb **bere**:

1. Noi _____ troppo vino.
2. Mario _____ soltanto birra.
3. Loro _____ senza sosta.
4. Io _____ un po' di grappa (*brandy*).
5. Voi _____ tutto il latte.

89. Complete the following with the correct preterite forms of the indicated verbs:

1. Angela _____ con i suoi amici.   *venire*
2. Noi _____ alla discussione.   *intervenire*
3. La zia di Maria _____ dal calore.   *svenire*
4. Tu _____ dopo poche ore.   *rivenire*
5. Stefano e Luisa _____ che hai ragione.   *convenire*
6. Noi _____ i loro cugini.   *sovvenire*
7. Il fratello di Marco _____ campione olimpico.   *divenire*

90. Complete the following with the appropriate preterite forms of the indicated verbs:

1. Io _____ Francesco a casa di Giuseppe.   *conoscere*
2. Tu _____ la fotografia di Silvana.   *riconoscere*
3. Noi _____ la materia dopo molto studio.   *conoscere*
4. Loro _____ Maria dalla voce.   *riconoscere*
5. Io _____ i bicchieri di cristallo.   *rompere*
6. I bambini _____ i giocattoli.   *rompere*
7. Voi _____ il nostro gioco.   *interrompere*
8. Noi _____ la lezione.   *sapere*
9. Tu _____ tutte le risposte.   *sapere*
10. Voi _____ il segreto.   *sapere*
11. Io _____ la lettura.   *sapere*

Verbs with -qu-

The verbs **nascere** (*to be born*) and **piacere**[25] (*to please, to like*) have a **-qu-** in the **io, lui/lei/Lei** and **loro/Loro** forms of the preterite. Note that **nascere** drops the **-s-** in these forms. Study the following:

	nascere	**piacere**
io	nacqui	piacqui
tu	nascesti	piacesti
lui, lei, Lei	nacque	piacque
noi	nascemmo	piacemmo
voi	nasceste	piaceste
loro, Loro	nacquero	piacquero

91. Complete the following with the appropriate preterite forms of the indicated verbs:

1. Dante _____ nel 1265.   *nascere*
2. Noi _____ ai tuoi genitori.   *piacere*
3. Io _____ in Italia.   *nascere*
4. Anche voi _____ in Italia.   *nascere*

---

[25] Other verbs conjugated like **piacere** are **compiacere**, **dispiacere**, and **giacere**.

5. La nostra attitudine _____ a quei signori.   *dispiacere*
6. Tu non _____ a nessuno.   *piacere*
7. Quando _____ Stefano io avevo cinque anni.   *nascere*
8. Le mie figlie _____ di notte.   *nascere*

Vedere

Study the following irregular preterite forms of the verb **vedere**[26] (*to see*):

vedere

io	vidi
tu	vedesti
lui, lei, Lei	vide
noi	vedemmo
voi	vedeste
loro, Loro	videro

92. Complete the following with the appropriate preterite forms of the indicated verbs:

1. I turisti _____ i monumenti antichi.   *vedere*
2. Voi _____ molti vecchi amici.   *rivedere*
3. Lui _____ il disastro.   *prevedere*
4. Marco e Anna _____ le bevande.   *provvedere*
5. Io _____ un inganno.   *intravedere*
6. Noi _____ un bel film.   *vedere*
7. Silvana _____ sua zia.   *rivedere*
8. Giorgio e Olga _____ il vostro successo.   *prevedere*

Fare

Study the following irregular preterite forms of the verb **fare**[27] (*to do, to make*). You will note that the **tu, noi**, and **voi** forms are based on the original Latin infinitive *facere*. Observe also **soddisfare** (*to satisfy*).

	fare	soddisfare
io	feci	soddisfeci
tu	facesti	soddisfacesti
lui, lei, Lei	fece	soddisfece
noi	facemmo	soddisfacemmo
voi	faceste	soddisfaceste
loro, Loro	fecero	soddisfecero

93. Complete the following with the appropriate preterite forms of the indicated verbs:

1. Giorgio _____ i compiti in poche ore.   *fare*
2. Noi _____ i bravi.   *fare*
3. Quelle letture _____ la nostra curiosità.   *soddisfare*
4. Voi _____ il letto.   *disfare*
5. Io _____ le nostre difficoltà.   *sopraffare*
6. Dopo tanti sbagli, loro _____ tutto.   *rifare*
7. Tu _____ tutti quei bei piani.   *disfare*
8. Vi preparaste ma non _____ niente.   *fare*

---

[26] Other verbs conjugated like **vedere** are: **intravedere, prevedere, provvedere, rivedere**.

[27] Other verbs conjugated like **fare** are: **contraffare, disfare, rifare, sopraffare**.

Avere

Study the following irregular forms of the verb **avere** (*to have*) in the preterite:

	avere
io	ebbi
tu	avesti
lui, lei, Lei	ebbe
noi	avemmo
voi	aveste
loro, Loro	ẹbbero

94. Complete the following with the appropriate preterite forms of the verb **avere**:

1. Finalmente tuo zịo _____ ragiọne.
2. Al mercato io _____ una grande occasiọne.
3. Loro _____ molti problemi.
4. Noi _____ buọni amici.
5. Tu _____ molta fortuna.
6. Voi _____ una lunga vacanza.

Ẹssere

Study the following preterite forms of the irregular verb **ẹssere** (*to be*):

	ẹssere
io	fui
tu	fosti
lui, lei, Lei	fu
noi	fummo
voi	foste
loro, Loro	fụrono

95. Complete the following with the appropriate preterite forms of **ẹssere**:

1. Dante _____ un gran poeta.
2. I Romani _____ un pọpolo illustre.
3. Tu _____ in Italia molti anni fa.
4. Noi _____ felici.
5. Io _____ a casa di Carlo.
6. Voi _____ ọttimi studenti.
7. Michelạngelo e Da Vinci _____ dei geni (*genius*).
8. Pio II _____ un papa del Rinascimento.

Dare, stare

Study the following preterite forms of the irregular verbs **dare** (*to give*) and **stare** (*to stay, to be*). Note the alternate forms (in parentheses) given for the verb **dare**.

	dare	**stare**
io	dịedi (detti)	stetti
tu	desti	stesti
lui, lei, Lei	dịede (dette)	stette
noi	demmo	stemmo
voi	deste	steste
loro, Loro	dịedero (dẹttero)	stẹttero

96. Rewrite the following in the preterite:

1. Loro stanno al bar fino a tardi.
2. Io do un regalo a Luigi.
3. Voi state qui per poche ore.
4. Mario dà il biglietto a Luisa.
5. Noi stiamo a casa con i bambini.
6. Voi date i libri alle studentesse.

7. Io sto con mio zio.
8. Tu dai l'indirizzo al cliente.
9. Olga sta con sua cugina.
10. Tu stai in ufficio.
11. Gli studenti danno gli esami.

Review

97. Complete the following with the appropriate preterite forms of the indicated verbs.

1. I ragazzi _____ lungo la spiaggia. *camminare*
2. La signora Martini _____ una collana di perle. *comprare*
3. Voi _____ i panini. *portare*
4. Tu _____ un regalo dall'Italia. *ricevere*
5. Stefano _____ accanto alla finestra. *sedere*
6. Noi _____ giornali e riviste. *vendere*
7. I turisti _____ restare in albergo. *preferire*
8. Tu non _____ niente. *capire*
9. Mario _____ di lavorare alle quattro. *finire*
10. Voi _____ a casa tutto il giorno. *stare*
11. Io _____ il mio biglietto a Carlo. *dare*
12. Noi _____ dallo zio per poche ore. *essere*
13. I nostri amici _____ ragione. *avere*
14. Tu _____ troppa birra. *bere*
15. Loro _____ un té caldo. *bere*
16. Io _____ a terra all'improvviso. *cadere*
17. Stefano _____ l'indirizzo di casa. *chiedere*
18. Voi _____ la porta a chiave. *chiudere*
19. Quei traduttori _____ molti romanzi. *tradurre*
20. Tu _____ i tuoi cugini. *riconoscere*
21. Io _____ le vacanze a Capri. *trascorrere*
22. Marco _____ il panino in due. *dividere*
23. Loro _____ molte cose interessanti. *dire*
24. Mario _____ le valige in fretta. *fare*
25. Le studentesse _____ componimenti. *leggere*
26. Io _____ i vestiti nel guardaroba. *mettere*
27. Boccaccio _____ nel 1313. *nascere*
28. Le tue amiche _____ ai miei genitori. *piacere*
29. I signori _____ i documenti sul bancone. *porre*
30. Voi _____ la radio. *accendere*
31. I giovani _____ troppi soldi. *spendere*
32. Io _____ solo tutta l'estate. *rimanere*

98. Rewrite the following sentences in the preterite:

1. Tu rispondi alle domande di Mario.
2. Loro rispondono bene agli esami.
3. Noi rompiamo un piatto e due bicchieri.
4. Gli studenti sanno la lezione.

5. Io scelgo un paio di pantaloni marrone.
6. Voi accogliete gli ospiti stranieri (*foreign*).
7. Teresa scrive a tutti i parenti.
8. Loro sostengono un'opinione ottimista.
9. Il circo attrae una grande folla.
10. Io rivedo i miei vecchi amici.
11. I nonni di Carmela vivono in Italia tutta la loro vita.
12. Noi vogliamo restare a casa.
13. Stefano vuole uscire con gli amici.
14. I bambini piangono poco.
15. Voi giungete a scuola tardi.
16. Mario e Gino vincono una partita a scacchi.
17. Quel signore interviene nei nostri affari.
18. Maria non viene a scuola.
19. Il malato sviene dal dolore.
20. Finalmente noi rinveniamo il portafoglio.
21. Accadono molte cose strane.
22. Io intervengo senza esitare.
23. Tu convieni con Stefano.

Uses of the Preterite

Completed past action

The preterite expresses the completion of an action or a state of being in the past without any relation to the present. The following are some common expressions that usually complement the preterite:

ieri   *yesterday*
ieri pomeriggio   *yesterday afternoon*
ieri sera   *last night*
l'altro ieri   *two days ago, the day before yesterday*
l'altro giorno   *the other day*
due giorni fa   *two days ago*
la settimana scorsa   *last week*
il mese scorso   *last month*
l'anno scorso   *last year*
stamani   *this morning*
di colpo   *suddenly*
per molto tempo   *for a long time*
l'estate (inverno, etc.**) scorsa**   *last summer (winter, etc.)*
poco fa   *a little while ago*
per poco tempo   *for a little while*

99. Complete the following with the appropriate forms of the preterite of the indicated verbs:

1. Ieri _____ i miei cugini dall'Italia.   *arrivare*
2. Dante _____ nel 1321.   *morire*
3. L'anno scorso i miei genitori _____ in Europa.   *andare*
4. L'altro giorno io _____ un ottimo libro.   *leggere*
5. Mio zio _____ ammalato per molto tempo.   *essere*
6. I miei amici _____ di partire di colpo.   *decidere*
7. Carlo, dove _____ l'estate scorsa?   *passare*
8. Noi _____ i compiti ieri sera.   *finire*
9. Due anni fa io _____ una bella sorpresa.   *avere*

10. Il mese scorso voi non _____ alla riunione. *venire*
11. La settimana scorsa Antonio _____ il mio invito. *rifiutare*
12. L'altro ieri voi _____ i libri. *restituire*

Verbs with special meaning in the preterite

Some verbs acquire special meaning when used in the preterite. To express actions or emotions in the past, verbs dealing with mental activity are usually conjugated in the imperfect indicative (see page 91); their meanings change considerably when they are conjugated in the preterite. Observe the following:

Gli studenti non vollero studiare.   *The students* refused *to study.*
Luigi poté arrivare in tempo.   *Louis* managed *to arrive on time.*
Voi non poteste finire.   *You* couldn't *finish* (but you tried).
Noi lo sapemmo stamani.   *We f*ound it out *this morning.*
Io conobbi il nuovo medico.   *I* met *the new doctor.*

100.   Translate the following sentences:

1. They refused to participate.
2. We couldn't find the address (*indirizzo*).
3. I managed to leave early.
4. He met my brother last summer.
5. They found it out a little while ago.

Differences between Preterite and Imperfect Indicative

Completed versus continuing action

In general terms, the imperfect describes a continuing or recurring action in the past (review page 96); the preterite is used to express an action begun and completed in the past regardless of its duration (review page 100). Observe the following:

Arrivai ieri sera alle nove.
I arrived last night at nine.
Sempre arrivavo alle nove.
They always arrive at nine.
Visitammo i nonni due giorni fa.
We visited our grandparents two days ago.
Visitavamo i nonni tutti i giorni.
We used to visit our grandparents every day.
Andai solamente una volta in montagna.
I went to the mountains only once.
Andavo spesso in montagna.
I used to go to the mountains often.
Antonio fu in Italia.
Anthony was in Italy. (He is no longer there.)
Gli studenti erano in Europa.
The students were in Europe. (It is not stated whether they are still there.)

101.   Rewrite the following, changing **l'altro giorno** to **spesso**. Make all necessary changes.

1. Lui venne qui l'altro giorno.
2. Io lo vidi l'altro giorno.
3. Carlo me lo ripeté l'altro giorno.
4. Ricevemmo una lettera da lui l'altro giorno.
5. Lui mi chiamò l'altro giorno.

102. Rewrite the following, changing **ripetutamente** to **due giọrni fa**. Make all necessary changes.

1. Lui ci visitava ripetutamente.
2. Lei mi aiutava ripetutamente.
3. Io andavo lí ripetutamente.
4. Loro me lo dicẹvano ripetutamente.
5. Tu mangiạvi in quel ristorante ripetutamente.

103. Rewrite each of the following in the appropriate tense (preterite or imperfect indicative) according to the given time expression:

1. L'altro giọrno andại a Chicago.
   _____ ogni mese.
2. Marịa partí stamani per Brooklyn.
   Anche due mesi fa _____ .
3. Mia zịa era sempre malata.
   _____ per due anni.
4. Visitavo i miẹi cugini di quando in quando.
   _____ frequentemente.
5. L'anno scorso incontrammo dei vecchi amici.
   Ogni tanto _____ .
6. Viaggiạste in Frạncia il mese scorso.
   _____ spesso spesso (very often).
7. Iẹri sera parlammo di polịtica.
   Sempre _____ .
8. Andavạmo al teạtro ogni domẹnica.
   _____ domẹnica scorsa.
9. Mia madre andava al mercato giọrno dopo giọrno.
   _____ una volta (at one time).
10. Luịgi vinse al Totocạlcio (soccer lottery) soltanto una volta.
    _____ di quando in quando.

104. Answer the following according to the model:

> **Lẹggere la rivista?   Sí, l'altro giọrno.**
> **Sí, lui lesse la rivista l'altro giọrno.**

1. Visitare l'Europa?   Sí, l'estate scorsa.
2. Andare al cịnema?   Sí, ogni domẹnica.
3. Scalare un monte?   Sí, nel 1965.
4. Visitare i nonni?   Sí, tutti i giorni.
5. Fare i bagni?   Sí, sempre.
6. Ricevere la patente di guida?   Sí, ieri.
7. Viaggiạre con gli amici?   Sí, frequentemente.
8. Ẹssere malato?   Sí, per poco tempo.

Two actions in one sentence

When two or more <u>continuing</u> actions are expressed in the past, the imperfect indicative is used:

> **Mentre Luịgi studiạva, Antọnio dormiva.**
> *While Louis was studying, Anthony was sleeping.*
> **Noi parlavạmo, Luịgi dormiva, e tu guardavi la televisịọne.**
> *We were talking, Louis was sleeping, and you were watching television.*

When two or more actions in the past are described as <u>completed</u>, the preterite is used:

> **Mạrio andò al teạtro, e io rimasi a casa.**
> *Mario went to the theater, and I stayed home.*
> **Ieri sera io visitai i miẹi parenti, Antọnio andò al cịnema, e Luịgi rimase a casa.**
> *Last night I visited my parents, Anthony went to the movies, and Louis stayed home.*

When a continuing action in the past is interrupted by another, the former is conjugated in the imperfect indicative, and the latter in the preterite:

> **Mentre Luịgi studiava, arrivò Antọnio.**   *While Louis was studying, Anthony arrived.*
> **Io dormivo, quando squillò il telẹfono.**   *I was sleeping, when the telephone rang.*

105. Complete the following with the appropriate forms of the preterite or imperfect indicative (as needed) of the indicated verbs:

1. I ragazzi _____ mentre noi _____ .   *giocare, studiạre*
2. Piẹtro _____ il violịno, quando _____ i suoi amici.   *suonare, entrare*
3. Noi _____ i cọmpiti, quando qualcuno _____ alla porta.   *discutere, bussare* (to knock)
4. Mia zịa _____ la cena, quando _____ gl'invitati.   *preparare, arrivare*
5. Stamani io _____ alle sette, e Piẹtro _____ alle nove.   *cominciare, cominciare*
6. Mentre _____ in Itạlia, di colpo mio fratello _____ ammalato.   *ẹssere, cadere*
7. Le mie sorelle _____ la rạdio mentre io _____ .   *ascoltare, studiare*
8. Quando noi _____ alla stazịone, _____ cattivo tempo.   *arrivare, fare*
9. Alcuni giọvani _____ mentre gli altri _____ .   *ballare, cantare*
10. Mentre voi _____ la televisịone, una notịzia speciạle _____ il programma.   *guardare, interrọmpere*

106. Complete the following as if you were telling someone what *happened:*

1. I giocatori _____ , e gli spettatori _____ .   *giocare, applaudire*
2. Mio padre _____ , e io _____ la mappa.   *guidare, guardare*
3. Luịgi _____ i panini, e noi _____ fuọri.   *comprare, aspettare* (to wait)
4. Marịa _____ la lezịone, e Carlo _____ la rivista.   *studiạre, lẹggere*
5. Io _____ le finestre, e mia madre _____ la mobịlia.   *chiụdere, pulire*

107. Rewrite the sentences of the previous exercise as if you were describing what *was happening:*

1. _____
2. _____
3. _____
4. _____
5. _____

FUTURE TENSE (*Futuro*)

Regular Verbs Ending in *-are*

The future tense of first-conjugation regular verbs (**-are**) is formed by changing the infinitive ending **-are** into **-er** to obtain the root for the future tense (this is done by changing the initial **-a-** to **-e-** and by dropping the final **-e**). The following future endings are then added to the root: **-ò, -ại, -à, -emo, -ete, -anno**. Observe the following:

Infinitive:	**cantare**	**portare**	**tirare**
Root for Future:	**canter-**	**porter-**	**tirer-**
io	canterò	porterò	tirerò
tu	canterai	porterai	tirerai
lui, lei, Lei	canterà	porterà	tirerà
noi	canteremo	porteremo	tireremo
voi	canterete	porterete	tirerete
loro, Loro	canteranno	porteranno	tireranno

108. Complete the following with the appropriate forms of the future of the indicated regular **-are** verbs:

1. Domani Luigi e Antonio _____ il giradischi. *portare*
2. L'anno prossimo noi _____ l'università. *frequentare*
3. I nonni _____ la settimana prossima. *arrivare*
4. Il coro degli Alpini _____ al teatro Verdi. *cantare*
5. Io _____ al nuovo concorso. *partecipare*
6. Tu e Mario _____ di politica. *parlare*
7. Gli studenti _____ una seconda lingua. *imparare*

Regular Verbs Ending in *-ere* and *-ire*

The future tense of most (regular) second- and third-conjugation verbs (**-ere** and **-ire**) is formed by simply dropping the final **-e** of the infinitive ending to obtain the root and adding to the root the following future endings: **-ò**, **-ai**, **-à**, **-emo**, **-ete**, **-anno**. Observe the following:

Infinitive:	**credere**	**partire**
Root for Future:	**creder-**	**partir-**
io	crederò	partirò
tu	crederai	partirai
lui, lei, Lei	crederà	partirà
noi	crederemo	partiremo
voi	crederete	partirete
loro, Loro	crederanno	partiranno

109. Complete the following with the appropriate forms of the future of the indicated regular **-ere** and **-ire** verbs.

1. Noi _____ per l'Italia il mese prossimo. *partire*
2. Gli studenti _____ molti libri. *leggere*
3. Tu e Carlo _____ la lezione. *ripetere*
4. Il negoziante _____ tutta la merce. *vendere*
5. Noi _____ le nuove regole. *capire*
6. Gli atleti _____ per un'ora. *correre*
7. Il bambino _____ la mancanza dei genitori. *sentire*
8. Tu _____ i compiti domani mattina. *finire*
9. La professoressa _____ la sesta lezione. *insegnare*
10. Noi _____ fino a tardi. *lavorare*
11. Tu _____ una bicicletta gialla. *comprare*

Note the spelling of verbs with infinitives ending in **-ciare** and **-giare**. These verbs drop the **i** before adding the future endings to the root:

Infinitive:	**cominciare**	**viaggiare**
Root for Future:	**comincer-**	**viagger-**
io	comincerò	viaggerò
tu	comincerai	viaggerai
lui, lei, Lei	comincerà	viaggerà
noi	cominceremo	viaggeremo
voi	comincerete	viaggerete
loro, Loro	cominceranno	viaggeranno

Note that verbs with infinitives ending in **-care** and **-gare** add an **h** to the root for the future to preserve the hard sound of the **c** or **g** of the infinitive.

Infinitive:	**cercare**	**pagare**
Root for Future:	**cercher-**	**pagher-**
io	cercherò	pagherò
tu	cercherai	pagherai
lui, lei, Lei	cercherà	pagherà
noi	cercheremo	pagheremo
voi	cercherete	pagherete
loro, Loro	cercheranno	pagheranno

110. Complete the following with the appropriate future forms of the indicated verbs:

1. Noi _____ a casa dei nonni. *mangiare*
2. Le studentesse _____ la lezione alle nove. *cominciare*
3. Io _____ la macchina qui vicino. *parcheggiare* (to park)
4. I soldati _____ tutto il pomeriggio. *marciare*
5. Tu _____ una macchina nuova. *noleggiare*
6. Voi _____ in autobus. *viaggiare*

111. Complete the following with the appropriate future forms of the indicated verbs:

1. Noi _____ un altro albergo. *cercare*
2. Loro _____ il conto con un assegno. *pagare*
3. Il turista _____ a Genova. *sbarcare*
4. Gli scienziati _____ questa teoria. *attaccare*
5. Io _____ all'appello. *mancare*
6. Voi _____ il salotto. *allargare*
7. L'impiegato _____ i regali. *impaccare*
8. Noi _____ i bambini. *divagare*
9. Questi giocatori _____ la partita. *perdere*
10. Io _____ di non capire la domanda. *fingere* (to pretend)
11. Mario e Teresa _____ tardi. *uscire*
12. Voi _____ la vostra gita in campagna. *descrivere*
13. Il cameriere ci _____ molte bevande. *offrire*
14. Noi _____ i tuoi suggerimenti. *seguire*
15. Olga _____ i libri sugli scaffali. *mettere*

Irregular Verbs

Dare, stare, fare

In the future, **dare**, **stare**, and **fare** simply drop the final **-e** of their infinitives and form the roots **dar-**, **star-**, and **far-**, respectively; to these roots are added the future endings. Observe the following:

Infinitive:	**dare**	**stare**	**fare**
Root for Future:	**dar-**	**star-**	**far-**
io	darò	starò	farò
tu	darai	starai	farai
lui, lei, Lei	darà	starà	farà
noi	daremo	staremo	faremo
voi	darete	starete	farete
loro, Loro	daranno	staranno	faranno

112. Complete the following with the appropriate forms of the future of the indicated verbs:

1. Io _____ gli esami finali lunedí prossimo.   *dare*
2. Noi _____ il viaggio insieme.   *fare*
3. Mio fratello _____ a casa mia per due mesi.   *stare*
4. Il maestro ci _____ i voti alla fine del corso.   *dare*
5. Domani tu mi _____ l'indirizzo di Carlo.   *dare*
6. Lui non _____ quel lavoro.   *fare*
7. I bambini _____ a casa tutto il giorno.   *stare*
8. Voi _____ i regali alle bambine.   *dare*
9. Cosa _____ loro?   *fare*
10. Noi _____ in albergo per poco tempo.   *stare*

Essere

All forms of **essere** are irregular in the future. The root is **sar-** and to this root are added the future endings. Observe the following:

Infinitive:	**essere**
Root for Future:	**sar-**
io	sarò
tu	sarai
lui, lei, Lei	sarà
noi	saremo
voi	sarete
loro, Loro	saranno

113. Complete the following with the appropriate future forms of **essere**:

1. Carlo, _____ a casa domani?
2. Stasera noi _____ in ritardo.
3. Domani _____ la seconda volta che andiamo al cinema insieme.
4. Voi _____ in Italia per due anni.
5. Io _____ in compagnia di alcuni amici.
6. Tu _____ la nostra salvezza.
7. Noi _____ lieti di conoscere le tue cugine.
8. Gl'invitati _____ qui alle cinque e mezza.

Andare, avere, cadere, dovere, potere, sapere, vedere, vivere

The verbs **andare** (*to go*), **avere** (*to have*), **cadere** (*to fall*), **dovere** (*to have to*), **potere** (*to be able to*), **sapere** (*to know*), **vedere** (*to see*), and **vivere** (*to live*) have a shortened root for the formation of the future in that the vowel **a** or **e** is dropped from the infinitive. Study the following:

Infinitive:	**andare**	**avere**	**cadere**	**dovere**
Root for Future:	**andr-**	**avr-**	**cadr-**	**dovr-**
io	andrò	avrò	cadrò	dovrò
tu	andrai	avrai	cadrai	dovrai
lui, lei, Lei	andrà	avrà	cadrà	dovrà
noi	andremo	avremo	cadremo	dovremo
voi	andrete	avrete	cadrete	dovrete
loro, Loro	andranno	avranno	cadranno	dovranno

Infinitive:	**potere**	**sapere**	**vedere**	**vivere**
Root for Future:	**potr-**	**sapr-**	**vedr-**	**vivr-**
io	potrò	saprò	vedrò	vivrò
tu	potrai	saprai	vedrai	vivrai
lui, lei, Lei	potrà	saprà	vedrà	vivrà
noi	potremo	sapremo	vedremo	vivremo
voi	potrete	saprete	vedrete	vivrete
loro, Loro	potranno	sapranno	vedranno	vivranno

The verb **udire** (*to hear*) can be conjugated two ways in the future: as a regular verb or in a shortened form. These forms are used interchangeably. Observe the following:

udire

io	udirò	udrò
tu	udirai	udrai
lui, lei, Lei	udirà	udrà
noi	udiremo	udremo
voi	udirete	udrete
loro, Loro	udiranno	udranno

114. Complete the following with the appropriate forms of the future of the indicated verbs:

1. Domani noi _____ a visitare gli zii.   *andare*
2. Domani voi _____ una risposta.   *avere*
3. Io _____ aspettare fino a tardi.   *potere*
4. Luisa _____ parlare inglese fra poco.   *sapere*
5. L'anno prossimo i miei genitori _____ in Italia.   *andare*
6. Tu _____ un posto importante.   *avere*
7. Carlo e io _____ telefonare agli amici.   *dovere*
8. Il bambino _____ .   *cadere*
9. Io li _____ domani.   *vedere*
10. Noi _____ in Italia.   *vivere*
11. Voi _____ guidare in pochi giorni.   *sapere*
12. Io _____ l'occasione di rivedere molti parenti.   *avere*

Bere, volere, valere, tenere, rimanere, parere, morire, venire

The verbs **bere** (*to drink*), **volere** (*to want*), **valere** (*to be worth*), **tenere** (*to have*), **rimanere** (*to stay*), **parere** (*to seem*), **morire** (*to die*), and **venire** (*to come*) have a double **r** (**-rr-**) in the future. Study the following:

Infinitive:	**bere**	**volere**	**tenere**	**rimanere**	**parere**	**morire**	**venire**
Root for Future:	**berr-**	**vorr-**	**terr-**	**rimarr-**	**parr-**	**morr-**	**verr-**
io	berrò	vorrò	terrò	rimarrò	parrò	morrò	verrò
tu	berrai	vorrai	terrai	rimarrai	parrai	morrai	verrai
lui, lei, Lei	berrà	vorrà	terrà	rimarrà	parrà	morrà	verrà
noi	berremo	vorremo	terremo	rimarremo	parremo	morremo	verremo
voi	berrete	vorrete	terrete	rimarrete	parrete	morrete	verrete
loro, Loro	berranno	vorranno	terranno	rimarranno	parranno	morranno	verranno

115. Complete the following with the appropriate future forms of the indicated verbs:

1. I ragazzi _____ molte aranciạte.   *bere*
2. La tua opiniọne _____ molto.   *valere*
3. I miẹi amici _____ ballare.   *volere*
4. Francesco _____ i suọi libri a nostra disposiziọne.   *tenere*
5. Io _____ partecipare alla discussiọne.   *volere*
6. Noi _____ un po' di vino.   *bere*
7. Gli studenti _____ preparati.   *parere*
8. Lui non _____ mai.   *morire*
9. Noi _____ qui fino a dicembre.   *rimanere*
10. Gl'invitati _____ alle due in punto.   *venire*
11. Teresa _____ in ufficio piú tardi.   *venire*
12. Voi _____ vedere i monumenti.   *volere*
13. Voi _____ arrabbiạti.   *parere*
14. Noi _____ l'acqua minerale.   *bere*

Special Uses of the Future

The future to express probability

The future tense in Italian may be used to express probability or possibility in the present. Observe the following:

> **Dove sarà Piẹtro?**
> *Where can Peter be?*
> **Sarà a casa.**
> *He is probably at home.*
>
> **Che ora sarà?**
> *What time can it be?*
> **Saranno le quạttro.**
> *It is probably four o'clock.*
>
> **Quạnti anni avrà Luịgi?**
> *How old can Louis be?*
> **Avrà ventitré anni.**
> *He is probably twenty-three.*

116. Answer the following questions, according to the cues, using the future to express probability:

1. Dove sono i ragazzi?   *a casa*
2. Quanti anni ha Marịa?   *sedici*
3. Che ore sono?   *10:30 A.M.*
4. Costa molto quest'orolọgio?   *No*
5. Quando arrivano gli ọspiti?   *alle 7:00 A.M.*
6. È a casa o a scuọla Antọnio?   *scuola*
7. Quanti libri hai?   *un centinaio*
8. A che ora parte il treno?   *alle due*
9. Chi è, Piẹtro o Antọnio?   *Pietro*
10. È americano o italiạno?   *italiano*

The future after **quando** *and* **se**

If **quando** (*when*) and **se** (*if*) imply a future action, the verb that follows is in the future. Observe the following:

Quando arriveranno, discuteremo il problema.
When they arrive, we'll discuss the problem.
Quando verrà Pietro, andremo al teatro.
When Peter comes, we'll go to the theater.
Se faranno domande, risponderemo.
If they ask questions, we'll answer.
Se farà cattivo tempo, resteremo a casa.
If the weather is bad, we'll stay home.

117.   Complete each sentence with the appropriate form of the indicated verb:

1.   Se io _____ in Italia, vedrò molti musei.   *andare*
2.   Quando i turisti _____ , andranno all'albergo.   *arrivare*
3.   Se (tu) _____ tua zia, lei sarà molto contenta.   *visitare*
4.   Se _____ , non potremo uscire.   *nevicare*
5.   Se _____ bel tempo, giocheremo a tennis.   *fare*
6.   Quando (io) _____ a casa, guarderò la televisione.   *arrivare*
7.   Quando _____ i nostri amici, parleremo del problema.   *vedere*
8.   Se _____ abbastanza denaro, faremo il viaggio.   *avere*
9.   Se _____ di buon'ora, potranno accompagnarci al cinema.   *venire*
10. Quando (noi) _____ insieme, parleremo delle vacanze.   *essere*
11. Quando io _____ il denaro, viaggerò in Italia.   *avere*
12. Quando voi _____ , pranzeremo insieme.   *arrivare*

118.   Review all the examples of the special uses of the future, then translate the following:

1.   The boys are probably at the movies.
2.   What time can it be?
3.   When are you (*tu*) going to study?
4.   If I go to Italy, I'll see many museums.
5.   When the tourists arrive, they'll go to the hotel.
6.   If you (*voi*) visit your aunt, she'll be very happy.

CONDITIONAL TENSE (*Condizionale*)

First-Conjugation (*-are*) Verbs

In Italian, the conditional tense is used in much the same way that it is used in English. The root for the conditional is the same as the future root. The infinitive ending **-are** changes to **-er**, and to this root the following conditional endings are added: **-ei**, **-esti**, **-ebbe**, **-emmo**, **-este**, **-ebbero**. Observe the following:

Infinitive:	**parlare**	**cantare**	**ballare**
Root for Conditional:	**parler-**	**canter-**	**baller-**
io	parlerei	canterei	ballerei
tu	parleresti	canteresti	balleresti
lui, lei, Lei	parlerebbe	canterebbe	ballerebbe
noi	parleremmo	canteremmo	balleremmo
voi	parlereste	cantereste	ballereste
loro, Loro	parlerebbero	canterebbero	ballerebbero

Remember that verbs ending in **-ciare** and **-giare** drop the **i** and have **-ce** and **-ge** in the conditional root, and verbs ending in **-care** and **-gare** add an **h** to keep the hard sound of the **c** and **g**, and thus have **-che** and **-ghe**.

119. Complete the following with the appropriate conditional forms of the indicated verbs.

1. I ragazzi _____ , ma non ricordano le parole.   *cantare*
2. Luigi _____ , ma è troppo stanco.   *camminare*
3. Loro _____ i nonni, ma non ci sono.   *visitare*
4. Tu _____ una macchina, ma non hai soldi.   *comprare*
5. Io _____ in tempo, ma non posso.   *arrivare*
6. Voi _____ volentieri, ma non sapete ballare.   *ballare*
7. Teresa _____ i compiti, ma non ha voglia.   *completare*
8. Noi _____ la cena, ma non sappiamo cucinare.   *preparare*
9. Gli studenti _____ i corsi, ma non è obbligatorio.   *frequentare*
10. Io _____ la pipa, ma mi dà fastidio.   *fumare*
11. Maria _____ francese, ma non ricorda i verbi.   *parlare*
12. Tu ci _____ alla stazione, ma non hai tempo.   *accompagnare*
13. Noi _____ i piatti, ma l'acqua è fredda.   *lavare*
14. Voi _____ di piú, ma siete rauchi.   *gridare*
15. Io _____ con voi, ma è troppo tardi.   *cenare*

Second- and Third-Conjugation (-*ere* and -*ire*) Verbs

In the conditional, **-ere** and **-ire** verbs have the same root as their future counterparts (for full details, see page 117). The root is obtained by simply dropping the final **-e** of the infinitive ending and adding the conditional endings: **-ei**, **-esti**, **-ebbe**, **-emmo**, **-este**, **-ebbero**. Observe the following:

Infinitive:	**leggere**	**aprire**
Root for Conditional:	**legger-**	**aprir-**
io	leggerei	aprirei
tu	leggeresti	apriresti
lui, lei, Lei	leggerebbe	aprirebbe
noi	leggeremmo	apriremmo
voi	leggereste	aprireste
loro, Loro	leggerebbero	aprirebbero

120. Complete the following with the appropriate conditional forms of the indicated verbs:

1. Noi _____ , ma siamo stanchi.   *correre*
2. Tu _____ , ma sei rauco.   *leggere*
3. Io _____ la porta, ma fa freddo.   *aprire*
4. Luisa _____ il corso, ma non può.   *seguire*
5. Loro _____ il pesce, ma non c'è olio.   *friggere*
6. Voi _____ il segreto, ma non sapete come.   *scoprire*
7. Noi _____ la casa, ma nessuno vuole comprarla.   *vendere*
8. Tu _____ il té, ma non è pronto.   *servire*
9. Carlo _____ la domanda, ma è pigro.   *ripetere*
10. Loro _____ il campanello, ma dormono.   *sentire*
11. Io _____ il viaggio, ma non ricordo niente.   *descrivere*
12. Noi _____ il pollo, ma non abbiamo fame.   *bollire*
13. Tu _____ di non capire, ma sei impulsivo.   *fingere*
14. Antonio _____ molto senza le sue medicine.   *soffrire*
15. Voi _____ la pazienza, ma siete calmi.   *perdere*

Irregular Verbs

The same verbs that are irregular in the future are irregular in the conditional, and the same root is used for the formation of both the future and conditional. Study the following conditional forms of some irregular verbs:

	dare	**stare**	**fare**
Root:	**dar-**	**star-**	**far-**
io	darẹi	starẹi	farẹi
tu	daresti	staresti	faresti
lui, lei, Lei	darebbe	starebbe	farebbe
noi	daremmo	staremmo	faremmo
voi	dareste	stareste	fareste
loro, Loro	darẹbbero	starẹbbero	farẹbbero

	ẹssere
Root:	**sar-**
io	sarẹi
tu	saresti
lui, lei, Lei	sarebbe
noi	saremmo
voi	sareste
loro, Loro	sarẹbbero

	andare	**avere**	**cadere**	**dovere**
Root:	**andr-**	**avr-**	**cadr-**	**dovr-**
io	andrẹi	avrẹi	cadrẹi	dovrẹi
tu	andresti	avresti	cadresti	dovresti
lui, lei, Lei	andrebbe	avrebbe	cadrebbe	dovrebbe
noi	andremmo	avremmo	cadremmo	dovremmo
voi	andreste	avreste	cadreste	dovreste
loro, Loro	andrẹbbero	avrẹbbero	cadrẹbbero	dovrẹbbero

	potere	**sapere**	**vedere**	**vivere**
Root:	**potr-**	**sapr-**	**vedr-**	**vivr-**
io	potrẹi	saprẹi	vedrẹi	vivrẹi
tu	potresti	sapresti	vedresti	vivresti
lui, lei, Lei	potrebbe	saprebbe	vedrebbe	vivrebbe
noi	potremmo	sapremmo	vedremmo	vivremmo
voi	potreste	sapreste	vedreste	vivreste
loro, Loro	potrẹbbero	saprẹbbero	vedrẹbbero	vivrẹbbero

	bere	**morire**	**parere**	**rimanere**
Root:	**berr-**	**morr-**	**parr-**	**rimarr-**
io	berrẹi	morrẹi	parrẹi	rimarrẹi
tu	berresti	morresti	parresti	rimarresti
lui, lei, Lei	berrebbe	morrebbe	parrebbe	rimarrebbe
noi	berremmo	morremmo	parremmo	rimarremmo
voi	berreste	morreste	parreste	rimarreste
loro, Loro	berrẹbbero	morrẹbbero	parrẹbbero	rimarrẹbbero

	tenere	**valere**	**venire**	**volere**
Root:	**terr-**	**varr-**	**verr-**	**vorr-**
io	terrẹi	varrẹi	verrẹi	vorrẹi
tu	terresti	varresti	verresti	vorresti
lui, lei, Lei	terrebbe	varrebbe	verrebbe	vorrebbe
noi	terremmo	varremmo	verremmo	vorremmo
voi	terreste	varreste	verreste	vorreste
loro, Loro	terrẹbbero	varrẹbbero	verrẹbbero	vorrẹbbero

121. Complete the following with the appropriate conditional forms of the indicated verbs:

1. Noi _____ adesso, ma è troppo presto. *cominciare*
2. Io _____ molta paura, ma ci sei tu. *avere*
3. Mario _____ un po' di vino, ma non gli piace. *bere*
4. Voi _____ partire, ma l'autobus è in ritardo. *dovere*
5. Da vicino tu _____ molto meglio. *udire*
6. Questo vaso _____ di piú altrove. *valere*
7. Antonio e Teresa _____ subito, ma non sanno l'indirizzo. *venire*
8. Io _____ il conto, ma non ho denaro. *pagare*
9. Noi _____ volentieri in quel ristorante. *mangiare*
10. Forse Pietro _____ disposto a viaggiare con noi. *essere*
11. Questi cappotti _____ molto strani. *parere*
12. Tu _____ alzarti presto, ma non lo fai. *dovere*
13. Io _____ da mio zio, ma non c'è. *andare*
14. Voi _____ loro i vostri suggerimenti, ma non li seguono. *dare*
15. Marco _____ conto del mio problema, ma non gli voglio dire niente. *tenere*
16. Alla spiaggia noi _____ molto bene. *stare*
17. Gli amici _____ raggiungerci, ma non hanno tempo. *volere*
18. Tu _____ invitarli, ma non vogliono uscire. *potere*
19. Io _____ al cinema stasera, ma non mi piace quel film. *andare*
20. Noi _____ lieti di conoscere tuo padre. *essere*

THE CONVERSATIONAL PAST TENSE (PASSATO PROSSIMO)

The **passato prossimo**, or conversational past tense (also called the present perfect), of most verbs is formed by using the present indicative of the auxiliary verb **avere** and the past participle of the acting verb. The past participle of regular verbs is formed by dropping the infinitive ending **-are** and adding **-ato** for first-conjugation verbs; dropping the infinitive ending **-ere** and adding **-uto** for second-conjugation verbs; and dropping the infinitive ending **-ire** and adding **-ito** for third-conjugation verbs. Study the following examples of regular past participles:

ballare ⟶ ballato	avere ⟶ avuto	capire ⟶ capito
cantare ⟶ cantato	cadere ⟶ caduto	finire ⟶ finito
giocare ⟶ giocato	sapere ⟶ saputo	servire ⟶ servito
parlare ⟶ parlato	vendere ⟶ venduto	vestire ⟶ vestito

Study the following forms of regular verbs in the **passato prossimo**, or conversational past.

Infinitive:	**parlare**	**vendere**	**finire**
io	ho parlato	ho venduto	ho finito
tu	hai parlato	hai venduto	hai finito
lui, lei, Lei	ha parlato	ha venduto	ha finito
noi	abbiamo parlato	abbiamo venduto	abbiamo finito
voi	avete parlato	avete venduto	avete finito
loro, Loro	hanno parlato	hanno venduto	hanno finito

122. Complete the following with the appropriate forms of the **passato prossimo** of the indicated verbs:

1. Noi _____ con lui ieri sera. *parlare*
2. Antonio _____ un buon pranzo. *preparare*
3. Lei _____ molto bene. *cantare*
4. Noi _____ i suoi regali. *accettare*
5. Tu _____ a casa dei nonni. *pranzare*

6. Voi _____ molte cose. *comprare*
7. Io _____ la televisione. *guardare*
8. Il fattorino _____ i biglietti. *controllare* (to check)
9. I miei cugini _____ molto. *viaggiare*
10. Chi mi _____ ? *chiamare*

123. Complete the following with the appropriate form of the **passato prossimo** of the indicated verbs:

1. Io _____ le chiavi. *perdere*
2. Perché non _____ (tu) la domanda? *ripetere*
3. Loro _____ la casa. *vendere*
4. Noi _____ molte lettere. *ricevere*
5. Lui _____ molta gente. *conoscere*

124. Rewrite the following in the **passato prossimo**:

1. Loro capiscono tutto.   4. Noi serviamo il pranzo.
2. Noi finiamo il lavoro.   5. Maria finisce il lavoro.
3. Io vesto il bambino.

Irregular Past Participles

Many verbs in Italian have irregular past participles. Below is a list of some of the most common infinitives, along with an example compound infinitive.

Infinitive	Past Participle	Compound Infinitive	Compound Past Participle
reggere → retto		correggere → corretto	
cuocere → cotto		stracuocere → stracotto	
dire → detto		predire → predetto	
fare → fatto		strafare → strafatto	
leggere → letto		rileggere → riletto	
rompere → rotto		corrompere → corrotto	
scrivere → scritto		riscrivere → riscritto	
trarre → tratto		ritrarre → ritratto	
		attrarre → attratto	
		contrarre → contratto	
chiedere → chiesto		richiedere → richiesto	
rispondere → risposto		corrispondere → corrisposto	
porre → posto		supporre → supposto	
		comporre → composto	
		frapporre → frapposto	
mettere → messo		commettere → commesso	
		rimettere → rimesso	
		ammettere → ammesso	
cogliere → colto		raccogliere → raccolto	
scegliere → scelto		prescegliere → prescelto	
volgere → volto		rivolgere → rivolto	
rimanere → rimasto			
piangere → pianto			
vincere → vinto		convincere → convinto	
accendere → acceso		riaccendere → riacceso	
chiudere → chiuso		racchiudere → racchiuso	

Infinitive		Past Participle	Compound Infinitive		Compound Past Participle
difẹndere	⟶	**difeso**			
dividere	⟶	**diviso**	**condividere**	⟶	**condiviso**
includere	⟶	**incluso**			
prẹndere	⟶	**preso**	**comprẹndere**	⟶	**compreso**
rịdere	⟶	**riso**	**irridere**	⟶	**irriso**
uccịdere	⟶	**uccịso**			
assịstere	⟶	**assistito**			
bere	⟶	**bevuto**			
venire	⟶	**venuto**	**convenire**	⟶	**convenuto**
vịvere	⟶	**vissuto**	**rivịvere**	⟶	**rivissuto**
aprire	⟶	**aperto**	**riaprire**	⟶	**riaperto**
coprire	⟶	**coperto**	**scoprire**	⟶	**scoperto**
morire	⟶	**morto**			
offrire	⟶	**offerto**			
soffrire	⟶	**sofferto**			
apparire	⟶	**apparso**	**riapparire**	⟶	**riapparso**
cọrrere	⟶	**corso**	**rincọrrere**	⟶	**rincorso**
			precọrrere	⟶	**precorso**
pẹrdere	⟶	**perso (perduto)**			

125. Complete each sentence with the appropriate form of the **passato prọssimo** of the indicated verb:

1. Noi _____ il giornale. *lẹggere*
2. Chi _____ il bicchiẹre? *rọmpere*
3. Loro non _____ nessun vantaggio. *trarre*
4. Mia sorella _____ il viaggio. *fare*
5. Io non _____ niẹnte. *dire*
6. I miei genitori mi _____ due lẹttere. *scrivere*
7. Tu non _____ lo sbaglio. *corrẹggere*
8. Io non _____ . *rispọndere*
9. Cosa _____ (tu)? *scẹgliere*
10. I soldati _____ la battaglia. *vịncere*
11. Il bambino _____ molto. *piạngere*
12. Dove _____ loro le valige? *mẹttere*
13. Io non _____ niẹnte. *promẹttere*
14. I giọvani _____ a crepapelle. *rịdere*
15. Chi _____ il mio libro? *prẹndere*
16. Perché _____ (voi) la porta? *chiụdere*
17. Loro _____ un buọno stipẹndio. *offrire*
18. Noi _____ i regali. *aprire*
19. Il pọvero _____ molto. *soffrire*
20. Voi non _____ niẹnte. *bere*

126. Complete the following with the appropriate forms of the conversational past, or present perfect tense (**passato prọssimo**), of the indicated verbs:

1. Noi _____ i suoi regali. *accettare*
2. Tu _____ a casa dei nonni. *pranzare*
3. Luịgi _____ molte persone. *conọscere*
4. Loro _____ una bella canzone. *cantare*
5. Voi _____ la verità. *dire*

6. Maria _____ la lezione. *finire*
7. Io _____ parecchi giornali. *leggere*
8. Il bambino _____ il bicchiere. *rompere*
9. Tu _____ una motocicletta. *comprare*
10. Noi _____ molte cose. *promettere*
11. Loro _____ il romanzo. *capire*
12. Voi _____ il televisore. *vendere*
13. Il fattorino _____ i biglietti. *controllare*
14. Io _____ una bella vacanza. *avere*
15. Teresa _____ un bel discorso. *fare*

127. Rewrite the following in the present perfect, or conversational past:

1. Luisa canta bene.
2. Leggiamo la lettera.
3. Scrivete molte lettere.
4. Chiudi la porta.
5. Mangio con gli amici.
6. Aprono le finestre.
7. Finiamo il compito.
8. Aspettate Giovanni.
9. Lavoro fino a tardi.
10. Rompi il piatto.

Agreement of the Past Participle with Verbs Conjugated with *avere* in the Present Perfect (*Passato Prossimo*)

In the conversational past, or present perfect (and other compound tenses), the past participle of the acting verb must agree in gender and number with the direct object pronoun *preceding* the verb form. Observe the following sets of sentences:

Hanno visitato lo zio. *They have visited their uncle.*
but: **Lo hanno visitato.** *They have visited him. (Also:* **L'hanno visitato**)

Ho comprato i libri. *I have bought the books.*
but: **Li ho comprati.** *I have bought them.*

Abbiamo veduto Luisa. *We have seen Louise.*
but: **L'abbiamo veduta.** *We have seen her.*

Hai ricevuto le lettere. *You have received the letters.*
but: **Le hai ricevute.** *You have received them.*

128. Rewrite the following sentences, substituting the underlined words with the appropriate direct object pronouns and making all other necessary changes:

1. Maria ha conosciuto i miei fratelli ieri.
2. Ho comprato questa penna in quel negozio.
3. Non ho salutato le tue zie.
4. Ho bevuto l'aperitivo in pochi secondi.
5. Ieri pomeriggio ho dato gli esami di storia.
6. Abbiamo controllato l'uscita del cinema.
7. Hai letto quelle riviste?
8. Avete finito i compiti?
9. Ho aperto la finestra poco fa.
10. Hanno scritto le lettere facilmente.

Passato Prossimo of Verbs Conjugated with essere

The auxiliary verb **essere** plus the past participle is used to form the **passato prossimo** and other compound tenses of almost all intransitive verbs. (Intransitive verbs are those that do not take a direct object.) These verbs usually express motion or a state of being. Below is a list of the most commonly used verbs of this category and their past participles:

andare ⟶ andato
arrivare ⟶ arrivato
cadere ⟶ caduto
costare ⟶ costato
crescere ⟶ cresciuto
diventare ⟶ diventato
durare ⟶ durato
entrare ⟶ entrato
essere ⟶ stato
morire ⟶ morto
nascere ⟶ nato
partire ⟶ partito
uscire ⟶ uscito
venire ⟶ venuto

Study the following forms:

	andare	cadere	uscire
Root for Past Participle:	**and-**	**cad-**	**usc-**
io	sono andato(-a)	sono caduto(-a)	sono uscito(-a)
tu	sei andato(-a)	sei caduto(-a)	sei uscito(-a)
lui, lei, Lei	è andato(-a)	è caduto(-a)	è uscito(-a)
noi	siamo andati(-e)	siamo caduti(-e)	siamo usciti(-e)
voi	siete andati(-e)	siete caduti(-e)	siete usciti(-e)
loro, Loro	sono andati(-e)	sono caduti(-e)	sono usciti(-e)

Note that the past participle of verbs conjugated with **essere** must agree in number and gender with the subject of the sentence:

La ragazza è andata a scuola.
Le ragazze sono andate a scuola.
Il ragazzo è andato a scuola.
I ragazzi sono andati a scuola.

If the gender of the subject is mixed or unknown, the masculine form of the past participle is used:

Il ragazzo e la ragazza sono andati a scuola.
Noi siamo andati a scuola.

129. Complete the following with the appropriate present perfect (**passato prossimo**) forms of the indicated verbs.

1. Le ragazze _____ a Firenze.   *essere*
2. Antonio _____ in ritardo.   *arrivare*
3. La commedia _____ due ore.   *durare*
4. Voi _____ in montagna.   *andare*
5. Quei vini _____ a tutti.   *piacere*
6. I ragazzi _____ alle dieci.   *uscire*
7. Luisa _____ tardi.   *ritornare*

8. Il cibo _____ per tutti.   *bastare*
9. I libri _____ troppo.   *costare*
10. Noi _____ a casa di Mario.   *restare*

130. Rewrite the following in the present perfect (**passato prossimo**):

1. Marco va al mercato.
2. Luisa esce con Pietro.
3. Giuseppe e Antonio ritornano alle nove.
4. Olga e Maria entrano in un negozio.
5. Mario e Anna partono per l'Italia.
6. Noi siamo dai nonni.
7. Le ragazze arrivano insieme.
8. I ragazzi stanno a casa.

Passato Prossimo of **Reflexive Verbs**

All reflexive and reciprocal verbs such as **alzarsi** (*to get up*) and **divertirsi** (*to enjoy oneself*) are also conjugated in the conversational past with the verb **essere**. Study the following forms:

	alzarsi	**divertirsi**
Root for Past Participle:	**alz-**	**divert-**
io	mi sono alz<u>ato</u>(<u>-a</u>)	mi sono divert<u>ito</u>(<u>-a</u>)
tu	ti sei alz<u>ato</u>(<u>-a</u>)	ti sei divert<u>ito</u>(<u>-a</u>)
lui, lei, Lei	si è alz<u>ato</u>(<u>-a</u>)	si è divert<u>ito</u>(<u>-a</u>)
noi	ci siamo alz<u>ati</u>(<u>-e</u>)	ci siamo divert<u>iti</u>(<u>-e</u>)
voi	vi siete alz<u>ati</u>(<u>-e</u>)	vi siete divert<u>iti</u>(<u>-e</u>)
loro, Loro	si sono alz<u>ati</u>(<u>-e</u>)	si sono divert<u>iti</u>(<u>-e</u>)

Below is a list of some of the most commonly used reflexive verbs in Italian:

alzarsi	*to get up*	**sbarbarsi**	*to shave*
chiamarsi	*to be named*	**scusarsi**	*to apologize*
coricarsi	*to go to bed*	**sedersi**	*to sit down*
divertirsi	*to enjoy oneself*	**sentirsi bene**	*to feel well*
guardarsi	*to look at oneself*	**sentirsi male**	*to feel ill*
laurearsi	*to graduate*	**sposarsi**	*to get married*
lavarsi	*to wash oneself*	**svegliarsi**	*to wake up*
riposarsi	*to rest*	**vestirsi**	*to get dressed*

As with other verbs conjugated with **essere**, the past participle of reflexive verbs or reciprocal reflexive verbs must agree in number and gender with the subject of the sentence:

Lu<u>i</u>sa si è alzat<u>a</u> alle otto.
Anche <u>i</u> suo<u>i</u> fratell<u>i</u> si sono alzat<u>i</u> alle otto.
N<u>oi</u> ci siamo conosciut<u>i</u> cinque anni fa.
L<u>e</u> due amich<u>e</u> si sono vedut<u>e</u> spesso.

131. Rewrite the following sentences in the present perfect (**passato prossimo**):

1. Mi alzo di buon'ora.
2. I ragazzi non si sbarbano.
3. Ci sediamo qui.
4. Gli amici si divertono.
5. Lei si laurea quest'anno.
6. Mi compro un paio di scarpe.
7. Si piacciono molto.
8. Noi ci aiutiamo molto.

Ẹssere *versus* avere

Many verbs can be used in both a reflexive or reciprocal sense as well as in nonreflexive or nonreciprocal sense (see page 168). When the latter is the case, they are conjugated with **avere** and are often followed by a direct object. Study the following examples:

La ragazza si è lavata.   *The girl washed (herself).*
Lei ha lavato la sua mạcchina.   *She washed her car.*
Gli amici si sono scritti.   *The friends wrote one another.*
Gli amici hanno scritto due lẹttere.   *The friends wrote two letters.*

132.   Complete the following with **ẹssere** or **avere**, as needed:

1. Le amiche si _____ incontrate al ristorante.
2. Le amiche _____ incontrato molti turisti.
3. Quei signori si _____ conosciụti pochi giorni fa.
4. Quei signori _____ conosciụto mio padre.
5. Marịa e Carmela si _____ viste al cịnema.
6. Marịa e Carmela _____ visto alcune amiche al cịnema.
7. I giọvani si _____ dati la mano.
8. I giọvani _____ dato la mano a mio fratello.
9. Le studentesse si _____ aiutate per gli esami.
10. Le studentesse _____ aiutato le loro amiche per gli esami.

Uses of the *Passato Prọssimo*

The **passato prọssimo**, or present perfect, is used to express an action that was completed at a definite time in the past:

L'altro giọrno Alberto ha visitato i nonni.   *The other day Albert visited his grandparents.*
Loro sono arrivati iẹri.   *They arrived yesterday.*
Stamani mi sono alzato(-a) alle sette.   *This morning I got up at seven.*

Some common adverbial expressions that are used with the **passato prọssimo** are as follows:

iẹri   *yesterday*
iẹri pomerịggio   *yesterday afternoon*
iẹri sera   *last night*
l'altro giọrno   *the other day*
due giọrni fa   *two days ago*
l'anno scorso   *last year*
stamani   *this morning*

133.   Complete the following with the appropriate form of the **passato prọssimo** of the indicated verb:

1. Lui _____ il suo amico l'altro giọrno.   *vedere*
2. Voi _____ un viạggio in Italia l'anno scorso.   *fare*
3. Noi _____ una mạcchina la settimana scorsa.   *comprare*
4. Loro lo _____ due giọrni fa.   *dire*
5. Iẹri i miẹi cugini _____ dall'Itạlia.   *arrivare*
6. L'anno scorso i miẹi genitori _____ in Itạlia.   *andare*
7. Io _____ quel libro l'altro giọrno.   *lẹggere*
8. Noi _____ i cọmpiti iẹri sera.   *finire*

9. Due anni fa io _____ una bella sorpresa. *avere*
10. Il mese scorso voi non _____ alla riunione. *venire*

Differences between the *Passato Prossimo* and the Imperfect Indicative

Completed versus continuing action

You have already learned the basic uses of the imperfect indicative and the **passato prossimo** (present perfect or conversational past). The imperfect indicative is used to describe a continuing, habitual past action of long duration, whereas the **passato prossimo** is used to express an action which began and was completed at a definite time in the past. Even though the action may have taken place in the past for an extended period of time, the **passato prossimo** is used if the action has been terminated.

L'altro giorno Alberto ha visitato i nonni. *The other day Albert visited his grandparents.*
La domenica Alberto visitava i nonni. *On Sundays Albert would visit his grandparents.*
L'ho veduto soltanto una volta. *I saw him only once.*
Lo vedevo spesso. *I used to see him often.*

134. Rewrite the following, changing **l'altro giorno** to **spesso**:

1. L'ho veduto l'altro giorno.
2. Abbiamo parlato con lui l'altro giorno.
3. Carlo mi ha chiamato l'altro giorno.
4. Loro hanno ricevuto una lettera da lui l'altro giorno.
5. Angelina ha visitato i suoi cugini l'altro giorno.

135. Rewrite the following, changing **ripetutamente** to **due giorni fa**:

1. Lui mi visitava ripetutamente.
2. Lei mi aiutava ripetutamente.
3. Andavo lí ripetutamente.
4. Me lo dicevano ripetutamente.
5. Lo facevi ripetutamente.

136. Complete the following, making new sentences in the **passato prossimo** or in the imperfect indicative according to the indicated time expression:

1. Ieri sono andato a Chicago.
   _____ ogni mese.
2. Maria partiva sempre di mattina.
   Ieri _____ .
3. Visitavo i miei cugini di quando in quando.
   _____ l'anno scorso.
4. Ieri sera abbiamo incontrato dei vecchi amici.
   Ogni tanto _____ .
5. Hai viaggiato in Francia il mese scorso?
   _____ spesso spesso?
6. Sempre parlavamo di politica.
   Ieri sera _____ .
7. Andavamo al teatro ogni domenica.
   _____ domenica scorsa.
8. Loro andavano al mercato giorno dopo giorno.
   _____ una volta.

137. Answer the following according to the model. Use the **passato prọssimo** or the imperfect indicative:

Lẹggere il giornale?   Sí, iẹri.
Sí, ho letto il giornale iẹri.

1. Andare alla spiạggia?   Sí, la settimana scorsa.
2. Dormire molto?   Sí, iẹri sera.
3. Lavorare troppo?   Sí, stamani.
4. Andare al cịnema?   Sí, ogni domẹnica.
5. Viaggiạre con gli amici?   Sí, frequentemente.
6. Fare delle spese?   Sí, ogni mattina.
7. Parlare con lui?   Sí, tre giorni fa.
8. Vedere il film?   Sí, venerdí.

Two actions in one sentence

When two or more continuing actions are expressed in the past, the imperfect indicative is used:

Mentre Luịgi studiava, Antọnio dormiva.
While Louis was studying, Anthony was sleeping.
Noi parlavạmo, Luịgi dormiva e tu guardavi la televisiọne.
We were talking, Louis was sleeping, and you were watching television.

When two or more actions in the past are completed, the **passato prọssimo** is used:

Teresa è andata al cịnema, e io sono rimasto(-a) a casa.
Theresa went to the movies, and I stayed home.
Iẹri sera io ho visitato i miẹi parenti.
Last night I visited my relatives.
Teresa è andata al cịnema e Luịgi è rimasto a casa.
Theresa went to the movies, and Louis stayed home.

When a continuing action in the past is interrupted by another action, the former is in the imperfect indicative and the latter is in the **passato prọssimo**:

Marịa leggeva il giornale quando io sono arrivato.
Mary was reading the newspaper when I arrived.
Io dormivo quando è suonato il campanello.
I was sleeping when the doorbell rang.

138. Complete the following with either the **passato prọssimo** or the imperfect of the indicated verbs:

1. Alcuni amici _____ mentre gli altri _____ il sole.   *nuotare, prẹndere*
2. Marịa _____ con sua madre quando io _____ .   *parlare, arrivare*
3. Tu _____ Antọnio quando egli _____ in Itạlia.   *conọscere, ẹssere*
4. _____ quando noi _____ .   *piọvere, uscire*
5. Io _____ quando _____ il telẹfono.   *dormire, squillare*
6. Loro _____ quando io _____ .   *pranzare, telefonare*
7. Quando loro _____ all'aeropọrto, _____ bel tempo.   *arrivare, fare*
8. Alcuni giọvani _____ mentre gli altri _____ .   *ballare, cantare*
9. Stamani io _____ alle sette, e Piẹtro _____ alle nove.   *alzarsi, alzarsi*
10. Io non _____ perché _____ .   *uscire, nevicare*

Uses of the Present Perfect (*Passato Prọssimo*) and Preterite (*Passato Remoto*)

You have studied both the **passato prọssimo** (pages 126–135) and the preterite (pages 100–117). In Italian, the **passato prọssimo** is used more often than the preterite in order to describe a completed action;

this holds true especially in conversational Italian. However, the preterite (**passato remoto**) is usually pre-ferred as a literary past tense over the present perfect, and it is also used when the past described is quite remote. Observe the following:

> **Dante nacque nel 1265.**
> *Dante was born in 1265.*
> **Boccaccio morí nel 1375.**
> *Boccaccio died in 1375.*

139. Review both past tenses by rewriting the underlined verb in each sentence first in the present perfect and then in the preterite:

1. <u>Visito</u> mio padre.
2. <u>Mangio</u> poco ma spesso.
3. <u>Hai</u> un po' di fortuna.
4. <u>Arriva</u> Luisa.
5. <u>Usciamo</u> alle otto.

6. <u>Leggete</u> un dramma.
7. <u>Partono</u> all'alba.
8. Tu e io <u>parliamo</u> molto.
9. <u>Scrivi</u> a tua madre?
10. <u>Ritorno</u> alle due.

PLUPERFECT INDICATIVE TENSE (*Trapassato Prossimo*)

The pluperfect indicative is formed by using the imperfect indicative of the auxiliary verbs **avere** or **essere**, as needed, with the past participle of the acting verb. (For details on when to use **avere** and **essere**, see pages 126 and 130. Review the past participles on pages 126–129 and 130.) Observe the following verbs representing all three conjugations, **-are**, **-ere**, and **-ire**:

Verbs using *avere*

	parlare	**credere**	**finire**
io	avevo parlato	avevo creduto	avevo finito
tu	avevi parlato	avevi creduto	avevi finito
lui, lei, Lei	aveva parlato	aveva creduto	aveva finito
noi	avevamo parlato	avevamo creduto	avevamo finito
voi	avevate parlato	avevate creduto	avevate finito
loro, Loro	avevano parlato	avevano creduto	avevano finito

Verbs using *essere*

	andare	**cadere**	**uscire**
io	ero andato(-a)	ero caduto(-a)	ero uscito(-a)
tu	eri andato(-a)	eri caduto(-a)	eri uscito(-a)
lui, lei, Lei	era andato(-a)	era caduto(-a)	era uscito(-a)
noi	eravamo andati(-e)	eravamo caduti(-e)	eravamo usciti(-e)
voi	eravate andati(-e)	eravate caduti(-e)	eravate usciti(-e)
loro, Loro	erano andati(-e)	erano caduti(-e)	erano usciti(-e)

The pluperfect indicative is used in Italian the same way it is used in English: to express a past action com-pleted prior to another past action. Study the following:

> **Già erano partiti quando sono arrivato.**
> *They had already left when I arrived.*
> **Avevo chiuso le finestre quando è cominciato a piovere.**
> *I had shut the windows when it started to rain.*
> **Avevamo paura perché i bambini non erano ritornati.**
> *We were afraid because the children had not returned.*

140. Complete the following with the appropriate pluperfect indicative forms of the indicated verbs:

1. Noi _____ a lungo. *parlare*
2. Io _____ in ritardo. *arrivare*
3. Lo studente _____ l'esame. *finire*
4. Voi _____ i biglietti. *comprare*
5. Tu _____ in Italia l'anno anteriore. *stare*
6. Loro _____ i tuoi problemi. *credere*
7. Noi _____ di non tornare. *decidere*
8. Io _____ per andare al cinema. *uscire*
9. Luisa _____ prima di noi. *scrivere*
10. Tu non _____ ancora. *mangiare*

141. Complete the following with the appropriate pluperfect indicative forms of the indicated verbs:

1. Non siamo partiti perché non _____ i bambini. *vedere*
2. Ho letto i libri che _____ da Roma. *portare*
3. Noi _____ quasi a casa, quando è cominciato a piovere a dirotto. *arrivare*
4. Loro non sono andati al negozio perché già _____ i regali. *comprare*
5. M'è dispiaciuto molto che tu non _____ le mie lettere. *ricevere*
6. Gli studenti erano stanchi perché _____ fino a tardi. *studiare*

PRETERITE PERFECT TENSE (*Trapassato Remoto*)

The preterite perfect tense is formed by using the preterite of the auxiliary verbs **avere** or **essere** and the past participle of the acting verb. Study the following:

	cantare	**credere**	**arrivare**	**uscire**
io	ebbi cantato	ebbi creduto	fui arrivato(-a)	fui uscito(-a)
tu	avesti cantato	avesti creduto	fosti arrivato(-a)	fosti uscito(-a)
lui, lei, Lei	ebbe cantato	ebbe creduto	fu arrivato(-a)	fu uscito(-a)
noi	avemmo cantato	avemmo creduto	fummo arrivati(-e)	fummo usciti(-e)
voi	aveste cantato	aveste creduto	foste arrivati(-e)	foste usciti(-e)
loro, Loro	ebbero cantato	ebbero creduto	furono arrivati(-e)	furono usciti(-e)

The preterite perfect, used mostly in literary contexts, is always preceded by time expressions such as **appena**, **non appena** (*scarcely, as soon as*), **dopo che** (*as soon as*), **quando** (*when*), **come** (*as*), or **finché non** (*up until*), and is followed by the preterite (**passato remoto**) in the independent clause. Observe the following:

Appena fu arrivato, si mise a parlare.
As soon as he had arrived, he started to speak.
Dopo che ebbe finito di parlare, cominciò a mangiare.
As soon as he had finished talking, he started to eat.

142. Complete the following with the appropriate forms of the preterite perfect of the indicated verbs:

1. Finché non _____ Antonio, aspettammo in silenzio. *arrivare*
2. Appena i signori _____, io me ne andai. *parlare*
3. Quando noi _____, partimmo. *cenare*
4. Appena noi _____, voi arrivaste. *finire*
5. Come lui _____, la conferenza cominciò. *arrivare*

FUTURE PERFECT TENSE (*Futuro Anteriore*)

The future perfect tense is formed by using the future of the auxiliary **avere** or **ẹssere** and the past participle of the acting verb:

	comprare	andare	dire	uscire
io	avrò comprato	sarò andato(-a)	avrò detto	sarò uscito(-a)
tu	avrai comprato	sarai andato(-a)	avrai detto	sarai uscito(-a)
lui, lei, Lei	avrà comprato	sarà andato(-a)	avrà detto	sarà uscito(-a)
noi	avremo comprato	saremo andati(-e)	avremo detto	saremo usciti(-e)
voi	avrete comprato	sarete andati(-e)	avrete detto	sarete usciti(-e)
loro, Loro	avranno comprato	saranno andati(-e)	avranno detto	saranno usciti(-e)

The future perfect is used to express a future action that will be completed prior to another future action:

Loro avranno cenato prima di partire.
They will have had supper before leaving.
Voi sarete già partiti quando noi arriveremo.
You will have already left when we (shall) arrive.

143. Complete the following with the appropriate future perfect forms of the indicated verbs:

1. Domani pomeriggio noi _____ i nonni.   *visitare*
2. Tu _____ le informazioni prima di venerdí.   *avere*
3. Loro _____ senza dire niẹnte.   *ritornare*
4. Voi _____ gli esami prima delle tre.   *dare*
5. Noi _____ al padre di Piẹtro.   *parlare*
6. I ragazzi _____ nel parco.   *giocare*
7. Mio fratello _____ con gli amici.   *uscire*
8. Domani a quest'ora io _____ a Roma.   *arrivare*

CONDITIONAL PERFECT TENSE (*Condizionale Passato*)

The conditional perfect is formed by using the conditional of the auxiliary verb **avere** or **ẹssere** and the past participle of the acting verb. Study the following:

	ballare	andare	crẹdere	salire
io	avrei ballato	sarei andato(-a)	avrei creduto	sarei salito(-a)
tu	avresti ballato	saresti andato(-a)	avresti creduto	saresti salito(-a)
lui, lei, Lei	avrebbe ballato	sarebbe andato(-a)	avrebbe creduto	sarebbe salito(-a)
noi	avremmo ballato	saremmo andati(-e)	avremmo creduto	saremmo saliti(-e)
voi	avreste ballato	sareste andati(-e)	avreste creduto	sareste saliti(-e)
loro, Loro	avrẹbbero ballato	sarẹbbero andati(-e)	avrẹbbero creduto	sarẹbbero saliti(-e)

The conditional perfect is used to express what would have taken place had something else not interfered:

Loro sarẹbbero venuti ma non avẹvano abbastanza tempo.
They would have come but they didn't have enough time.
Avevi promesso che avresti scritto spesso.
You had promised that you would have written often.

144. Complete the following with the appropriate conditional perfect forms of the indicated verbs:

1. Noi _____ ma cominciò a piọvere.   *uscire*
2. Io _____ ma non avevo la mạcchina.   *venire*

3. Lui aveva detto che _____ alle due. *arrivare*
4. Voi _____ telefonare prima di partire. *potere*
5. Tu _____ ma faceva troppo caldo. *correre*
6. Le ragazze _____ al cinema. *andare*
7. Io _____ i miei zii, ma non sono venuti. *vedere*
8. Noi _____ , ma non avevamo fame. *mangiare*
9. Tu _____ accompagnarli a casa. *dovere*
10. Maria _____ a casa presto, ma è partita. *stare*

THE SUBJUNCTIVE (*Congiuntivo*)

The use of the subjunctive usually appears to be quite difficult for those who speak English. The reason for this is that the subjunctive is seldom used in English, whereas it is widely used in Italian. The use of the subjunctive is, however, most logical once one understands the meaning of the word *subjunctive* as contrasted with the word *indicative*. Many grammar books categorize the types of verbs or expressions that must be followed by the subjunctive. Categories such as desire, sentiment, volition, cause, demand, request, doubt, necessity, etc., are given. This nearly endless list is quite difficult to remember when attempting to speak the language.

A simpler basic rule for using the subjunctive is as follows: *The subjunctive implies subjectivity. If there exists the possibility that the action about which one is speaking has not taken place or may not take place, it is necessary to use the subjunctive. If, however, it is a realized fact that the action has taken place or definitely will take place, the indicative is used.*

Because of the indefinite nature of the subjunctive, it is found in a dependent clause. It is introduced by some statement that lends subjectivity and vagueness to the definite realization of the action in the dependent clause. Study the following examples:

> John is going to the store.
> John went to the store.

In these two sentences the speaker is relating an objective fact. Therefore the indicative is used. Study the following examples:

> I want John to go to the store.
> I tell John to go to the store.
> I hope John goes to the store.
> I prefer that John go to the store.
> It is necessary for John to go to the store.
> It is possible that John will go to the store.

In all of the above statements it is not fact that John will actually go to the store. For this reason all of these clauses would be in the subjunctive in Italian. Whereas in English an infinitive construction is often used, in Italian a clause must be used—*I want that John go to the store.*

Note that the subjunctive may also be used in adverbial clauses:

> I will see John as soon as he arrives.

Since John has not yet arrived, the subjunctive must be used, because there is no absolute guarantee that he will arrive. However, observe the following example:

> I saw John as soon as he arrived.

Since John has in reality arrived, there is no need for the subjunctive. The indicative would be used.

Formation of the Present Subjunctive

The root of the present subjunctive of most verbs, regular and irregular, is formed by dropping the final **-o** of the first-person singular of the present indicative; to this root are added the personal endings of the present subjunctive for each conjugation. You will note that the present subjunctive endings of **-ere** and **-ire** verbs are the same, and that the **noi** and **voi** endings of all three conjugations are the same. The **loro** ending of all verbs in the present subjunctive is formed by adding **-no** to all present subjunctive singular forms.

Regular verbs

	-are[28]	**-ere**	**-ire**
Infinitive:	**parlare**	**credere**	**dormire**
Root:	**parl-**	**cred-**	**dorm-**
che io	parli	creda	dorma
che tu	parli	creda	dorma
che lui, che lei, che Lei	parli	creda	dorma
che noi	parliamo	crediamo	dormiamo
che voi	parliate	crediate	dormiate
che loro, che Loro	parlino	credano	dormano

The following is a partial list of **-are**, **-ere**, and **-ire** verbs that are regular in the present subjunctive and are conjugated in the same way as **parlare**, **credere**, and **dormire**:

Infinitive	*Root*	*Present Subjunctive*
arrivare *to arrive*	**arriv-**	**che io arrivi,** etc.
ballare *to dance*	**ball-**	**che io balli,** etc.
camminare *to walk*	**cammin-**	**che io cammini,** etc.
cantare *to sing*	**cant-**	**che io canti,** etc.
chiamare *to call*	**chiam-**	**che io chiami,** etc.
guardare *to look*	**guard-**	**che io guardi,** etc.
apprendere *to learn*	**apprend-**	**che io apprenda,** etc.
cadere *to fall*	**cad-**	**che io cada,** etc.
descrivere *to describe*	**descriv-**	**che io descriva,** etc.
scrivere *to write*	**scriv-**	**che io scriva,** etc.
vivere *to live*	**viv-**	**che io viva,** etc.
aprire *to open*	**apr-**	**che io apra,** etc.
coprire *to cover*	**copr-**	**che io copra,** etc.
offrire *to offer*	**offr-**	**che io offra,** etc.
seguire *to follow*	**segu-**	**che io segua,** etc.
sentire *to hear; feel*	**sent-**	**che io senta,** etc.

145. Complete the following with the appropriate present subjunctive forms of the indicated verbs:

1. Roberto vuole che tu _____ la finestra.　*aprire*
2. La maestra desidera che gli studenti _____ in tempo.　*arrivare*
3. È necessario che Loro _____ spesso.　*scrivere*
4. Ho paura che il bambino _____ dalla sedia.　*cadere*
5. Mia madre vuole che io _____ ogni settimana.　*telefonare*
6. Temiamo che voi non _____ le istruzioni.　*seguire*
7. È possibile che io non _____ il campanello da qui.　*sentire*
8. Desidero che voi _____ la vostra gita.　*descrivere*

---

[28] Remember the spelling changes of verbs ending in **-care** and **-gare**: **cerchi, cerchi, cerchi, cerchiamo, cerchiate, cerchino; paghi, paghi, paghi, paghiamo, paghiate, paghino.**

Remember the spelling changes of verbs ending in **-ciare** and **-giare**: **baci, baci, baci, baciamo, baciate, bacino; mangi, mangi, mangi, mangiamo, mangiate, mangino.**

Note the spelling of verbs ending in **-ciare** when the **i** is stressed in all forms except **noi** and **voi**: **scii, scii, scii, sciamo, sciate, sciino.**

146. Complete the following with the appropriate forms of the present subjunctive of the indicated verbs:

1. Non voglio che i bambini _____ i bicchieri di cristallo. *toccare*
2. Il cameriere desidera che voi _____ il conto adesso. *pagare*
3. È necessario che io _____ le chiavi. *cercare*
4. Dubiti che noi _____ bene a carte. *giocare*
5. Suggeriamo che Loro _____ poco. *mangiare*
6. La maestra vuole che gli studenti _____ a studiare. *cominciare*
7. Spero che tu _____ a casa mia stasera. *mangiare*
8. Roberto insiste che noi _____ la partita. *cominciare*
9. Desidero che Loro _____ da soli. *sciare*
10. Suggeriamo che tu ti _____ verso casa. *avviare*

Irregular verbs

Since the first-person singular of the present indicative serves as the base for the formation of the present subjunctive, any verb with an irregular first-person present indicative form will have an irregular root for the present subjunctive. Study the following:

Infinitive:	**bere**	**dire**	**fare**	**potere**
Present Indicative (io):	**bevo**	**dico**	**faccio**[29]	**posso**
Root for Present Subjunctive:	**bev-**	**dic-**	**facci-**	**poss-**
che io	beva	dica	faccia	possa
che tu	beva	dica	faccia	possa
che lui/lei/Lei	beva	dica	faccia	possa
che noi	beviamo	diciamo	facciamo	possiamo
che voi	beviate	diciate	facciate	possiate
che loro/Loro	bevano	dicano	facciano	possano

Infinitive:	**tradurre**	**volere**
Present Indicative (io):	**traduco**	**voglio**[30]
Present Subjunctive:	**traduc-**	**vogli-**
che io	traduca	voglia
che tu	traduca	voglia
che lui/lei/Lei	traduca	voglia
che noi	traduciamo	vogliamo
che voi	traduciate	vogliate
che loro/Loro	traducano	vogliano

Study the following forms of **capire** as a model for those **-ire** verbs that have **-isc-** in all forms of the present indicative except **noi** and **voi**. You will note that the **-isc-** is also used in all forms of the present subjunctive except **noi** and **voi**.

	Present Indicative	Present Subjunctive
io	**capisco**	**che io capisca**
tu	**capisci**	**che tu capisca**
lui, lei, Lei	**capisce**	**che lui/lei/Lei capisca**
noi	**capiamo**	**che noi capiamo**
voi	**capite**	**che voi capiate**
loro, Loro	**capiscono**	**che loro/Loro capiscano**

---

[29] **facci-** drops the **-i-** before the **noi** ending **-iamo**.

[30] **vogli-** drops the **-i-** before the **noi** ending **-iamo**.

Just as the verb **capire** (*to understand*) and all other third-conjugation verbs with **-isc-** in the present indicative have a different root for the **noi** and **voi** forms, many verbs that are irregular in the present subjunctive form their **io**, **tu**, **lui**, **lei**, and **loro** forms from the **io** form of the present indicative, but return to the **noi** form of the present indicative for the **noi** and **voi** subjunctive forms. Study the verb **dovere** (*to have to, must*) as a model for such verbs:

dovere

Present Indicative	*Present Subjunctive*
devo (debbo)	**che io deva (debba)**
devi	**che tu deva (debba)**
deve	**che egli deva (debba)**
dobbiamo	**che noi dobbiamo**
dovete	**che voi dobbiate**
devono (debbono)	**che loro devano (debbano)**

Below is a list of other verbs that function in the same way as **dovere** in the present subjunctive. Remember that all subject pronouns, when used with the subjunctive forms, are always preceded by **che**: **che io colga**, **che tu colga**, etc.

andare		**cogliere**	**scegliere**
vada		colga	scelga
vada		colga	scelga
vada		colga	scelga
andiamo		cogliamo	scegliamo
andiate		cogliate	scegliate
vadano		colgano	scelgano

porre	**rimanere**	**salire**	**tenere**	**trarre**	**valere**	**venire**
ponga	rimanga	salga	tenga	tragga	valga	venga
ponga	rimanga	salga	tenga	tragga	valga	venga
ponga	rimanga	salga	tenga	tragga	valga	venga
poniamo	rimaniamo	saliamo	teniamo	traiamo	valiamo	veniamo
poniate	rimaniate	saliate	teniate	traiate	valiate	veniate
pongano	rimangano	salgano	tengano	traggano	valgano	vengano

apparire	**morire**	**parere**
appaia	muoia	paia
appaia	muoia	paia
appaia	muoia	paia
appariamo	moriamo	pariamo
appariate	moriate	pariate
appaiano	muoiano	paiano

cuocere	**sedere**	**sonare**	**udire**	**uscire**
cuocia	sieda	suoni	oda	esca
cuocia	sieda	suoni	oda	esca
cuocia	sieda	suoni	oda	esca
cociamo	sediamo	soniamo	udiamo	usciamo
cociate	sediate	soniate	udiate	usciate
cuociano	siedano	suonino	odano	escano

147. Change the following sentences, substituting each underlined subject pronoun with each of the indicated subject pronouns, making all necessary verb changes.

1. È necessario che io venga subito. *tu, loro, voi, noi*
2. Bisogna che noi diciamo la verità. *tu, lui, voi, loro*

3. Roberto vuole che <u>voi</u> facciate i compiti.   *io, tu, lei, loro*
4. È necessario che <u>voi</u> rimaniate qui.   *io, tu, lui, loro*
5. Bisogna che <u>tu</u> capisca la lezione.   *lui, noi, voi, loro*
6. Noi vogliamo che <u>voi</u> soniate il violino.   *tu, lei, loro*
7. È necessario che <u>lui</u> esca subito.   *io, noi, voi, loro*
8. Bisogna che <u>loro</u> scelgano presto.   *io, lui, noi, voi*

Avere, essere, sapere, dare, stare

The verbs **sapere**, **avere**, **essere**, **dare**, and **stare** are completely irregular in the formation of the present subjunctive. Study the following forms:

sapere	**avere**	**essere**	**dare**	**stare**
sappia	abbia	sia	dia	stia
sappia	abbia	sia	dia	stia
sappia	abbia	sia	dia	stia
sappiamo	abbiamo	siamo	diamo	stiamo
sappiate	abbiate	siate	diate	stiate
sappiano	abbiano	siano	diano	stiano

148. Complete the following with the appropriate forms of the indicated verbs:

1. Io non voglio che i bambini _____ paura.   *avere*
2. Lui teme che i suoi genitori non _____ presenti.   *essere*
3. Perché insisti che io ti _____ mille lire?   *dare*
4. È possibile che loro non lo _____.   *sapere*
5. Io non voglio che voi mi _____ neanche un regalo.   *dare*
6. È necessario che voi _____ a casa alle otto.   *essere*
7. Speriamo che voi _____ bene.   *stare*

Uses of the Present Subjunctive

Subjunctive in noun clauses

As it has been explained on page 138, the subjunctive is required in clauses following verbs which denote will, desire, fear, doubt, denial, necessity, etc. The subjunctive verb is usually preceded by the conjunction **che**. Some common verbs requiring the subjunctive are as follows:

With verbs of will, desire, preference, suggestion, hope

insistere   *to insist*
volere   *to want*
desiderare   *to wish*
preferire   *to prefer*
suggerire   *to suggest*
sperare   *to hope*

Voglio che tu venga qui.
I want you to come here.
Desiderano che io parli piú spesso.
They want me to speak more often.
Preferisci che io arrivi alle due?
Do you prefer that I arrive at two o'clock?
Suggerisco che voi partiate presto.
I suggest (that) you leave early.
Spero che vengano subito.
I hope they come soon.

With verbs of denial

> **negare**   *to deny*
>
> **Antọnio nega che io sappia la verità.**
> *Anthony denies that I know the truth.*

With verbs of emotion

> **avere paụra**   *to be afraid*
> **temere**   *to fear*
> **arrabbiarsi**   *to get angry*
> **ẹssere contento**   *to be happy*
> **ẹssere triste**   *to be sad*
> **ẹssere sorpreso**   *to be surprised*
> **dispiacẹrsi**   *to be sorry*
>
> **Ho paụra che i ragazzi si pẹrdano.**
> *I'm afraid the boys may get lost.*
> **Mi dispiạce che Lei parta cosí presto.**
> *I am sorry you are leaving so soon.*
> **Sono sorpreso che ci sịano tutti.**
> *I am surprised that everyone is here.*

With verbs expressing commands

> **comandare**   *to command, to order*
> **esịgere**   *to demand*
> **ordinare**   *to order, to command*
> **pretẹndere**   *to demand*
> **richiẹdere**   *to require, to demand*
>
> **Pietro esige che tutto sịa pronto.**
> *Peter demands that everything be ready.*
> **Il maestro richiede che tutti facciano i compiti.**
> *The teacher requires that all do their homework.*

With verbs showing permission or refusal of permission

> **lasciạre**   *to let*
> **consentire**   *to allow, to permit*
> **permẹttere**   *to permit, to allow*
> **proibire**   *to forbid*
>
> **Questi genitori lạsciano che i bambini giọchino fuọri.**
> *These parents let their children play outside.*
> **Io proibisco che voi arrivịate tardi.**
> *I forbid you to arrive late.*

149.   Complete the following with the appropriate subjunctive forms of each of the indicated verbs:

1.   Vọglio che voi _____ .   *parlare, partire, cenare, dormire, crẹdere, venire, salire, studiare*

2.   Preferịscono che tu _____ .   *tornare, uscire, venire, scrịvere, lavorare, scẹndere, parlare, dormire*

3.   Hai paụra che io _____ .   *cantare, parlare, dormire, uscire, partire, rịdere, crẹdere, avere ragione*

4.   Perché ọrdini che loro _____ ?   *uscire, tornare, mangịare, salire, partire, cantare, studiare, dormire*

150. Rewrite the following according to the model:

>**Voglio che: Tu stai qui. ⟶ Voglio che tu stia qui.**

Voglio che:

1. Loro vengono alle nove.
2. Tu scrivi una lettera.
3. Voi parlate ad alta voce.
4. Pietro dice la verità.
5. Noi partiamo presto.
6. Lui lo sa.

Ordiniamo che:

7. Tu vai in biblioteca.
8. Voi dite la verità.
9. Loro comprano i libri necessari.
10. Luigi rimane a casa.
11. Tu sai la lezione.
12. Voi traducete la lettura.

Mi dispiace che:

13. Voi siete tristi.
14. Pietro non può venire.
15. Tu scrivi cosí male.
16. Loro hanno molti problemi.
17. Nevica molto.
18. Voi partecipate poco.

Tu insisti che:

19. Io parto domani.
20. I bambini dormono.
21. Luisa va a casa.
22. Noi studiamo.
23. Loro aprono le finestre.
24. Io so la lezione.

151. Complete the following sentences with the appropriate forms of the indicated verbs:

1. Speriamo che voi _____ qui.   *restare*
2. Ho paura che Carlo _____ presto.   *partire*
3. Insistono che tu _____ in ufficio.   *venire*
4. Proibisco che i bambini _____ fuori.   *uscire*
5. Vuole che noi _____ tutto.   *sapere*
6. Speriamo che voi _____ alle otto.   *arrivare*
7. I signori negano che i loro amici _____ l'accaduto.   *sapere*
8. Mi dispiace che Pietro _____ malato.   *essere*
9. Paolo consente che tu _____ a vederlo.   *andare*
10. Esigiamo che Loro ci _____ i libri.   *riportare*
11. Tu temi che io _____ un incidente.   *avere*
12. Luisa desidera che voi _____ la lettura.   *capire*
13. Sono triste che tu non _____ partecipare.   *potere*
14. Vogliamo che tutti _____ contenti.   *essere*
15. Insisto che Olga _____ una canzone.   *cantare*

Subjunctive with impersonal expressions

The subjunctive is also used after many impersonal expressions that denote an element of subjectivity. Some common impersonal expressions that require use of the subjunctive follow:

>**è meglio che . . .**   *it is better that . . .*
>**è necessario che . . .**   *it is necessary that . . .*
>**bisogna che . . .**   *it is necessary that . . .*
>**conviene che . . .**   *it is fitting that . . .*
>**basta che . . .**   *it suffices that . . .*
>**è giusto che . . .**   *it is right that . . .*
>**è possibile che . . .**   *it is possible that . . .*
>**è impossibile che . . .**   *it is impossible that . . .*

è probạbile che . . .   *it is probable that . . .*
si dụbita che . . .   *it is doubtful that . . .*
importa che . . .   *it matters that . . .*
non importa che . . .   *it doesn't matter that . . .*
è importante che . . .   *it is important that . . .*
è peccato che . . .   *it is a pity that . . .*
è raro che . . .   *it is rare that . . .*
è fạcile che . . .   *it is easy that . . .*
è diffịcile che . . .   *it is difficult that . . .*
sorprende che . . .   *it is surprising that . . .*
è essenziale che . . .   *it is essential that . . .*
è di prassi che . . .   *it is pragmatic that . . .*

Non importa che arrịvino tardi.
It doesn't matter that they arrive late.
È giusto che voi scriviạte ogni tanto.
It is right that you write once in a while.
È essenziạle che io parta il piú presto possịbile.
It is essential that I leave as soon as possible.
È probạbile che nẹvichi fra non molto.
It's probable that it will snow before long.
È peccato che tu sia quasi sempre malato.
It's a pity that you are almost always ill.

152. Complete the following sentences with the appropriate present subjunctive forms of each of the indicated verbs:

1. È possịbile che lui lo _____ . *preparare, ricẹvere, lẹggere, scrịvere, finire, cercare, pagare, sapere*

2. È diffịcile che voi lo _____ . *incontrare, conọscere, ricẹvere, trovare, sapere, fare, avere, cercare*

3. È necessạrio che tu lo _____ . *fare, portare, descrịvere, dire, sapere, ottenere, preparare, finire*

4. È probạbile che io _____ . *venire, salire, partire, uscire, lẹggere, tradurre, sciare, sbagliạre*

5. È raro che loro lo _____ . *preparare, portare, finire, cercare, pagare, crẹdere, dire, mandare*

153. Introduce each of the following with the indicated expression, making all appropriate changes:

1. Io ricevo certe lẹttere. *È importante*
2. Pagate il conto. *È giụsto*
3. Ritọrnano tardi. *È probạbile*
4. Riporta i libri. *Bisogna*
5. Uscịamo presto. *È mẹglio*
6. Parto sụbito. *È impossịbile*
7. Tu finisci la lẹttura. *Non importa*
8. Paọlo stụdia molto. *È necessạrio*
9. Voi potete partecipare. *Speriạmo*
10. Loro fanno i bravi. *Convịene*
11. Carlo è a casa. *È possịbile*
12. Io ho i cọmpiti pronti. *È raro*
13. Piọve fra non molto. *È fạcile*
14. Voi sịete in ritardo. *Sorprende che*
15. La mạcchina funziọna. *È essenziạle*

With expressions of doubt

The present indicative is used with expressions such as the following when they imply certainty:

crẹdere   *to believe*
pensare   *to think*

è certo che . . .　*it is certain that . . .*
è sicuro che . . .　*it is sure that . . .*
non si dubita che . . .　*it is not doubtful that . . .*
non c' è dubbio che . . .　*there is no doubt that . . .*
si crede che . . .　*it is believed that . . .*

The present subjunctive is used in the negative and interrogative forms of the above expressions, however, since uncertainty is implied. Study the following:

Indicative	*Subjunctive*
Credo che loro sono qui.	**Non credo che loro siano qui.**
I believe they are here.	*I don't think they are here.*
Non dubito che lo sa.	**Dubito che lui lo sappia.**
I don't doubt that he knows.	*I doubt that he knows.*
È sicuro che viene.	**Non è sicuro che venga.**
He is (It is) sure he is coming.	*He is not sure he is coming.*
Tu pensi che arrivano tardi.	**Pensi che arrivino tardi?**
You think they (will) arrive late.	*Do you think they may arrive late?*

154.　Complete the following with the appropriate forms of each of the indicated verbs:

1.　Credo che loro _____ .　*essere qui, arrivare presto, uscire insieme, fare i compiti*
2.　Non credo che voi _____ .　*fare i buoni, portare i libri, finire la lezione, sapere l'indirizzo, cenare qui, leggere molto, avere pazienza, partire presto*

155.　Answer the following questions according to the indicated cues:

1.　Credi che Paola lo sappia?　*Sí*
2.　È sicuro che tu venga presto?　*Sí*
3.　È certo che loro arrivino tardi?　*No*
4.　Dubiti che io lo faccia?　*Sí*
5.　Crede Lei che Carlo legga tutto?　*No*
6.　Siete sicuri che io vi accompagni?　*No*

156.　Complete the following with the correct form of the indicated verb:

1.　È certo che loro _____ a casa adesso.　*essere*
2.　Non è sicuro che voi _____ ragione.　*avere*
3.　Credo che tu _____ sciare.　*sapere*
4.　Non pensi che io _____ guidare?　*potere*
5.　Dubitiamo che Roberto _____ in Italia.　*andare*
6.　Credono che noi _____ la città.　*conoscere*

With subordinate conjunctions

The following subordinate conjunctions require the present subjunctive:

prima che　*before*
dopo che　*after*
finché (non)　*until*
senza che　*without*
non appena che　*as soon as*
nonostante che　*although, even though*
a patto che　*provided that*

purché   *provided that*
malgrado   *although*
in modo che   *so that*
affinché   *in order that*
cosí che   *so that*
a meno che (non)   *unless*
posto che   *supposing that*
supposto che   *supposing that*
benché   *although*
sebbene   *although*

With indefinite pronouns and adjectives

quantunque   *although*
chiunque   *whoever*
dovunque   *wherever*
ovunque   *wherever*
qualunque   *whatever*

157. Complete the following sentences with the correct forms of the indicated expressions:

1. Sebbene voi _____ , io suono la chitarra.   *leggere, studiare, dormire, fare i compiti, scrivere una lettera, avere un mal di testa, essere malati, non ascoltare*
2. Non appena che loro _____ , voglio saperlo.   *arrivare, finire, telefonare, chiamare, bussare, uscire, salire, dormire*
3. Chiunque _____ , non m'interessa.   *scrivere, venire, bussare, parlare, telefonare, cantare, arrivare, uscire*
4. Devo partire nonostante che io _____ .   *essere stanco, avere la febbre, non volere, non potere*

158. Complete the following sentences with the correct forms of the indicated verbs:

1. Benché _____ tardi, devo uscire.   *essere*
2. Prima che Luisa _____ , voglio vederla.   *partire*
3. A meno che non _____ bel tempo, non usciamo affatto.   *fare*
4. Roberto vuole comprare un'automobile senza che _____ i soldi.   *avere*
5. Venite presto affinché _____ finire.   *potere*
6. I turisti vogliono che _____ accompagnati da un interprete.   *essere*
7. Tu lavori sebbene _____ malato.   *essere*
8. Decidiamo dopo che loro _____ .   *venire*
9. Non vogliono ricevermi a meno che io non _____ presto.   *arrivare*
10. Chiunque Lei _____ di essere, non può fare assolutamente niente.   *credere*

As a command

The present subjunctive may function as an indirect command:

Che venga qui immediatamente!
Let him (her) come here immediately!
Che se ne vada in pace!
Let him (her) go away in peace!
Viva il presidente!
Long live the president!
Che sia cosí!
So be it! (Let it be!)

159. Change the sentences according to the model:

> **Viene alle due. ⟶ Che venga alle due!**
> *He is coming at two o'clock. ⟶ He should come (must come) at two o'clock!*

1. Parla con me.
2. Partono presto.
3. Finisce la lettura.
4. Portano i regali.

5. Legge il romanzo.
6. Scrivono molto.
7. Scia cautamente.
8. Sanno la domanda.

Present Subjunctive in Relative Clauses

Indefinite antecedent

The present subjunctive is used in relative clauses when the antecedent (the word the clause modifies) is indefinite. If the antecedent is definite, the present indicative is used. Observe the following:

> **Conosco un dottore che parla italiano.**
> *I know a doctor who speaks Italian.*
> **Ho bisogno di un dottore che parli italiano.**
> *I need a doctor who speaks Italian. (I don't know one yet.)*
> **Conosco una segretaria che sa l'italiano.**
> *I know a secretary who knows Italian.*
> **Cerco una segretaria che sappia l'italiano.**
> *I'm looking for a secretary who knows Italian. (I haven't found one yet.)*

160. Complete the following with the appropriate forms of the indicated expressions:

1. Conosco una segretaria che _____ . *parlare italiano, scrivere bene, sapere dattilografare (to take shorthand)*
2. Ho bisogno di una segretaria che _____ . *parlare italiano, scrivere bene, sapere dattilografare*

161. Rewrite the following according to the models:

> **Conosco un giovane.   Sa l'inglese. ⟶ Conosco un giovane che sa l'inglese.**
> **Ho bisogno di una maestra.   Sa l'italiano. ⟶ Ho bisogno di una maestra che sappia l'italiano.**

1. Cerco un segretario. Sa dattilografare.
2. Ho una camicia. Va bene con il vestito.
3. Voglio comprare una cravatta. Va bene con la camicia.
4. Abbiamo bisogno di un dottore. Abita vicino.
5. Hai una macchina. È meravigliosa.
6. Cerco un lavoro. È interessante.

162. Complete the following with the appropriate forms of the indicated verbs:

1. Conosco un ragazzo che _____ bene a tennis. *giocare*
2. Cerchiamo un negozio che _____ prodotti italiani. *avere*
3. Roberto ha bisogno di un tassí che lo _____ all'aeroporto. *portare*
4. Abbiamo una casa che _____ due piani. *avere*
5. Conosco molti studenti che _____ sempre. *studiare*
6. Cerco una persona che _____ darmi alcune informazioni. *potere*
7. Abbiamo bisogno di alcune signorine che _____ cantare. *sapere*
8. Ho un cane che _____ di notte. *abbaiare (to bark)*

With relative superlatives

The present subjunctive is also used in a relative clause which modifies a relative superlative expression since the superlative expression is considered to be an exaggeration. (Review the relative superlative on page 46.)

È la professoressa piú intelligente che io conosca.
She is the most intelligent teacher I know.
È l'orologio piú antico che esista.
It is the oldest watch in existence (that exists).

163. Complete the following with the appropriate forms of the indicated verbs:

1. È il migliore studente che io _____ . *conoscere*
2. Tochio è la città piú popolata che _____ . *esistere*
3. È il peggiore dizionario che voi _____ . *avere*
4. Paolo è la persona meno simpatica che loro _____ . *conoscere*
5. Questo è il piú bel parco che ci _____ in questa città. *essere*

*With **solo** and **unico***

The present subjunctive is used in relative clauses after the expressions **il solo**, **la sola**, **i soli**, and **le sole**, and **l'unico**, **l'unica**, **gli unici**, and **le uniche**. (Note that when they are used in this context, **solo** and **unico** must be preceded by the appropriate definite article.)

È il solo giocatore brasiliano che abbiano nella squadra.
He is the only Brazilian player they have on the team.
Sono gli unici studenti che partecipino in classe.
They are the only students who participate in class.

164. Complete the following with the appropriate forms of the indicated verbs:

1. Anna è l'unica ragazza che lo _____ per telefono. *chiamare*
2. Questa è la sola lezione che tu _____ . *capire*
3. Quelli sono gli unici turisti che _____ dall'Italia. *venire*
4. Questo è il solo dizionario che io _____ . *avere*
5. Questo è l'unico vestito che mi _____ . *piacere*

With negative expressions

The present subjunctive is also used in a clause which modifies a negative word or expression. As with superlatives, the statement is considered to be an unrealistic exaggeration. Observe the following:

Non c'è nessuno che lo sappia.
There is no one who knows it.
Non c'è niente che valga qualcosa.
There is nothing worth anything.

165. Complete the following with the appropriate forms of the indicated verbs:

1. Non c'è nessuno che ci _____ . *aiutare*
2. Non c'è niente che _____ disturbare Roberto. *potere*
3. Non c'è nessun negozio che _____ vestiti a buon mercato. *vendere*
4. Sei pessimista; in questo mondo non c'è niente che ti _____ un po' di fede. *dare*
5. Non c'è nessun posto che _____ a Stefano. *piacere*

Replacing the Present Subjunctive with an Infinitive Construction

When the subject of the dependent clause is the same as that of the main clause, the infinitive is used. Observe the following:

Roberto spera di venire.   *Robert hopes to come.*
Siete contenti di potere riposarvi.   *You are happy about being able to relax.*

The infinitive construction may also be used after verbs denoting command, permission, refusal, and suggestion (see page 143). The subjunctive clause may be replaced by an indirect object preceded by **a** and followed by an infinitive introduced by **di**. Observe the following:

Non permetto che mio figlio fumi.
Non permetto a mio figlio di fumare.
I don't allow my son to smoke.

When the indirect object is replaced by a pronoun, **a** is not used.

Vi suggerisco che arriviate presto.
Vi suggerisco di arrivare presto.
I suggest that you arrive early.

166. Translate the following sentences using the infinitive construction as explained above:

1. They are happy to be here.
2. Anthony (Antonio) hopes to pass the exams.
3. You (tu) suggest that she arrive early?
4. They allow me to play tennis with them.
5. Boys, I suggest that you finish the homework.
6. My father does not allow me to smoke.

PRESENT PERFECT SUBJUNCTIVE (*Congiuntivo Passato*)

The present perfect subjunctive is formed by using the present subjunctive of the auxiliary verbs **avere** or **essere** and the past participle of the acting verb. (Review the past participle on pages 126–130 and the uses of **avere** and **essere** on pages 126 and 130.) Observe the following:

	parlare	andare
che io	abbia parlato	sia andato(-a)
che tu	abbia parlato	sia andato(-a)
che lui, lei, Lei	abbia parlato	sia andato(-a)
che noi	abbiamo parlato	siamo andati(-e)
che voi	abbiate parlato	siate andati(-e)
che loro, Loro	abbiano parlato	siano andati(-e)

The present perfect subjunctive is used when a present indicative or future verb in a main clause governs a verb requiring the subjunctive which refers to a past action in a dependent clause:

Non credo che siano andati in Italia.   *I don't believe they went to Italy.*
Mi dispiace che abbia parlato cosí.   *I'm sorry that he spoke that way.*

167. Complete the following with the appropriate forms of the present perfect subjunctive of the indicated verb:

1. Sono contento che Loro _____ .   *arrivare*
2. È possibile che Paolo non ti _____ la verità.   *dire*
3. Abbiamo paura che voi _____ il segreto.   *svelare* (to reveal)
4. Non credo che tu _____ malato.   *essere*
5. Pensi che io non _____ i compiti?   *finire*

6. È impossibile che loro non _____ tutto. *vedere*
7. È possibile che voi _____ insieme. *uscire*
8. Speriamo che _____ bel tempo. *fare*
9. Luigi dubita che noi _____ presto. *partire*
10. Ci dispiace che tu _____ molto. *soffrire*

168. Rewrite the following, placing the action of the dependent clause in the past:

1. Dubito che voi capiate.
2. Spero che Luigi arrivi presto.
3. È impossibile che tu legga tanto.

4. Non crediamo che esse vengano.
5. Ha paura che io sbagli strada.

IMPERFECT SUBJUNCTIVE (*Imperfetto del Congiuntivo*)

The imperfect subjunctive is used in sentences with main-clause verbs requiring the subjunctive mood and when the verb of the main clause is in a past indicative tense or the conditional. Note the following sequence of tenses:

Main clause	*Dependent Clause*	
Imperfect Indicative		**Volevo che tu lo facessi.**
		I wanted you to do it.
Preterite		**Volli che tu lo facessi.**
	Imperfect Subjunctive	*I wanted you to do it.*
Present Perfect		**Ho voluto che tu lo facessi.**
		I wanted you to do it.
Conditional		**Vorrei che tu lo facessi.**
		I would want you to do it.

Formation of the Imperfect Subjunctive

Regular verbs

The imperfect subjunctive of regular **-are** verbs is formed by dropping the infinitive ending and adding to the root the following personal endings: **-assi, -assi, -asse, -assimo, -aste, -assero**. Observe the following:

Infinitive:	**cantare**	**parlare**	**tornare**
Root:	**cant-**	**parl-**	**torn-**
che io	cantassi	parlassi	tornassi
che tu	cantassi	parlassi	tornassi
che egli	cantasse	parlasse	tornasse
che noi	cantassimo	parlassimo	tornassimo
che voi	cantaste	parlaste	tornaste
che loro	cantassero	parlassero	tornassero

The imperfect subjunctive of regular **-ere** verbs is formed by dropping the infinitive ending and adding to the root the following personal endings: **-essi, -essi, -esse, -essimo, -este, -essero**. Study the following:

Infinitive:	**credere**	**vedere**	**sapere**
Root:	**cred-**	**ved-**	**sap-**
che io	credessi	vedessi	sapessi
che tu	credessi	vedessi	sapessi
che egli	credesse	vedesse	sapesse
che noi	credessimo	vedessimo	sapessimo
che voi	credeste	vedeste	sapeste
che loro	credessero	vedessero	sapessero

The imperfect subjunctive of **-ire** verbs is formed by dropping the infinitive ending and adding to the root the following personal endings: **-issi**, **-issi**, **-isse**, **-issimo**, **-iste**, **-issero**. Note that there are no irregular **-ire** verbs in the imperfect subjunctive. Observe the following:

Infinitive:	**capire**	**finire**	**venire**
Root:	**cap-**	**fin-**	**ven-**
che io	capissi	finissi	venissi
che tu	capissi	finissi	venissi
che egli	capisse	finisse	venisse
che noi	capissimo	finissimo	venissimo
che voi	capiste	finiste	veniste
che loro	capissero	finissero	venissero

Irregular verbs

Very few verbs are irregular in the imperfect subjunctive, and most of the verbs that appear to be irregular simply return to their original old Italian or Latin infinitives to form the root for the imperfect subjunctive. Study the following:

Infinitive	*Old Form*	*Root*	*Imperfect Subjunctive*
bere	(*bevere*)	**bev-**	**che io bevessi,** etc.
dire	(*dīcĕre*)	**dic-**	**che io dicessi,** etc.
fare	(*făcĕre*)	**fac-**	**che io facessi,** etc.
condurre	(*condūcĕre*)	**conduc-**	**che io conducessi,** etc.
tradurre	(*tradūcĕre*)	**traduc-**	**che io traducessi,** etc.
trarre	(*traere*)	**tra-**	**che io traessi,** etc.

Essere

The verb **essere** is irregular in all forms in the imperfect subjunctive. Study the following:

	essere
che io	fossi
che tu	fossi
che lui/lei/Lei	fosse
che noi	fossimo
che voi	foste
che loro/Loro	fossero

Dare, stare

The verbs **dare** and **stare** are also irregular in all forms in the imperfect subjunctive. Study the following:

	dare	**stare**
che io	dessi	stessi
che tu	dessi	stessi
che lui/lei/Lei	desse	stesse
che noi	dessimo	stessimo
che voi	deste	steste
che loro/Loro	dessero	stessero

Uses of the Imperfect Subjunctive

In noun clauses

The same noun clauses that require the present subjunctive (page 142) require the imperfect subjunctive when the verb of the main clause is in the imperfect indicative, preterite, present perfect (conversational past) or conditional.

Non volevo che tu lo facessi cosí presto.
I didn't want you to do it so soon.
Luigi suggerí che Olga partisse.
Louis suggested that Olga should leave.
Ho voluto che i bambini dormissero.
I wanted the children to sleep.
Vorrebbero che io raccontassi una storia.
They would like me to tell a story.

169. Complete the following with the appropriate forms of each of the indicated verbs:

1. I genitori volevano che i figli _____ . *studiare, dire la verità, partire, tornare, dormire, credere, fare i compiti*
2. Roberto ha proibito che noi _____ . *sciare, tradurre, uscire, cantare, venire, essere in ritardo, ripetere la domanda, bere troppo*
3. Suggerirei che tu _____ . *tornare, partire, studiare, cenare, finire il lavoro, leggere, scrivere, dormire*
4. Era necessario che Luigi lo _____ . *capire, sapere, scrivere, dire, fare*
5. Io preferirei che voi lo _____ . *guardare, spiegare, vendere, finire, dire, fare*

170. Complete the following with the appropriate forms of the indicated verbs:

1. Lui ordinò che io _____ immediatamente. *finire*
2. Tu non volevi che loro _____ in Italia. *andare*
3. Preferirei che voi _____ alle sette. *tornare*
4. Hanno insistito che tu lo _____ . *scrivere*
5. Volevo che Antonio _____ la verità. *dire*
6. Roberto e Carlo speravano che io _____ bene. *stare*
7. Tu vorresti che io ti _____ il mio orologio. *dare*
8. Ho proibito che i bambini _____ fuori. *giocare*
9. Desideravano che noi _____ a casa. *essere*
10. Vorrei che voi _____ i buoni. *fare*

171. Introduce the following statements with the indicated expressions:

1. Parliamo italiano. *Insisteva che*
2. Tu non lo compri. *Avevano paura che*
3. Voi partite. *Voleva che*
4. Io lo so. *Preferivi che*
5. Carlo arriva alle sei. *Speravamo che*
6. Scriviamo molte lettere. *Hanno insistito che*
7. Tu esci di notte. *Hanno proibito che*
8. Voi dormite molto. *Suggerivano che*

172. Rewrite the following changing the main verbs to the imperfect indicative. Make all necessary changes:

1. Vogliono che usciamo con loro.
2. Proibiscono che io fumi.
3. Spera che voi finiate il lavoro.
4. Ho paura che tu abbia ragione.
5. Insisti che io lo faccia.
6. Preferiamo che loro vengano alle otto.
7. Desiderano che diciamo la verità.
8. Suggerisco che voi torniate presto.

With impersonal expressions

The imperfect subjunctive is used after impersonal expressions that demand the subjunctive when the main verb is in the imperfect indicative, preterite, present perfect (conversational past), or conditional tense.

Era impossibile che io fossi presente.
It was impossible for me to be present.
Fu necessario che tu tornassi presto.
It was necessary for you to return soon.
È stato difficile che loro finissero il lavoro.
It was difficult for them to finish their work.
Sarebbe meglio che io andassi a casa.
It would be better for me to go home.

173. Complete the following with the appropriate forms of the indicated verbs:

1. Era certo che noi _____. *vincere*
2. È stato impossibile che loro _____. *finire*
3. Sarebbe difficile che tu _____ presto. *partire*
4. Fu necessario che lei _____. *studiare*
5. Era meglio che voi _____ gli zii. *visitare*
6. Sarebbe piú facile che io _____ l'autobus. *prendere*
7. È stato impossibile che loro _____ prima. *arrivare*
8. Bisognava che noi _____. *tacere*
9. Fu impossibile che tu _____ tutto. *credere*
10. Sarebbe meglio che lui _____ presente. *essere*

In relative clauses

The imperfect subjunctive is used in relative clauses modifying an indefinite antecedent when the verb of the main clause is in the imperfect indicative, preterite, conversational past, or conditional tense.

Cercavo una segretaria che parlasse italiano.
I was looking for a secretary who spoke Italian.
Ovunque guardassi, non ho visto ciò che volevo.
Wherever I looked, I didn't see what I wanted.
Preferirei un dottore che fosse anche chirurgo.
I would prefer a doctor who was also a surgeon.

174. Complete the following with the appropriate forms of the indicated verbs:

1. Cercavamo un amico che _____ a carte. *giocare*
2. Vorrei un dizionario che _____ vocaboli tecnici. *avere*
3. Cerco un negozio che _____ scarpe italiane. *vendere*
4. Non avevamo neanche un amico che ci _____ aiutare. *potere*
5. Avevate bisogno di una casa che _____ in campagna. *essere*
6. Preferiresti un fotografo che _____ molta pazienza. *avere*
7. Volevo una macchina che _____ piccola ma comoda. *essere*
8. Ho avuto bisogno di una cinepresa che _____ economica. *essere*

With expressions contrary to fact or unlikely

The imperfect subjunctive is used in expressions contrary to fact or unlikely to happen. In these cases the imperfect subjunctive is often preceded by the adverbs **magari**, **pure**, **se solo**, etc.

Magari vincessi un milione di dollari!
Would that I could win a million dollars!
Se solo dicessero la verità!
If they would only tell the truth!
Vincessimo pure!
If we would indeed win!
Avessi la tua fortuna!
I wish I had your luck!

175. Rewrite the following in the appropriate subjunctive forms by using the indicated adverbs, when given:

1. (noi) arrivare in tempo! *magari*
2. (loro) continuare a studiare! *se solo*
3. (io) essere fortunato(-a)!
4. (loro) telefonare! *pure*
5. venire i nostri amici! *se solo*
6. smettere di piovere! *magari*

With adverbial expressions

The imperfect subjunctive is used after adverbial expressions if the main clause is in the imperfect indicative, preterite, conversational past, or conditional tense. (For a list of adverbial expressions, see pp. 146–147.)

Ho creduto tutto senza che fosse vero.
I believed everything without its being true.
Benché avessi fretta, restai con gli amici.
Although I was in a hurry, I stayed with my friends.
Lo farei viaggiare da solo a patto che fosse cauto.
I would let him travel alone provided that he were cautious.

176. Complete the following with the appropriate forms of the indicated verbs:

1. Malgrado Rosa _____ molto, non parlava mai. *sapere*
2. Gli telefonerei affinché lui _____ qui. *venire*
3. Abbiamo svolto il tema sebbene _____ difficile. *essere*
4. I bambini potevano restare purché non _____ . *gridare*
5. Fu facile riconoscerlo benché _____ lontano. *essere*
6. Partiremmo volentieri malgrado _____ cattivo tempo. *fare*
7. Nonostante che _____ , uscirono senza ombrello. *piovere*
8. La salutavamo senza che le _____ . *parlare*

To express hypothetical situations in the past

When speculating *in the present* about whether or not an action happened *in the past,* the imperfect subjunctive is used in the dependent clause even though the main verb of the sentence is in the present indicative.

Crediamo che vendessero scarpe.
We believe (that) they sold shoes.
Dubito che Roberto fosse cattivo.
I doubt (that) Robert was bad.
Non so se fossero italiani.
I don't know if they were Italian.

177. Complete the following with the appropriate forms of each of the indicated verb phrases:

1. Non so se loro _____ . *studiare, battere a macchina (to type), partire per l'Italia, leggere molto, essere bravi, avere soldi, lavorare poco*
2. Dubitiamo che tu _____ . *potere sciare, sapere guidare, andare a scuola, avere pazienza, stare a casa, giocare a tennis, lavorare, leggere*

PLUPERFECT SUBJUNCTIVE

The pluperfect subjunctive is formed by using the imperfect subjunctive of the auxiliaries **avere** or **ẹssere** and the past participle of the acting verb. (See pages 126–129 for lists of past participles.)

With **avere**

Conjugation:	**-are**	**-ere**	**-ire**
Infinitive:	**comprare**	**ripetere**	**finire**
che io	avessi comprato	avessi ripetuto	avessi finito
che tu	avessi comprato	avessi ripetuto	avessi finito
che lui	avesse comprato	avesse ripetuto	avesse finito
che noi	avẹssimo comprato	avẹssimo ripetuto	avẹssimo finito
che voi	aveste comprato	aveste ripetuto	aveste finito
che loro	avẹssero comprato	avẹssero ripetuto	avẹssero finito

With **ẹssere**

Conjugation:	**-are**	**-ere**	**-ire**
Infinitive:	**andare**	**cadere**	**salire**
che io	fossi andato(-a)	fossi caduto(-a)	fossi salito(-a)
che tu	fossi andato(-a)	fossi caduto(-a)	fossi salito(-a)
che lui	fosse andato(-a)	fosse caduto(-a)	fosse salito(-a)
che noi	fọssimo andati(-e)	fọssimo caduti(-e)	fọssimo saliti(-e)
che voi	foste andati(-e)	foste caduti(-e)	foste saliti(-e)
che loro	fọssero andati(-e)	fọssero caduti(-e)	fọssero saliti(-e)

The pluperfect subjunctive is used in clauses which require the subjunctive when the main verb is in a past tense and the action of the verb of the dependent clause was completed prior to that of the governing verb.

Credeva che fọssimo arrivati ieri.
He thought we had arrived yesterday.
Non ho creduto che avẹssero detto tali cose.
I didn't believe they had said such things.
Avrebbe preferito che tu gli avessi scritto prima.
He would have preferred that you had written him before.

178. Complete the following with the appropriate pluperfect subjunctive forms of the indicated verbs:

1. Avevo preferito che loro _____ alle tre. *arrivare*
2. Luịgi ha creduto che noi _____ i cọmpiti. *finire*
3. Tu volevi che io _____ il giradischi. *portare*
4. Avremmo preferito che voi _____ insiẹme. *partire*
5. Avrei avuto paụra che tu _____ un incidente. *avere*
6. Era contento che tutti _____ un viạggio in Italia. *fare*
7. Credevo che voi _____ la verità. *dire*
8. Avrei preferito che lei _____ piú presto. *uscire*

Se clauses

Se (*if*) clauses are usually used to express contrary-to-fact or uncertain conditions. For such clauses there is a specific sequence of tenses to be followed. Observe the following:

Vado in Italia se ho il denaro.
I'm going to Italy if I have the money.

Andrò in Italia se avrò il denaro.
I'll go to Italy if I have the money.
Andrei in Italia se avessi il denaro.
I would go to Italy if I had the money.
Sarei andato in Italia se avessi avuto il denaro.
I would have gone to Italy if I had had the money.

The regular sequence of tenses for contrary-to-fact or uncertain statements with **se** is as follows:

Main Clause	Se *Clause*
Present Indicative ⟶	Present Indicative
Future ⟶	Future
Conditional (Present) ⟶	Imperfect Subjunctive
Conditional Perfect ⟶	Pluperfect Subjunctive

Note that the only forms of the subjunctive that may be used after **se** are the imperfect or the pluperfect subjunctive. The present subjunctive is never used after **se**. After **se**, never use the present conditional or past conditional.

179. Complete the following with the appropriate forms of the indicated verbs according to the regular sequence of tenses:

    1.　Se _____ abbastanza tempo, andranno in Europa.　*avere*
    2.　Avremmo lavorato fino a tardi se ci _____ piú lavoro.　*essere*
    3.　Se _____ bel tempo, andremmo alla spiaggia.　*fare*
    4.　Se _____ adesso, arriveremo alle cinque.　*partire*
    5.　Se _____ ricco, girerei il mondo.　*essere*
    6.　Li avrebbe salutati se li _____ .　*vedere*
    7.　Se voi _____ di meno, non sareste stanchi.　*correre*
    8.　Se tu _____ alle sei, cenerai con noi.　*venire*
    9.　Se loro mi _____ , io avrei risposto.　*scrivere*
    10.　Se io _____ te, studierei di piú.　*essere*

Review

180. Complete the following with the appropriate forms of the indicated verbs:

    1.　Sono contento che voi _____ qui.　*essere*
    2.　Benché Stefano _____ , è un bravo studente.　*sbagliare*
    3.　Vogliamo che tu _____ questo progetto.　*finire*
    4.　Non c'è niente che ci _____ .　*piacere*
    5.　Desiderano che noi non _____ .　*fumare*
    6.　Magari _____ bel tempo!　*fare*
    7.　Se loro _____ adesso, usciremo insieme.　*venire*
    8.　Antonio voleva che io _____ alle otto.　*partire*
    9.　Puoi restare qui purché _____ zitto.　*stare*
    10.　Preferirei che voi _____ in tempo.　*arrivare*
    11.　Me lo avrebbe detto se l'_____ .　*sapere*
    12.　Avremmo preferito che loro _____ .　*finire*
    13.　Dubitai che lui _____ farlo.　*potere*
    14.　È impossibile che io _____ adesso.　*uscire*

15. Avevi paura che noi non _____ . *sentire*
16. Pensavo che tu _____ alla spiaggia. *essere*
17. Avrei preferito che Maria e Teresa _____ con te. *venire*
18. Non vuoi che io _____ molto? *bere*
19. Era certo che noi _____ il significato. *capire*
20. Se solo Marco _____ la verità! *dire*

IMPERATIVE (*Imperativo*)

Formal Commands

The formal commands are formed by using the subjunctive form of the verb. Note that the vowel of the subjunctive ending is **-i** for **-are** verbs and **-a** for **-ere** and **-ire** verbs. Also note that the formal pronouns **Lei** and **Loro** are usually omitted with the commands. An exclamation mark usually follows the command forms.

Infinitive	Singular (**Lei**)	Plural (**Loro**)
parlare	**Parli!**	**Parlino!**
cantare	**Canti!**	**Cantino!**
vendere	**Venda!**	**Vendano!**
scrivere	**Scriva!**	**Scrivano!**
dormire	**Dorma!**	**Dormano!**
partire	**Parta!**	**Partano!**
finire	**Finisca!**	**Finiscano!**
pulire	**Pulisca!**	**Puliscano!**

The first-person singular of the present indicative serves as the root for the formation of the formal commands. The final **-o** is changed to **-i** (**Lei**) and **-ino** (**Loro**) for **-are** verbs and to **-a** (**Lei**) and **-ano** (**Loro**) for **-ere** and **-ire** verbs. Study the following formal command forms of stem-changing and irregular verbs:

Formal Commands

Infinitive	Present (**io**)	Singular (**Lei**)	Plural (**Loro**)
sedere	siedo	Sieda!	Siedano!
sonare	suono	Suoni!	Suonino!
udire	odo	Oda!	Odano!
uscire	esco	Esca!	Escano!
apparire	appaio	Appaia!	Appaiano!
porre	pongo	Ponga!	Pongano!
rimanere	rimango	Rimanga!	Rimangano!
salire	salgo	Salga!	Salgano!
trarre	traggo	Tragga!	Traggano!
venire	vengo	Venga!	Vengano!
cogliere	colgo	Colga!	Colgano!
scegliere	scelgo	Scelga!	Scelgano!
bere	bevo	Beva!	Bevano!
dire	dico	Dica!	Dicano!
tradurre	traduco	Traduca!	Traducano!
fare	faccio	Faccia!	Facciano!
andare	vado	Vada!	Vadano!

The following verbs have completely irregular formal command forms:

Formal Commands

Infinitive	*Singular* (**Lei**)	*Plural* (**Loro**)
avere	Ạbbia!	Ạbbiano!
sapere	Sạppia!	Sạppiano!
ẹssere	Sịa!	Sịano!
dare	Dịa!	Dịano!
stare	Stịa!	Stịano!

Note that the same form of the verb is used for the negative formal commands.

Non parli!	**Non pạrlino!**
Non scriva!	**Non scrịvano!**
Non parta!	**Non pạrtano!**
Non finisca!	**Non finịscano!**
Non cuocia!	**Non cuọciano!**
Non salga!	**Non sạlgano!**

181. Answer the following questions according to the model:

Parlo? ⟶ Sí, parli!
⟶ No, non parli!

1. Dormo?
2. Scrivo?
3. Ritorno?
4. Rispondo?
5. Arrịvo presto?
6. Credo tutto?
7. Ballo?
8. Leggo?
9. Guạrdo la televisiọne?
10. Vedo il film?
11. Finisco sụbito?
12. Guịdo la mạcchina?
13. Chiụdo la porta?
14. Vengo alle tre?
15. Salgo adesso?
16. Ho paziẹnza?
17. Rimango qui?
18. Fạccio il buono?
19. Bevo il latte?
20. Vado a casa?
21. Traduco la lẹttera?
22. Esco fuori?
23. Traggo una conclusiọne?
24. Suọno il piạno?
25. Scelgo la rivista?

182. Answer the following questions according to the model:

Dormiamo? ⟶ Sí, dọrmano!
⟶ No, non dọrmano!

1. Parliạmo?
2. Scriviạmo le lẹttere?
3. Leggiạmo la rivista?
4. Chiudiạmo la finestra?
5. Compriạmo i libri?
6. Guardiạmo lo spettạcolo?
7. Dividiạmo i regali?
8. Partiạmo alle otto?
9. Mandiạmo il pacco?
10. Facciạmo il té?
11. Usciạmo alle due?
12. Traduciạmo il poema?
13. Saliạmo le scale?
14. Andiạmo dai nonni?
15. Veniạmo in mạcchina?
16. Diạmo il benvenuto?
17. Rimaniạmo a scuọla?
18. Diciạmo la verità?
19. Traiạmo una conclusiọne?
20. Scegliạmo la cravatta?

Familiar commands

Affirmative of regular verbs

The familiar singular (**tu**) command of regular **-are** verbs is the same as the third-person singular (**Lei**) form of the present indicative. The plural **voi** command is the same as the **voi** form of the present indicative.

Infinitive	*Singular* (**tu**)	*Plural* (**voi**)
cantare	Canta!	Cantate!
parlare	Parla!	Parlate!
mangiare	Mangia!	Mangiate!

The familiar commands for regular **-ere** and **-ire** verbs are the same as the **tu** and **voi** forms of the present indicative.

Infinitive	*Singular* (**tu**)	*Plural* (**voi**)
vendere	Vendi!	Vendete!
scrivere	Scrivi!	Scrivete!
dormire	Dormi!	Dormite!
salire	Sali!	Salite!
finire	Finisci!	Finite!
pulire	Pulisci!	Pulite!

183. Answer the following in the affirmative with the familiar command according to the model:

Parlo? ⟶ Sí, parla!

1.	Canto?	6.	Scrivo?
2.	Torno?	7.	Temo?
3.	Scio?	8.	Dormo?
4.	Cerco?	9.	Sento?
5.	Mangio?	10.	Salgo?

184. Answer the following in the affirmative with the familiar command according to the model:

Parliamo? ⟶ Sí, parlate!

1.	Cantiamo?	6.	Temiamo?
2.	Mangiamo?	7.	Scriviamo?
3.	Torniamo?	8.	Dormiamo?
4.	Sciamo?	9.	Sentiamo?
5.	Pensiamo?	10.	Saliamo?

Affirmative of irregular verbs

The following verbs have irregular forms for the familiar commands in the **tu** and **voi** forms:

Infinitive	*Familiar Singular* (**tu**)	*Familiar Plural* (**voi**)
andare	Va'!	Andate!
dare	Da'!	Date!
stare	Sta'!	State!
avere	Abbi!	Abbiate!
essere	Sii!	Siate!
dire	Di'!	Dite!
fare	Fa'!	Fate!
sapere	Sappi!	Sappiate!

185. Answer the following according to the model:

Andare in fretta? ⟶ Va' in fretta!

1. Dare i saluti?
2. Stare attento?
3. Dire la verità?
4. Sapere la risposta?

5. Ęssere in tempo?
6. Fare i cọmpiti?
7. Avere pronta la lezione?

186. Answer the following according to the model:

Ęssere bravi? ⟶ Sięte bravi!

1. Fare bene il lavoro?
2. Dire tutto?
3. Sapere i dettagli?
4. Dare il benvenuto?

5. Stare a casa?
6. Avere pazięnza?
7. Andare a studięre?

Negative forms

The negative **tu** command forms of all verbs are formed by the infinitive of the verb preceded by **non**. Observe the following:

Infinitive	Affirmative (**tu**)	Negative (**tu**)
cantare	Canta!	Non cantare!
mangiare	Mạngia!	Non mangiare!
andare	Va'!	Non andare!
avere	Abbi!	Non avere!
credere	Credi!	Non credere!
dire	Di'!	Non dire!
essere	Sii!	Non essere!
fare	Fa'!	Non fare!
sapere	Sappi!	Non sapere!
dormire	Dormi!	Non dormire!
finire	Finisci!	Non finire!

The negative **voi** command forms of all verbs are formed simply by placing **non** before the affirmative **voi** form. Study the following:

Infinitive	Affirmative (**voi**)	Negative (**voi**)
parlare	parlate!	non parlate!
fare	fate!	non fate!
credere	credete!	non credete!
dormire	dormite!	non dormite!
finire	finite!	non finite!

187. Answer the following questions with commands according to the model:

Vado? ⟶ Sí, va'!
No, non andare!

1. Parlo ad alta voce?
2. Fạccio il caffé?
3. Rispondo al telęfono?
4. Dormo fino a tardi?
5. Sono in ritardo?

6. Vengo da solo?
7. Ho vergogna?
8. Dico la verità?
9. Sto a casa?
10. Scrivo una lęttera?

188. Answer the following questions with commands according to the model:

Andiạmo al cịnema? ——→ Sí, andate al cịnema!

——→ No, non andate al cịnema!

1. Torniạmo tardi?
2. Ceniạmo insiẹme?
3. Diạmo i libri a Mạrio?
4. Stiạmo a casa?
5. Crediạmo tutto?
6. Siạmo cattivi?
7. Abbiạmo paziẹnza?
8. Vediạmo il film?
9. Dormiạmo molto?
10. Diciạmo tutto?
11. Veniạmo insiẹme?
12. Usciạmo alle nove?
13. Sciạmo spesso?
14. Lasciạmo il posto?
15. Scriviạmo agli amici?
16. Finiạmo gli esami?

189. Change the following familiar commands into formal commands:

1. Canta bene!
2. Viẹni qui!
3. Sịi buono!
4. Scrivi la lẹttera!
5. Lavorate di piú!
6. Credete tutto!
7. Mạngia di meno!
8. Cercate i bambini!
9. Restituịsci i libri!
10. Rimanete qui!
11. Scịa bene!
12. Parlate poco!
13. Dormi in albergo!
14. State a casa!
15. Abbi paziẹnza!
16. Comịncia la lẹttura!
17. Venite da noi!
18. Fa' il caffé!
19. Dite la verità!
20. Tạglia il filo!

190. Rewrite the following commands in the negative:

1. Venga qui!
2. Viẹni qui!
3. Venite qui!
4. Vẹngano qui!
5. Parla molto!
6. Parli molto!
7. Parlate molto!
8. Pạrlino molto!
9. Sịi buọno!
10. Ạbbia paziẹnza!
11. Credi tutto!
12. Dite la verità!
13. Dọrmano poco!
14. Sta' fermo!
15. Ẹscano fuori!
16. Finisca la lẹttura!
17. Scịa molto!
18. Scrivi l'indirizzo!
19. Fa' il té!
20. Fạccia il caffé!

191. Rewrite the following negative commands in the affirmative:

1. Non gridare!
2. Non tagliạte il foglio!
3. Non ẹssere stụpido!
4. Non vẹngano tardi!
5. Non dica tutto!
6. Non avere paziẹnza!
7. Non telefonate a Carlo!
8. Non fạccia lo spiritoso!
9. Non stịano fermi!
10. Non dare la rivista!

First-Person Commands (*let's* and *let's not*)

In order to express the idea *let's,* the first-person plural form (**noi**) of the present indicative is used. Note that, in order to distinguish between the present indicative and the command, an exclamation mark is placed next to the latter. *Let's not* is expressed by placing **non** before the command. Observe the following:

Infinitive	Present Indicative	First-Person (**noi**) Command
mangiare	mangiamo *we eat*	Mangiamo! *Let's eat!*
cantare	non cantiamo *we don't sing*	Non cantiamo! *Let's not sing!*
credere	crediamo *we believe*	Crediamo! *Let's believe!*
dormire	non dormiamo *we do not sleep*	Non dormiamo! *Let's not sleep!*
andare	andiamo *we go*	Andiamo! *Let's go!*
stare	stiamo *we stay*	Stiamo! *Let's stay!*

192.   Follow the model:

> **Andare in Europa. ⟶ Andiamo in Europa!**
> **Non tornare a casa. ⟶ Non torniamo a casa!**

1. Cenare in quel ristorante.
2. Non ballare molto.
3. Telefonare a Stefano.
4. Dire la verità.
5. Non uscire tardi.
6. Preparare la valigia.
7. Non essere tristi.
8. Avere pazienza.
9. Fare i compiti.
10. Non andare al cinema.

GERUNDS (Gerundio)

Present Gerund

In Italian, the present gerund of regular **-are** verbs consists of the infinitive verb root plus **-ando**:

Infinitive	Root	Gerund
parlare	**parl-**	parlando
cantare	**cant-**	cantando
mangiare	**mangi-**	mangiando
cominciare	**cominci-**	cominciando
sbagliare	**sbagli-**	sbagliando

The present gerund of regular **-ere** and **-ire** verbs consists of the infinitive verb root plus **-endo**:

Infinitive	Root	Gerund
credere	**cred-**	credendo
leggere	**legg-**	leggendo
scrivere	**scriv-**	scrivendo
capire	**cap-**	capendo
partire	**part-**	partendo
uscire	**usc-**	uscendo

Note that most verbs with irregular gerunds form the latter with the root of the present indicative **io** form. Study the following list:

Infinitive	Root	Gerund
bere	**bev-**	bevendo
dire	**dic-**	dicendo
fare	**fac-**[31]	facendo
tradurre	**traduc-**	traducendo
trarre	**tra-**[31]	traendo

---

[31] **Fare** and **trarre** do not use the present indicative **io** form.

Observe the following use of the present gerund:

Camminando, ho incontrato Carlo.
While walking, I met Charles.
Studiando, Paolo impara molto.
While studying, Paul learns a lot.
Traducendo, ho fatto molti errori.
While translating, I made many errors.
Essendo amici, abbiamo parlato a lungo.
Being friends, we spoke at length.

Past Gerund

The past gerund is formed with the present gerund of the auxiliaries **avere** (**avendo**) and **essere** (**essendo**) plus the past participle of the acting verb. Remember that verbs requiring **avere** have invariable past participles, whereas verbs requiring **essere** must have past participles that agree in gender and in number with the subject. (However, also remember that if a pronoun precedes **avere**, the past participle must agree in gender and number with the pronoun. For more details, see page 131.)

Infinitive	*Past Gerund*	
cantare	avendo cantato	*having sung*
finire	avendo finito	*having finished*
parlare	avendo parlato	*having spoken*
arrivare	essendo arrivato(-a, -i, -e)	*having arrived*
venire	essendo venuto(-a, -i, -e)	*having come*

Avendo pranzato, Pietro andò al cinema.
Having dined, Peter went to the movies.

Essendo arrivati in ritardo, ci siamo scusati.
Having arrived late, we excused ourselves.
but: **Ci siamo scusati essendo arrivati in ritardo.**
  We excused ourselves for having arrived late.

Avendola veduta (vista), l'abbiamo salutata.
Having seen her, we greeted her.
but: **L'abbiamo salutata avendola veduta (vista).**
  We greeted her after having seen her.

Essendo venuta presto, Luisa ha dovuto aspettare.
Having come early, Louise had to wait.
but: **Luisa ha dovuto aspettare essendo venuta presto.**
  Louise had to wait after having come early.

PROGRESSIVE TENSES

The progressive tenses in Italian are very graphic, pictorial tenses. When used, they show that the action of the verb is in the process of taking place. The progressive forms are most commonly used with the present indicative and the imperfect indicative, and sometimes with the future, the conditional, the present subjunctive, and the imperfect subjunctive. The progressive tense is composed of the conjugated forms of the verb **stare** plus the present gerund (*-ing*) of the acting verb. (Although verbs such as **seguire** and **venire** may also be used as auxiliaries in a progressive sense, **stare** is the most commonly used.) Observe the progressive construction in the present and imperfect indicative:

Present Progressive

	cantare	scrivere	dormire
io	sto cantando	sto scrivendo	sto dormendo
tu	stai cantando	stai scrivendo	stai dormendo
lui, lei, Lei	sta cantando	sta scrivendo	sta dormendo
noi	stiamo cantando	stiamo scrivendo	stiamo dormendo
voi	state cantando	state scrivendo	state dormendo
loro, Loro	stanno cantando	stanno scrivendo	stanno dormendo

Imperfect Progressive

	parlare	vivere	salire
io	stavo parlando	stavo vivendo	stavo salendo
tu	stavi parlando	stavi vivendo	stavi salendo
lui, lei, Lei	stava parlando	stava vivendo	stava salendo
noi	stavamo parlando	stavamo vivendo	stavamo salendo
voi	stavate parlando	stavate vivendo	stavate salendo
loro, Loro	stavano parlando	stavano vivendo	stavano salendo

193. Rewrite the following supplying the present gerund of each indicated verb:

1. I ragazzi stanno giocando.   *parlare, scrivere, gridare, salire, scendere*
2. Io sto uscendo.   *mangiare, ascoltare, discutere, sentire, venire*
3. Tu stai partendo.   *contare, piangere, servire il té, leggere, cantare*

194. Rewrite the following using the present progressive:

1. Tu suoni e Pietro canta.
2. Io dormo e voi studiate.
3. Loro parlano e noi guardiamo la televisione.
4. Loro arrivano e noi partiamo.
5. Voi uscite e loro entrano.
6. Noi leggiamo e tu ascolti la radio.
7. Io scrivo e Anna lavora.

195. Rewrite the following using the imperfect progressive:

1. Io giocavo a carte.
2. Voi tornavate dal centro.
3. Tu leggevi alcune riviste.
4. Loro salivano rapidamente.
5. Olga studiava la lettura.
6. Io giravo l'Europa.
7. Voi mangiavate in fretta.
8. Noi vedevamo un film.

REFLEXIVE VERBS (*Verbi Riflessivi*)

A reflexive verb expresses an action performed and received by the same subject. Not all verbs can become reflexive. Those that do drop the **-e** of the infinitive ending and add the pronoun **si**. For example, the verb **lavare** (*to wash*) becomes **lavarsi** (*to wash oneself*) in the reflexive infinitive. Since the subject also receives the action, an additional pronoun is needed when conjugating a reflexive verb. This is called the reflexive pronoun. There is a different reflexive pronoun for almost every personal form. Study the following forms for the verbs **alzarsi** (*to get oneself up*), **mettersi** (*to put [something] on*), and **coprirsi** (*to cover oneself*):

	alzarsi	mettersi	coprirsi
(io) mi	mi alzo	mi metto	mi copro
(tu) ti	ti alzi	ti metti	ti copri
(lui, lei, Lei) si	si alza	si mette	si copre
(noi) ci	ci alziamo	ci mettiamo	ci copriamo
(voi) vi	vi alzate	vi mettete	vi coprite
(loro, Loro) si	si alzano	si mettono	si coprono

The following is a list of common Italian reflexive verbs:

accorgersi (di) *to notice*
addormentarsi *to fall asleep*
alzarsi *to get up*
arrabbiarsi *to get angry*
chiamarsi *to be named*
coprirsi *to cover oneself*
coricarsi *to lie down, to go to bed*
diplomarsi *to get a diploma*
divertirsi *to have fun, to enjoy oneself*
farsi il bagno *to bathe oneself*
farsi la doccia *to take a shower*
farsi male *to get hurt, hurt oneself*
ferirsi *to wound oneself*
fidanzarsi (con) *to get engaged to*
fidarsi (di) *to trust*
innamorarsi (di) *to fall in love with*
lamentarsi (di) *to complain about*
lavarsi *to wash oneself*
laurearsi *to graduate*
mettersi *to put on (clothing, etc.)*
pentirsi (di) *to repent of*
pettinarsi *to comb one's hair*
prepararsi (per) *to get ready*
pulirsi *to clean oneself*
radersi *to shave*
ricordarsi (di) *to remember*
sbarbarsi *to shave*
sedersi *to sit down*
sentirsi *to feel*
spogliarsi *to undress*
sposarsi (con) *to get married*
svegliarsi *to wake up*
vestirsi *to get dressed*
voltarsi *to turn*

196. Complete the following with the appropriate present indicative reflexive forms of the indicated verbs:

1. Quei ragazzi _____ alle otto. *alzarsi*
2. D'inverno voi _____ sempre il cappotto. *mettersi*
3. I bambini _____ facilmente. *addormentarsi*
4. Io _____ Roberto. *chiamarsi*
5. Noi _____ rapidamente. *vestirsi*
6. La signorina Martini _____ in medicina. *laurearsi*
7. Tu _____ vicino alla porta. *sedersi*

8. Luisa _____ sempre. *lamentarsi*
9. Maria _____ ogni giorno. *sbarbarsi*
10. Mario _____ di Gina. *innamorarsi*

197. Complete the following with the appropriate reflexive pronouns:

1. Io _____ alzo alle sette e mezzo.
2. Noi _____ addormentiamo facilmente.
3. Voi _____ pettinate con cura.
4. Luigi _____ veste lentamente.
5. I signori _____ mettono la cravatta ogni giorno.
6. Tu _____ svegli sempre alla stessa ora.
7. Gli studenti _____ laureano quest'anno.
8. Noi _____ laviamo le mani spesso.
9. Quei ragazzi _____ lamentano sempre.
10. Tu _____ diverti con gli amici.
11. Lui _____ fa la doccia ogni mattina.
12. Voi _____ chiamate Maria e Paolo.
13. Io non _____ arrabbio mai.
14. Quel signore non _____ fida di nessuno.

Compound Tenses

All reflexive verbs form their compound tenses with the appropriate conjugated tenses of **essere** and with the past participles of the acting verbs. Remember that the past participle of reflexive verbs must agree in gender and number with the subject.

Stamani Carlo si è alzato alle sette in punto.
This morning Charles got up at seven o'clock sharp.
Le signorine si sono sedute vicino alla finestra.
The young ladies sat near the window.
Domani a quest'ora Pietro e Anna si saranno già sposati.
Tomorrow at this time Peter and Ann will have gotten married.

198. Rewrite the following in the present perfect (**passato prossimo**):

1. Io (*m.*) mi siedo vicino alla porta.
2. Luigi si sbarba con difficoltà.
3. I ragazzi si alzano alle sette.
4. Voi (*m.*) vi arrabbiate facilmente.
5. Ragazze, a che ora vi svegliate?
6. Signori, a che ora si alzano Loro?
7. Maria, tu ti laurei in maggio?
8. Paolo e io ci mettiamo la cravatta.
9. Gina si sente bene.
10. Teresa e Paola si ricordano tutto.
11. Le studentesse si preparano per gli esami.
12. Io (*f.*) mi lavo le mani.

Reciprocal Reflexives

Reciprocal reflexive verbs express a reciprocal action which involves, of course, more than one person. The following is a partial list of common reciprocal reflexives:

abbracciarsi   *to embrace each other (one another)*
aiutarsi   *to help each other (one another)*
amarsi   *to love each other (one another)*
ammirarsi   *to admire each other (one another)*
baciarsi   *to kiss each other (one another)*
conoscersi   *to know each other (also: to meet)*
consolarsi   *to comfort each other (one another)*
incontrarsi   *to meet (each other)*
innamorarsi   *to fall in love (with each other)*
insultarsi   *to insult each other (one another)*
piacersi   *to like each other (one another)*
riconoscersi   *to recognize each other (one another)*
rispettarsi   *to respect each other (one another)*
rivedersi   *to see each other again (one another)*
salutarsi   *to greet each other (one another)*
scriversi   *to write to each other (one another)*
sposarsi   *to get married (to each other)*
vedersi   *to see each other (one another)*
visitarsi   *to visit each other (one another)*
volersi bene   *to like each other, to love each other (one another)*

Giovanni e Anna si vedono spesso.
John and Ann see each other often.
Alberto e Luigi si sono conosciuti allo stadio.
Albert and Louis met at the stadium.
Gli amici si aiutano a vicenda (a vicenda emphasizes reciprocity).
Friends help one another.
Si sono piaciuti appena si sono incontrati.
They liked each other as soon as they met.

199.   Complete the following sentences with the present indicative of the indicated verbs:

1.   Noi _____ sempre.   *salutarsi*
2.   Giorgio e Teresa _____ .   *sposarsi*
3.   I signori _____ molto.   *rispettarsi*
4.   Carlo e Giovanna _____ ogni mese.   *scriversi*
5.   Maria e Olga _____ da brave amiche.   *aiutarsi*
6.   Voi _____ ogni giorno.   *salutarsi*
7.   I miei cugini e io _____ ogni domenica.   *vedersi*
8.   I tuoi parenti _____ spesso.   *visitarsi*
9.   Quegli amici _____ bene.   *volersi*
10.   Mario e Luisa _____ al teatro.   *incontrarsi*

Reflexive versus Nonreflexive

Reflexive verbs express an action performed and received by the same subject (review pages 165–167). When many of these verbs are used nonreflexively (that is, without the reflexive pronouns), their meaning changes. Observe the following sentences:

Reflexive	*Nonreflexive*
Roberto si lava.	**Roberto lava la macchina.**
Robert washes (himself).	*Robert washes the car.*
Io mi alzo.	**Io alzo il ricevitore.**
I get up.	*I lift the receiver.*
Tu ti chiami Maria.	**Tu chiami i bambini.**
Your name is Mary.	*You call the children.*

Note the difference in meaning between the reflexive and nonreflexive forms of the following verbs. The nonreflexive forms below are transitive (they take a direct object).

Reflexive	*Nonreflexive*
addormentarsi *to fall asleep*	**addormentare** *to put to sleep*
aiutarsi *to help oneself, each other, etc.*	**aiutare** *to help (someone)*
alzarsi *to get up*	**alzare** *to raise, to lift*
chiamarsi *to be named*	**chiamare** *to call (someone)*
divertirsi *to have fun*	**divertire** *to amuse (someone)*
farsi il bagno *to bathe oneself*	**fare il bagno (a)** *to bathe (someone)*
farsi male *to hurt oneself*	**fare male (a)** *to hurt (someone)*
lavarsi *to wash oneself*	**lavare** *to wash (someone or something)*
mẹttersi *to put on (clothing, etc.)*	**mẹttere** *to place (someone or something)*
pettinarsi *to comb oneself*	**pettinare** *to comb (someone or something)*
prepararsi *to get ready*	**preparare** *to prepare (someone or something)*
pulirsi *to clean oneself*	**pulire** *to clean (someone or something)*
ricordarsi (di) *to remember*	**ricordare** *to remember, to remind (someone or something)*
sentirsi *to feel*	**sentire** *to feel, to hear (someone or something), to listen to (someone), to smell*
svegliarsi *to wake up*	**svegliare** *to wake (someone) up*
vestirsi *to get dressed*	**vestire** *to dress (someone), to wear (something)*

200. Complete the following sentences with the reflexive pronoun when it is necessary:

1. Noi _____ vestiạmo i bambini.
2. Carlo _____ svẹglia alle otto e mezza.
3. Teresa e Gino _____ lạvano i piạtti.
4. Voi _____ divertite molto.
5. Io _____ chiạmo gli amici.
6. Tu _____ chiạmi Ernesto.
7. Marco _____ aiụta suo padre.
8. Noi _____ laviạmo le mani.
9. Voi _____ lavate la mạcchina.
10. Olga _____ mette la blusa verde.
11. _____ sento il campanello.
12. _____ sento bene.
13. _____ svegliạmo Gino alle nove.
14. Lui _____ chiạma Roberto.
15. Tu _____ pulisci la casa.
16. _____ chiamate i vostri amici?
17. _____ lạvano le mani.
18. _____ svẹglio alle otto e mezza.

USES OF THE INFINITIVE

The Infinitive after Prepositions

The infinitive is used after most prepositions, such as **per**, **prima di**, **senza**, etc. In English, the equivalent of the Italian infinitive often appears as a present gerund (the *-ing* form of the verb).

> **Siạmo pronti per uscire.** *We are ready to go out.*
> **Gli ho parlato prima di partire.** *I spoke to him before leaving.*
> **Se ne sono andati senza dire niẹnte.** *They went away without saying anything.*

The past infinitive may also be used after **senza**. The past infinitive is formed with the auxiliaries **ẹssere** or **avere** plus the past participle of the acting verb: **ẹssere venuto**, **avere cenato**. Note that it is common to drop the final **-e** of the auxiliary verb in the past infinitive: **ẹsser venuto**, **avẹr cenato**.

Sono venuti senza avẹr telefonato.
They came without having telephoned.
Sono ritornati dall'Italia senza esser stati a Venezia.
They returned from Italy without having been in Venice.

Dopo is always followed by the past infinitive.

È ritornata dopo avẹr comprato i bigliẹtti.
She returned after having bought the tickets.

201. Substitute each indicated infinitive in the following sentences:

1. Gli ho parlato prima di <u>uscire</u>.   *studiạre, finịre, mangiạre, giocạre, ballạre, cantạre, lavorạre*
2. Sono entrati senza <u>dire niẹnte</u>.   *parlạre, salutạre, sorrịdere, dare il buongiọrno*

202. Complete the following with the correct past form of the indicated infinitive:

1. È ritornato dopo _____ il film.   *vedere*
2. Siẹte arrivati senza _____ .   *telefonare*
3. Sono partiti senza _____ niẹnte a nessuno.   *dire*
4. È ritornata dopo _____ l'Itạlia.   *visitare*
5. Dopo _____ lui è venuto a vedermi.   *arrivare*

The Infinitive as a Noun

In Italian the infinitive may also function as a noun.

Dormire poco non è buọno.
To sleep little is not good.
Viaggiạre stanca.
Traveling is tiring.

203. Answer the following questions according to the model:

Dormi poco? ⟶ No, dormire poco non è buọno.

1. Lavori troppo?
2. Mangi molto?
3. Parli sempre?
4. Viạggi ogni giọrno?
5. Studi continuamente?
6. Balli senza sosta?
7. Giọchi senza riposare?
8. Dormi assai?
9. Corri troppo?
10. Spendi troppo denaro?

The Infinitive as an Indirect Command

The infinitive is used to give instructions in the affirmative in a variety of situations.

Entrare!   *Enter! (noun:* **entrata***)*
Uscire!   *Exit! (noun:* **uscita***)*
Spịngere!   *Push!*
Tirare!   *Pull!*
Tenere la destra!   *Keep right!*
Tenere la sinistra!   *Keep left!*

Tenersi a distanza!   *Keep off! Keep away!*
Tenersi lontano!   *Keep off! Keep away!*

When the indirect command is in the negative, the infinitive is usually preceded by the past participle **vietato** (literally: *prohibited*).

Vietato entrare!   *No entrance!*
Vietato fumare!   *No smoking!*
Vietato girare a destra!   *No right turn!*
Vietato girare a sinistra!   *No left turn!*
Vietato parlare!   *No talking!*
Vietato sostare!   *No parking!* or *No stopping!*
Sosta vietata!   *No parking!* or *No stopping!*

204. Rewrite the following instructions in the negative:

1. Entrare!
2. Tirare!
3. Spingere!

4. Fumare!
5. Girare a destra!
6. Uscire!

205. Translate the following:

1. No smoking!
2. No left turn!
3. Keep right!
4. Pull!
5. Push!

6. Keep off!
7. Keep left!
8. No talking!
9. No right turn!
10. No parking!

The Infinitive after *lasciare*, *vedere*, and *sentire*

Letting, seeing, or *hearing* someone do something is expressed by the conjugated forms of **lasciare, vedere, and sentire,** respectively, plus the infinitive.

Ho lasciato giocare i bambini.
I've let the children play. (or: *I let the children play.*)
Ho sentito cantare Teresa.
I heard Theresa sing.
Ho veduto (visto) dormire i bambini.
I saw the children sleep.

206. Answer the following according to the model:

I bambini saltavano? (vedere) ⟶ Sì, ho visto saltare i bambini.

1. I ragazzi giocavano?   *lasciare*
2. Le studentesse studiavano?   *vedere*
3. Il tenore cantava?   *sentire*
4. Il ragazzo parlava?   *lasciare*
5. Gli studenti ballavano?   *vedere*
6. La ragazza leggeva?   *sentire*
7. Il giovane lavorava?   *lasciare*
8. Luigi scriveva?   *vedere*
9. Suo padre gridava?   *sentire*
10. I signori discutevano?   *lasciare*

Fare in Causative Constructions

In causative constructions the verb **fare** is followed by an infinitive and expresses the idea of having someone do something or having something done or made.

> **Faccio studiare i ragazzi.**
> *I have (make) the boys study.*
> **Ho fatto arrivare a tempo gli studenti.**
> *I had (made) the students arrive on time.*
> **Abbiamo fatto fare quella sędia.**
> *We had that chair made.*

Note that if the object is a noun, it always follows the infinitive. If the object is a pronoun, however, it precedes the verb **fare**.

> **Faccio studiare i ragazzi.**
> **Li faccio studiare.**
> **Ho fatto arrivare a tempo gli studenti.**
> **Li ho fatti arrivare a tempo.**

When a causative sentence has two objects, one becomes an indirect object. The indirect object is the person being made to do something. In Italian, the indirect object is introduced by the preposition **a** (alone or in its articulated form, as required). Observe the following:

> *One object:*
> **Il maęstro fa lęggere lo studente.**
> *The teacher has (makes) the student read.*
> *Two objects:*
> **Il maęstro fa lęggere la lettura allo studente.**
> *The teacher has (makes) the student read the passage.*

When either one or both of the objects is a pronoun, the object pronouns precede the verb **fare**. Observe the following:

> **Il maęstro fa lęggere la lettura allo studente.** *The teacher has the student read the reading.*
> **Il maęstro la fa lęggere allo studente.** *The teacher has the student read it.*
> **Il maęstro gli fa lęggere la lettura.** *The teacher has him read the reading.*
> **Il maęstro gliela fa lęggere.** *The teacher has him read it.*

If, however, the indirect object pronoun is **loro** (see p. 198), the pronoun **loro** follows the infinitive. Observe the following. (Note that **compiti** (m. pl.) in Italian, has a singular equivalent in English, *homework;* hence the direct object pronoun **li** becomes English *it*.)

> **Io ho fatto scrivere i compiti agli studenti.** *I had the students write the homework.*
> **Io li ho fatti scrivere agli studenti.** *I had the students write it.*
> **Io ho fatto scrivere loro i compiti.** *I had them write the homework.*
> **Io li ho fatti scrivere loro.** *I had them write it.*

In order to avoid ambiguity with the indirect object, the preposition **da** instead of **a** can introduce the indirect object. For example, consider this sentence: **Abbiamo fatto mandare il pacco a Maria.** It can mean: (1) *We had (made) Mary send the package;* or (2) *We had the package sent to Mary.* If the first meaning is intended, **da** can replace **a**:

> **Abbiamo fatto mandare il pacco da Maria.**
> *We had (made) Mary send the package.*

The reflexive **farsi** can also be used in a causative construction when one is having something done or made for oneself.

Mi faccio tagliare i capelli.
I have (am having) my hair cut.
Mi farò fare un vestito.
I'll have a suit made (for myself).

If the reflexive verb **farsi** is in a compound tense such as the **passato prossimo**, the verb **essere** is used.

Mi son fatto tagliare i capelli.
I had (have had) my hair cut.
Mi son fatto fare un vestito.
I had a suit made (for myself).
Me lo son fatto fare.
I had it made (for myself).

207. Translate the following:

1. I had the boy sing.
2. I had the boy sing the song.
3. I had the boy sing it.
4. I had him sing the song.
5. I had him sing it.

6. I had the boys sing the song.
7. I had the boys sing it.
8. I had them sing the song.
9. I had them sing it.

208. Rewrite the following, replacing the objects with pronouns according to the model:

Roberto fa chiamare gli amici. ⟶ Roberto li fa chiamare.

1. Luisa fa fare il lavoro.
2. Noi facciamo entrare la signora.
3. Il maestro fa recitare le poesie.
4. Tu fai mandare il pacco.
5. Io mi son fatto costruire la casa.
6. Io ho fatto tradurre la lettera a Gina.

PASSIVE VOICE

The passive voice is used frequently in Italian. It is formed with the conjugated forms of the verb **essere** plus the past participle of the verb. The agent or person who performs the action is introduced by the preposition **da** (which when necessary is contracted with the appropriate definite article. See pages 28–30.) Note that the past participle agrees in gender and number with the subject. Observe the following:

Passive Voice: **Le lettere sono state distribuite dal postino.**
                The letters were delivered by the letter carrier.
Active Voice: **Il postino ha distribuito le lettere.**
                The letter carrier delivered the letters.
Passive Voice: **I pacchi sono stati mandati da Teresa.**
                The packages were sent by Theresa.
Active Voice: **Teresa ha mandato i pacchi.**
                Theresa sent the packages.
Passive Voice: **Il biglietto sarà comprato dalla signorina.**
                The ticket will be bought by the young lady.
Active Voice: **La signorina comprerà il biglietto.**
                The young lady will buy the ticket.

Passive Voice: **La bicicletta gli è stata regalata dagli zii.**
                  The bicycle was given to him as a gift by his uncles (or *his uncle and aunt*).
Active Voice: **Gli zii gli hanno regalato la bicicletta.**
                  His uncles (or: *uncle and aunt*) *gave him the bicycle as a gift.*

209. Rewrite the following sentences in the active voice according to the model:

I libri sono stati comprati da Arturo.   *The books were bought by Arthur.*
Arturo ha comprato i libri.   *Arthur bought the books.*

1. Quel paese è stato distrutto da un terremoto.
2. Queste poesie sono state composte da Olga.
3. Quella casa è stata costruita da noi.
4. Gli scaffali sono stati fatti dagli studenti.
5. La lettera è stata inviata da mia zia.
6. Il pacco è stato portato da Giovanni.
7. Quel romanzo è stato scritto da Sciascia.
8. Gina e Maria sono state raccomandate dai professori.
9. Il pranzo è stato preparato dal cuoco.
10. La notizia è stata divulgata (*divulged*) dai giornali.

Note: Newspaper headlines often make use of an abbreviated form of the passive voice:

Giovane di ventidue anni ucciso da un camion.
Young man of twenty-two killed by a truck.
Città distrutta da un terremoto.
City destroyed by an earthquake.

Passive Voice with *si*

A common way to form the passive voice in Italian is by using the reflexive pronoun **si** with the third-person singular or plural form of the verb. This construction is most common when the person by whom the action is carried out (the agent) is unimportant, or when the action is habitual or normal.

Qui si parla italiano.
Italian is spoken here.
In quel negozio si vendono camicie e cravatte.
Shirts and neckties are sold in that store.

This construction is also used to convey an indefinite subject:

Si dice che Roberto è tornato in Italia.
It is said (They say) that Robert went back to Italy.
Ancora si parla della seconda guerra mondiale.
People (They) still talk about World War II.

210. Complete the following sentences with the appropriate forms of the indicated verbs:

1. Da quel ponte _____ un panorama magnifico.   *vedersi*
2. A che ora _____ questi negozi?   *aprirsi*
3. _____ inglese qui?   *parlarsi*
4. Come _____ "pencil" in italiano?   *dirsi*
5. In questo negozio _____ scarpe.   *vendersi*
6. In Sicilia vi _____ un clima meraviglioso.   *trovarsi*
7. Ancora _____ di quell'affare?   *parlarsi*
8. _____ poco al mercato all'aperto.   *spendersi*

Review

211. Complete the following with the appropriate forms of the indicated verbs:

1. Roberto, _____ una bella canzone! *cantare*
2. Ragazzi, _____ la casa! *pulire*
3. Signora, _____ ad alta voce! *parlare*
4. Signori, _____ una birra! *bere*
5. Ragazzo, _____ paziẹnza! *avere*
6. Antọnio e Teresa, _____ bravi! *ẹssere*
7. Professore, _____ questa lettura! *tradurre*
8. Olga, _____ qui! *venire*
9. Pạolo, non _____ questa sera. *uscire*
10. Signori, non _____ la porta! *chiụdere*
11. Ragazzo, _____ a casa! *andare*
12. Signor Tobino, _____ la verità! *dire*
13. Roberto, _____ buọno! *ẹssere*
14. Cameriẹre, mi _____ un caffé! *fare*

212. Supply the progressive forms of the italicized verbs:

1. Pạolo *parla* con suo zịo.
2. *Cantạvano* quando arrivò Carlo.
3. Chi *arriva* ora?
4. I ragazzi *scrịvono* agli amici.
5. Cosa *fai?* —*Leggo* un romanzo.
6. Cosa *facevate* quando vi abbiạmo chiamati.

213. Supply the **passato prossimo** forms of the italicized verbs:

1. *Si siẹdono* in prima fila.
2. *Ci divertiạmo* molto con gli amici.
3. Luịsa *si addormenta* alle diẹci.
4. Ragazze, a che ora *vi alzate?*
5. La studentessa *si prepara* per l'esame.
6. Roberto ed io *ci scriviạmo* spesso.
7. Leonardo e Mariạnna *si spọsano* domẹnica.
8. Maurịzio *si lạurea* quest'anno.

214. Translate the following into Italian:

1. Traveling is interesting.
2. Keep right!
3. No smoking!
4. No parking!
5. Pull!
6. We saw the children play.
7. I had him arrive on time.
8. We had her play the piano.
9. My town was destroyed by an earthquake.
10. English is spoken here!

Chapter 6

Negative Words and Constructions

MAKING A SENTENCE NEGATIVE

The most common way to make a sentence negative in Italian is to place the word **non** before the verbal expression. Observe the following:

> **Voglio dormire.**
> *I want to sleep.*
> **Non voglio dormire.**
> *I do not want to sleep.*

> **Carlo e Maria parlavano italiano.**
> *Charles and Mary spoke Italian.*
> **Carlo e Maria non parlavano italiano.**
> *Charles and Mary did not speak Italian.*

> **Ho finito.**
> *I have finished.*
> **Non ho finito.**
> *I have not finished.*

If an object pronoun (see Chapter 8) precedes the verb, the negative word **non** precedes the object pronoun. Study the following:

> **Lo conosco.**
> *I know him.*
> **Non lo conosco.**
> *I do not know him.*

> **Lo abbiamo fatto.**
> *We did it.*
> **Non lo abbiamo fatto.**
> *We did not do it.*

> **Ci alziamo.**
> *We get up.*
> **Non ci alziamo.**
> *We do not get up.*

1. Rewrite the following sentences in the negative:

1. Vogliamo andare al teatro.
2. Io conosco quei ragazzi.
3. Luisa vuole venire adesso.
4. Andavate alla spiaggia ogni estate.
5. Si sveglieranno alle quattro.
6. Gli amici portano i regali.
7. Tu mangi troppo.
8. Lo hanno dimenticato.
9. Ho visto Roberto ieri sera.
10. I miei amici mi visitano.

COMMON NEGATIVE EXPRESSIONS

Some very commonly used negative expressions are

nessuno   *no one, nobody*
niente (nulla)   *nothing*
mai   *never*
né . . . né   *neither . . . nor*
nessun   *no, not . . . any*   (used as an adjective, must agree in gender and number)
neanche, nemmeno, neppure   *not even*

Study the following:

Affirmative	*Negative*
Qualcuno parla.	**Non parla nessuno.**
Someone speaks.	*or* **Nessuno parla.**
	No one speaks.
Vedo qualcuno.	**Non vedo nessuno.**
I see someone.	*I don't see anyone.*
Voglio qualcosa (qualche cosa).	**Non voglio niente.**
I want something.	*I don't want anything.*
Tutto mi piace.	**Non mi piace niente.**
I like everything.	*or* **Niente mi piace.**
	I don't like anything. I like nothing.
Lui sempre va al cinema.	**Lui non va mai al cinema.**
He always goes to the movies.	*or* **Lui mai va al cinema.**
	He never goes to the movies.
Ho ricchezza e fortuna.	**Non ho né ricchezza né fortuna.**
I have riches and fortune.	*I have neither riches nor fortune.*
Compro qualche libro.	**Non compro nessun libro.**
I buy some books.	*I don't buy any books.*
Ho ricevuto qualche lettera.	**Non ho ricevuto nessuna lettera.**
I have received some letters.	*I haven't received any letters.*
Anch'io lo farò.	**Neanch'io (Nemmeno io, Neppure io) lo farò.**
I too will do it.	*Not even I will do it. (or I won't do it either)*

Note that the placement of the negative word (or words) in the sentence can vary. When the negative word precedes the verb, **non** is omitted.

Mai viaggiamo in aereo.   *We never travel by plane (ever).*
Non viaggiamo mai in aereo.   *We never travel by plane.*

Nessun and **niente** almost always follow the verb when they function as the object. When they are the subject of the sentence, their position can vary.

Nessuno parla.   *(Absolutely) No one speaks.*
Niente mi piace.   *I like nothing (at all).*
Non parla nessuno.   *No one speaks.*
Non mi piace niente.   *I don't like anything.*

Unlike English, more than one negative word can be used in the same sentence in Italian.

Carlo non dice mai niente a nessuno.
Charles never says anything to anybody.

2. Rewrite the following sentences in the negative:

1. C'è qualcosa sulla tạvola.
2. Qualcuno ti ha telefonato.
3. Vedo qualcuno nella stanza.
4. Sempre andiạmo alla spiạggia.
5. Lei ha inchiọstro e carta?
6. Luịgi sempre dice la stessa cosa.
7. C'è qualcuno in cucina.
8. Vuole qualche cosa?
9. Carlo sempre parla con qualcuno di qualche cosa.
10. Sempre leggo qualche giornale italiạno.

NEGATION OF COMPOUND TENSES

Verbs in compound tenses are also made negative by placing **non** before the auxiliary verb. Some words that are combined with **non** may take different positions in the sentence. Study the following combinations:

> **non . . . nessuno**   *no one, nobody*
> **non . . . niẹnte**   *nothing*
> **non . . . nulla**   *nothing*
> **non . . . né . . . né**   *neither . . . nor*
> **non . . . mai**   *never*
> **non . . . ancora**   *not yet*
> **non . . . più**   *no longer*
> **non . . . affatto**   *not at all*
> **non . . . mica**   *not at all (in the least)*
> **non . . . punto**   *not at all*
> **non . . . neạnche**   *not even*
> **non . . . nemmeno**   *not even*
> **non . . . neppure**   *not even*
> **non . . . che**   *only*

When they are used with **non**, the negative expressions **nessuno**, **niente**, **né . . . né**, and **che** always *follow* the past participle. Observe the following:

> <u>Non</u> hanno trovato <u>nessuno</u>.   *They haven't found anyone.*
> <u>Non</u> abbiamo visto <u>nessun</u> ragazzo.   *We haven't seen any boys.*
> <u>Non</u> abbiamo visto <u>nessuna</u> ragazza.   *We haven't said anything.*
> <u>Non</u> hanno detto <u>niẹnte</u>.   *They haven't said anything.*
> <u>Non</u> ho trovato <u>né</u> il passaporto <u>né</u> il bigliẹtto.   *I found neither the passport nor the ticket.*
> <u>Non</u> ho letto <u>che</u> due libri.   *I have read only two books.*

With the combinations **non . . . mica** and **non . . . punto**, **mica** and **punto** always come between the auxiliary verb and the past participle.

> <u>Non</u> ha <u>mica</u> parlato.   *He hasn't spoken at all.*
> <u>Non</u> è <u>punto</u> arrivato.   *He hasn't arrived at all.*

Affatto, **ancora**, **mai**, **neanche (nemmeno, neppure)** and **piú**, when used with **non**, can be placed either between the auxiliary verb and the past participle or after the past participle.

> Luịgi <u>non</u> è tornato <u>affatto</u>.   *Louis hasn't returned at all.*
> Luịgi <u>non</u> è <u>affatto</u> tornato.

> <u>Non</u> si sono svegliati <u>ancora</u>.   *They haven't awakened yet.*
> <u>Non</u> si sono <u>ancora</u> svegliạti.

Non ha viaggiato <u>mai</u>.   *He has never travelled.*
Non ha <u>mai</u> viaggiato.

Non sei tornato più.   *You haven't returned anymore.*
Non sei <u>più</u> tornato.

Non mi ha salutato <u>neanche</u>   *He didn't even greet me.*
Non mi ha <u>neanche</u> salutato.

3. Rewrite the following sentences, adding the Italian equivalent of the English words:

1. Siamo andati a sciare.   *never*
2. Ha chiamato.   *not at all*
3. Sono arrivati.   *not yet*
4. Tu sei entrato.   *not even*
5. Loro hanno visto uno spettacolo.   *not any*
6. Il cane è tornato.   *never*
7. Abbiamo visto.   *no one*
8. Si sono svegliati.   *not yet*
9. Ho visto quel film.   *never*
10. Noi abbiamo cantato.   *not at all*
11. Ha scritto poesie.   *only*

4. Answer the following questions using the cues provided:

1. Chi ti ha visitato ieri sera?   *non . . . nessuno*
2. Cosa hai detto?   *non . . . niente*
3. Quando sono arrivati i tuoi amici?   *non . . . ancora*
4. Quanti libri hai letto?   *non . . . che due*
5. Cosa hai fatto ieri sera?   *non . . . niente*
6. Hai comprato dischi o riviste?   *non . . . né . . . né*
7. Quando lo hai visto?   *non . . . più*
8. Quando sei andato(-a) in Italia?   *non . . . mai*
9. Cosa ha detto quando è arrivato?   *non . . . neanche buon giorno*
10. Cosa ha cantato?   non . . . mica

Neanche, nemmeno, neppure

Neanche, **nemmeno**, or **neppure** are the negative words used to replace **anche**. These three words can be used interchangeably. Observe the following:

Lui lo sa.   **Anch'io lo so.**
He knows it.   *I know it too (also).*
Lui non lo sa.   **Neanch'io (Nemmeno io, Neppure io) lo so.**
He doesn't know it.   *I don't know it either.*

5. Replace **anche** with **neanche**, **nemmeno**, or **neppure** in the following sentences and make the necessary changes:

1. Anche lui è ricco.
2. Anche le sue cugine hanno molto denaro.
3. Maria lo sa e anch'io lo so.
4. Anche Giovanni viene.
5. Anche lui lo ha fatto.

Review

6. Rewrite the following sentences in the negative:

1. Marco vuole andare a sciare.
2. Siamo sempre andati in montagna.
3. Ho libri e penne.
4. Loro ci dicono tutto.
5. Anche voi andate in Italia.
6. Qualcuno mi ha telefonato.
7. Tu leggi qualche rivista moderna.
8. Voi giocate sempre.

7. Rewrite each of the following sentences, using the Italian equivalent of the English cues:

1. Abbiamo giocato a tennis.   *never*
2. Hanno lavorato.   *not at all*
3. Hai visitato.   *no one*
4. Avete finito.   *not yet*
5. Ho fatto una telefonata.   *not any*
6. Ha salutato.   *not even*

Chapter 7

Interrogative Words and Constructions

FORMING QUESTIONS IN ITALIAN

In Italian a statement may be changed into a question by placing a question mark at the end of it. In spoken Italian the question is conveyed to the listener by using a *high* ——→ *low* ——→ *high* intonation extended throughout the sentence.

Statement	*Question*
Sẹrgio compra I lịbrl.	**Sẹrgio compra i libri?**
Sergio buys the books.	*Does Sergio buy the books?*
Hai molto tempo lịbero.	**Hai molto tempo lịbero?**
You have a lot of free time.	*Do you have a lot of free time?*
Voi avete due figli.	**Voi avete due figli?**
You have two children.	*Do you have two children?*

Statements can also be changed into questions by placing the subject either at the end of the sentence or after the verb. Note that subject pronouns are often omitted; they are usually included only for contrast or emphasis (except in the case of the formal forms, when they are used for clarity):

Statement	*Question*
Marịa vịene a casa.	**Vịene a casa Maria?** or **Viene Maria a casa?**
Mary comes home.	*Does Mary come home?*
Tu parli bene.	**Parli bene tu?**
You speak well.	*Do you speak well?*
Lei scrive ai ragazzi.	**Scrive ai ragazzi Lei?**
You (Formal singular) write to the boys.	*Do you (Formal singular) write to the boys?*
Roberto ha due figli.	**Ha due figli Roberto?**
Robert has two children.	*Does Robert have two children?*

A statement can be changed into a question by adding the expression **no?**, **non è vero?**, **è vero?**, or **vero?** to the end of a statement. Observe the following:

Arriverete stasera alle otto, vero?
You'll arrive tonight at eight, right?
Tuo zịo ha avuto un incidente, non è vero?
Your uncle had an accident, didn't he?
È il padrone, non è vero?
He is the owner, isn't he?
Domani cominceranno le nostre vacanze, no?
Our vacation will begin tomorrow, right?

1. Rewrite the following statements, using the same words, changing them into questions:

1. Luigi è arrivato alle cinque.
2. Noi ci sediạmo qui.
3. Tu hai paụra.
4. Loro (formal) pọrtano il vino.
5. Voi siete andati al teạtro.
6. Lei (formal) ha giocato a carte.
7. I giọvani bạllano molto.
8. Lui ha tradotto quel libro.

181

2. Rewrite the following questions as statements. Note that answers may vary.

1. Vanno a casa i ragazzi?
2. Sono tornate le studentesse?
3. Hai perduto (perso) la partita tu?

4. Vi siete alzati presto voi?
5. Escono alle sei Loro?
6. Abbiamo ballato molto noi?

3. Change the following statements into questions by using expressions such as **no?**, **vero?**, etc. Note that answers may vary.

1. Nostro fratello tornerà domani.
2. Quel vestito non costa molto.
3. Ci siamo incontrati per caso (by chance).

4. Mi riporterete il mio dizionario.
5. Sei stato malato fino a ieri.
6. Andremo in Italia insieme.

INTERROGATIVE ADVERBS AND ADVERBIAL EXPRESSIONS

The following interrogative words are the most commonly used to introduce a question:

A che ora? *At what time?*
Come? *How?*
Come mai? *How come? Why (on earth)? Why ever?*
Dove? *Where?*
Perché? *Why?*
Quando? *When?*
Quanto? *How much?*

Note that in Italian the subject and verb are inverted in interrogative sentences:

A che ora partono i tuoi amici?
At what time are your friends leaving?
Come sta Luigi?
How is Louis?
Dove sono i bambini?
Where are the children?
Dov'è il bambino?
Where is the child?
Perché fumi tanto?
Why do you smoke so much?
Quando usciamo?
When do we go out?
Quanto fa due piú tre?
How much is two plus three?

Note that the subject and verb are not inverted with **come mai**:

Come mai Mario non è qui?
How come Mario is not here? or *Why ever isn't Mario here?*

4. Complete the following with the appropriate question words, using the italicized words as hints:

1. Paolo mangia *poco*. _____ mangia Paolo?
2. Voi arrivate *tardi*. _____ arrivate voi?
3. I signori sono stati *al centro*. _____ sono stati i signori?
4. Ci siamo alzate *alle otto*. _____ ci siamo alzate?
5. Roberto sta *molto male*. _____ sta Roberto?
6. Le scarpe sono costate *ventimila lire*. _____ sono costate le scarpe?

7. Dieci meno otto fa *due*. _____ fa dieci meno otto?
8. Maria corre *perché ha fretta*. _____ corre Maria?
9. Sono partiti *presto*. _____ sono partiti?
10. Arriva a scuola *correndo*. _____ arriva a scuola?

INTERROGATIVE PRONOUNS *che, chi*

The interrogative pronouns **che** (*what*) and **chi** (*who, whom*) can be used as subjects, direct objects, or objects of a preposition. Observe the following examples:

Che succede?   *What's happening?*
Che vuoi?   *What do you want?*
Di che parlano?   *What are they talking about?*
Chi è lui?   *Who is he?*
Chi cerchi?   *Whom are you looking for?*
Di chi parlano?   *Whom are they talking about?*

Note that **che** can also be expressed by **che cosa** and **cosa**:

Che fai?
Che cosa fai? } *What are you doing?*
Cosa fai?

5. Complete the following with **chi** or **che**, based on the cue given:

1. _____ vedi?   *Antonio*
2. _____ vedi?   *I francobolli*
3. Di _____ parlano?   *Di politica*
4. Di _____ parlano?   *Di Angelina*

6. Complete the following with the appropriate interrogative words:

1. Giovanni scrive molto. _____ scrive molto?
2. Scrive un romanzo. _____ scrive?
3. Diamo i fiori agli amici. _____ diamo agli amici?
4. Diamo i fiori agli amici. _____ _____ diamo i fiori?
5. Hai ricevuto un regalo da me. _____ _____ hai ricevuto un regalo?
6. Hai ricevuto un regalo da me. _____ hai ricevuto da me?
7. Parlate di tutto. _____ _____ parlate?
8. Voteranno per Anna. _____ _____ voteranno?
9. Parlano della situazione politica. _____ _____ parlano?
10. S'incontra con Giorgio. _____ _____ s'incontra?

INTERROGATIVE PRONOUNS *quale, quali*

Quale or **quali** is the interrogative pronoun that corresponds to the English *which* or *which one* or *ones*.

Quale dei libri preferisci?
Which one of the books do you prefer?
Di questi due libri, quale preferisci leggere?
Of these two books, which one do you prefer to read?

Note that **quale** drops the final **-e** before **è** or **era**, and that an apostrophe is not used:

Qual era il libro che leggevi?

7. Complete the following with either **quale** or **quali**:

1. Delle due case, _____ preferisce Lei?
2. _____ dei quattro figli sono nati in Italia?
3. _____ delle due figlie è nata in Italia?
4. _____ è la piú intelligente delle due?
5. _____ sono le tue poesie favorite?

INTERROGATIVE ADJECTIVES *quale(-i), quanto(-a, -i, -e)*

The interrogative adjective **quale** (*which*) must agree in number and gender with the noun it modifies. **Quale** has only two forms, **quale** and **quali**.

Quale ragazzo parla?   **Quale ragazza parla?**
Which boy is speaking?   *Which girl is speaking?*
Quali ragazzi parlano?   **Quali ragazze parlano?**
Which boys are speaking?   *Which girls are speaking?*

Note that there is a difference in meaning between **che** and **quale**. In the question **Quali dischi preferisci comprare?**, the meaning is *Of the records you are looking at, which records do you prefer to buy?* In the question **Che dischi preferisci comprare?**, the message is *What type of records do you prefer to buy (for example, classical or popular)?*

The interrogative adjective **quanto** (*how many, how much*) must also agree in number and gender with the noun it modifies. Note that **quanto** has four forms:

Quanto denaro ha Lei?   *How much money do you have?*
Quanti libri ha letto Lei?   *How many books have you read?*
Quanta farina c'è?   *How much flour is there?*
Quante studentesse ci sono?   *How many students (f.) are there?*

8. Complete each sentence with the correct form of **quale**:

1. _____ case sono bianche, queste o quelle?
2. _____ libri legge Lei?
3. _____ film hanno visto ieri sera?
4. In _____ ristorante vogliono mangiare stasera?

9. Complete each sentence with the correct form of **quanto**:

1. _____ anni ha Lei?
2. _____ melanzane (*eggplants*) devo preparare?
3. _____ lettere ha scritto Lei?
4. _____ sale devo mettere nella salsa?

Review

10. Rewrite the following sentences, changing them from statements to questions. Note that answers may vary.

1. Marco compra molti libri.
2. Tuo fratello è il padrone (*owner*) di quella casa.

3. I ragazzi arrivano sempre in ritardo.
4. Teresa va al cinema stasera.
5. Voi andate a scuola in macchina.
6. Il biglietto costa cinque dollari.

11. Complete each of the following questions with the appropriate interrogative word:

1. Ti sei alzato presto. _____ ti sei alzato?
2. Mio padre sta bene. _____ sta bene?
3. Cinque piú due fa sette. _____ fa cinque piú due?
4. I bambini giocano gridando. _____ giocano i bambini?
5. Mangiamo perché abbiamo fame. _____ mangiamo?

Chapter 8

Pronouns

SUBJECT PRONOUNS

Note that in Italian there are four ways to say *you*. The familiar pronouns **tu** (singular, s.) and **voi** (plural, pl.) are used to address relatives, friends, fellow students, children, and people whom one knows very well. The formal pronouns **Lei** (singular) and **Loro** (plural) are used to address strangers, superiors, people one does not know very well, those to whom one wishes to show particular respect, and those older than oneself. It is important to note the distinction between the capitalized **Lei** and **Loro**, which mean *you*, and **lei** (*she*) and **loro** (*they*). The pronoun **Loro** is considered *very* formal and is sometimes replaced with the **voi** form.

In modern spoken Italian, **lui**, **lei**, and **loro** are used much more frequently for *he, she,* and *they* than the other third-person forms. **Egli** and **ella** are still sometimes used to express *he* and *she*. They do appear in the latest best Italian grammars published in Italy (e.g., Zanichelli's in 1992). Although in this book we use **lui** instead of **egli** and **esso** for *he* and **lei** instead of **ella** and **essa** for *she*, we do not wish to imply that these pronouns have disappeared entirely from usage; far from it, especially in formal contexts and in literature.

Observe the following list of subject pronouns with appropriate explanatory examples. Note that the formal singular *you*, **Lei**, and the formal plural *you*, **Loro**, take the third-person verb endings, singular and plural, respectively.

Singular Forms

io *(I, first-person singular; it shows no gender)*

> **Io parlo italiano.** *I speak Italian.*
> **Io sono italiano.** *I am Italian* (m. s.).
> **Io sono italiana.** *I am Italian* (f. s.).

tu *(you, second-person familiar singular; it shows no gender)*

> **Tu sei americano.** *You are American* (m. s.).
> **Tu sei americana.** *You are American* (f. s.).
> **Olga, tu sei romana?** *Olga, are you Roman?*
> **Roberto, tu sei toscano?** *Robert, are you Tuscan* (m. s.)*?*
> **Bambino, tu come ti chiami?** *Little boy, what is your name?*

lui *(he, third-person singular masculine)*

> **Lui lavora in centro.** *He works downtown.*
> **Chi è lui? Lui è Mario.** *Who is he? He is Mario.*
> **È bravo lui? Sí, lui è bravo.** *Is he smart? Yes, he is smart.*

lei *(she, third-person feminine singular)*

> **Lei è la figlia maggiore.** *She is the oldest daughter.*
> **Chi è lei? Lei è Olga.** *Who is she? She is Olga.*
> **È brava lei? Sí, lei è brava.** *Is she smart? Yes, she is smart.*

Lei *(you, second-person formal singular; it shows no gender)*

> **Come sta Lei, signora Torre?** *How are you, Mrs. Torre?*
> **Signorina, Lei è dottoressa?** *Miss, are you a doctor?*
> **Signor Bianchi, Lei è avvocato?** *Mr. Bianchi, are you a lawyer?*

Plural Forms

noi *(we, first-person plural)*

Noi shows no gender. Also, **noi** can be substituted for **tu e (ed) io, lui e io, lei e io, Lei e io, voi e io, loro e io,** and **Loro e io.**

> **Noi siamo italiani.**   *We are Italian* (m. pl.).
> **Noi siamo italiane.**   *We are Italian* (f. pl.).

voi *(you, second-person familiar plural)*

Voi shows no gender. Also, **voi** can mean **tu e lui, tu e lei, tu e Lei, tu e tu** [pointing at two different people in the **tu** form], **tu e loro,** and **tu e Loro.**

> **Voi siete americani.**   *You are American* (m. pl.).
> **Voi siete americane.**   *You are American* (f. pl.).
> **Tu e Mario siete studenti.**   *You and Mario are students* (m. pl.).
> **Tu e Maria siete studentesse.**   *You and Maria are students* (f. pl.).
> **Tu e tu, venite qua!**   *You and you, come here!*

loro *(they, third-person plural)*

Loro shows no gender. Also, **loro** can substitute for **lui e lei, lui e lui, lei e lei.**

> **Loro sono spagnoli.**   *They are Spanish* (m. pl.).
> **Loro sono spagnole.**   *They are Spanish* (f. pl.).
> **Lui e lei sono cugini.**   *He and she are cousins.*

Loro *(you, second-person formal plural)*

Loro shows no gender. Also, **Loro** can mean **Lei e lui, Lei e lei, Lei e Lei** (pointing at two different people in the **Lei** form).

> **Signori, dove vanno Loro?**
> *Gentlemen, where are you going?*
> **Signore, vanno al teatro Loro?**
> *Ladies, are you going to the theatre?*
> **Signore e signori, che desiderano Loro dalla cucina?**
> *Ladies and gentlemen, what are you having (what do you wish) from the kitchen?*
> **Lei e Lei, vengano con me!**
> *You (Sir) and you (Madam), come with me!*

Use or Omission of Subject Pronouns

In English, subject pronouns are always used. In Italian, since the verb ending indicates the subject, it is very common to omit the subject pronoun.

> **Oggi andiamo al cinema.**
> *Today we are going to the movies.*
> **Voglio andare alla spiaggia.**
> *I want to go to the beach.*

Subject pronouns are used in Italian, however, in the following instances:

For emphasis

> **Lo facciamo noi.**
> *We'll do it.*
> **I libri li compro io.**
> *I'll buy the books.*

For contrast

Io lavoro, ma tu canti.
I'm working, but you're singing.
Noi studiamo e voi vi divertite.
We study and you amuse yourselves.

After **almeno, anche, magari, neanche, nemmeno, neppure**

Almeno (magari) lo facesse lui!
If he would only do it!
Anche noi parliamo francese.
We too speak French.
Nemmeno io vado al cinema.
I won't go to the movies either.

Note: **almeno** and **magari** require the subjunctive (see Chapter 6).

When the subject pronouns stand alone

Chi ha gridato?	**Lui!**
Who yelled?	*He did!*
Chi vuole farlo?	**Noi!**
Who wants to do it?	*We do!*

1. Rewrite the following sentences, substituting the appropriate subject pronouns for the italicized nouns:

1. *Mario* compra due libri.
2. *I bambini* vogliono molte caramelle.
3. *Teresa* scrive l'esercizio.
4. *Carlo e Giuseppe* lavorano qui vicino.
5. *Le studentesse* studiano molto.
6. *Maria e Luisa* vanno in Italia.

2. Give the correct subject pronoun for each of the following nouns or pronouns:

1. Maria
2. Le ragazze
3. Luigi
4. Elena e Filippo
5. Tu e io
6. Tu e lui

3. Translate the following sentences into Italian:

1. We sing, but she studies.
2. Not even they want to eat.
3. Who wants to play? I do!
4. They too go to Italy.

DIRECT OBJECT PRONOUNS *lo (l'), la (l') li, le*

The third-person direct object pronouns in Italian are **lo**, **l'**: *him, it;* **la**, **l'**: *her, it;* **li**: *them* (m. pl.); **le**: *them* (f. pl.). **Lo** and **li** are masculine pronouns. **La** and **le** are feminine pronouns. Note that **lo** and **la** are contracted to **l'** before verbs beginning with a vowel or silent **h**. **Li** and **le** are never contracted. These pronouns can refer to either persons or things, and they precede the conjugated form of the verb. Observe the following:

Laura legge il giornale.   *Laura reads the newspaper.*
Laura lo legge.   *Laura reads it.*
Io porto i libri.   *I bring the books.*
Io li porto.   *I bring them.*
Loro vedono il ragazzo.   *They see the boy.*
Loro lo vedono.   *They see him.*
Angelo vede i nonni.   *Angelo sees his grandparents.*
Angelo li vede.   *Angelo sees them.*

Giorgio usa <u>la carta telefonica</u>.   *George uses the telephone card.*
Giorgio <u>la</u> usa.   *George uses it.*

Teresa chiude <u>le finestre</u>.   *Theresa closes the windows.*
Teresa <u>le</u> chiude.   *Theresa closes them.*

Noi visitiamo <u>Maria</u>.   *We visit Mary.*
Noi <u>la</u> visitiamo.   *We visit her.*

4. Complete the following sentences with the appropriate direct object pronouns:

1. Teresa vede Giorgio. Teresa _____ vede.
2. Stefano guarda i regali. Stefano _____ guarda.
3. Io chiamo Gina. Io _____ chiamo.
4. Noi compriamo le bibite. Noi _____ compriamo.
5. Marco ha visto la signora Torre. Marco _____ ha vista.
6. Noi abbiamo visitato lo zio. Noi _____ abbiamo visitato.
7. Voi leggete i libri. Voi _____ leggete.
8. Il postino porta le lettere. Il postino _____ porta.
9. Antonio chiude la porta. Antonio _____ chiude.
10. Tu prendi il caffé. Tu _____ prendi.
11. Loro preparano i panini. Loro _____ preparano.
12. Io apro le buste. Io _____ apro.

5. Rewrite the following sentences, substituting each italicized object noun with the appropriate pronoun:

1. Mario recita *le poesie*.
2. Noi visitiamo *la nonna*.
3. Teresa sfoglia *i libri*.
4. Il cameriere serve *il caffé*.
5. Arturo porta *le sedie*.
6. Tu chiami *Olga*.
7. Stefano saluta *gli amici*.
8. Tu mandi *il pacco*.
9. Voi aspettate *le zie*.
10. Loro leggono *la lettura*.
11. Io compro *i regali*.
12. Noi invitiamo *lo zio*.

Formal You: *La, Li, Le*

There are four forms of direct-object pronouns expressing the formal *you* in Italian: **La**, **L'**, **Li**, and **Le**. The Italian singular formal direct-object pronoun is **La**. Note that it is always capitalized and is considered both masculine and feminine singular. **La** is contracted to **L'** before verbs beginning with a vowel or silent **h**.

Li and **Le** are the plural masculine and feminine formal direct object pronouns, respectively. They too are always capitalized but are never contracted.

Signor Martini, conosco <u>Lei</u>?
Mr. Martini, do I know you?

Signor Martini, <u>La</u> conosco?
Mr. Martini, do I know you?

Signora Martini, conosco <u>Lei</u>?
Mrs. Martini, do I know you?

Signora Martini, <u>La</u> conosco?
Mrs. Martini, do I know you?

Signori, conosco <u>Loro</u>?
Gentlemen, do I know you?

Signori, <u>Li</u> conosco?
Gentlemen, do I know you?

Signora Torre e signorina Pirri, conosco <u>Loro</u>?
Mrs. Torre and Ms. Pirri, do I know you?

Signora Torre e signorina Pirri, <u>Le</u> conosco?
Mrs. Torre and Ms. Pirri, do I know you?

Signor Martini, ho conosciuto <u>Lei</u>?
Mr. Martini, have I met you?

Signor Martini, <u>L'</u>ho conosciuto? (-a: very formal)
Mr. Martini, have I met you?

Signora Torre, ho conosciuto <u>Lei</u>?
Mrs. Torre, have I met you?

Signora Torre, <u>L'</u>ho conosciuta?
Mrs. Torre, have I met you?

6. Complete the following sentences with the appropriate direct object pronouns:

1. Signor Corso, conosco *Lei?* Signor Corso, _____ conosco?
2. Signorine, conosco *Loro?* Signorine, _____ conosco?
3. Signori, conosco *Loro?* Signori, _____ conosco?
4. Dottore, ho conosciuto *Lei?* Dottore, _____ ho conosciuto?
5. Signora, aspetto *Lei?* Signora, _____ aspetto?
6. Ingegnere, aspetto *Lei?* Ingegnere, _____ aspetto?

7. Rewrite the following sentences, substituting each italicized object with the appropriate pronoun:

1. Signori, aiuto *Loro.*
2. Signore, chiamiamo *Loro.*
3. Signora, chiamiamo *Lei.*
4. Signorina, aspettiamo *Lei.*
5. Dottore, aiutiamo *Lei.*
6. Signor Pirri e signora Torre, aspettiamo *Loro.*
7. Dottoressa Merini, chiamo *Lei* domani?
8. Professor Carli, chiamo *Lei* stasera?

Special Use of the Pronoun *lo*

The object pronoun *lo* (generally, *it*) can replace an entire idea. Observe the following examples:

Credi che Giovanni farà bene agli esami?   *Do you believe John will do well in his exams?*
Sí, lo credo.   *Yes, I believe so.*
No, non lo credo.   *No, I don't believe so.*

Dubitate che loro arrivino domani?   *Do you doubt they will arrive tomorrow?*
Sí, lo dubitiamo.   *Yes, we doubt it.*
No, non lo dubitiamo.   *No, we don't doubt it.*

Sei sicuro che andrai in Italia l'anno   *Are you sure you will go to Italy next year?*
  prossimo?
Sí, lo sono.   *Yes, I am.*
No, non lo sono.   *No, I am not.*

Io sono stanco e lo è anche Teresa.   *I am tired and so is Theresa.*
Noi siamo contenti ma Pietro non lo è.   *We are happy, but Peter is not.*

8. Answer the following questions according to the indicated cues. Use the pronoun **lo**.

1. Sei sicuro che domani nevicherà?   *Sí*
2. Credi che io possa finire stasera?   *No*
3. Dubitate che loro vengano a cenare con noi?   *Sí*
4. Signora, Lei dubita che Olga sia studiosa?   *No*
5. Ragazzi, credete che pioverà domani?   *Sí*

9. Complete the following sentences with the appropriate object pronouns:

1. Mario è stanco e _____ è anche Stefano.
2. Io sono contento e _____ siete anche voi.
3. Luigi è pessimista e _____ siamo anche noi.
4. Voi siete ottimisti ma io non _____ sono.
5. Quegli studenti sono pigri (lazy) ma tu non _____ sei.
6. Paola è triste ma Francesca non _____ è.

DIRECT AND INDIRECT OBJECT PRONOUNS: *mi, ti, ci, vi*

The pronouns **mi, ti, ci,** and **vi** function as either direct objects or indirect objects. **Mi, ti,** and **vi** can be contracted (**m', t', v'**) before verbs beginning with a vowel or silent **h**. **Ci** contracts (**c'**) only when it precedes a verb beginning with **i**. These contractions, however, are much more common in spoken Italian than in written Italian.

Maria mi chiama.   *Mary calls me.*
Piętro mi parla.   *Peter talks to me.*
Loro t'invitano.   *They invite you.*
Io ti rispondo.   *I answer you.*
Lei ci vede.   *She sees us.*
Lei ci dice tutto.   *She tells us everything.*
Carlo vi saluta.   *Charles greets you.*
Carlo vi telęfona.   *Charles telephones you.*

10.   Answer the following questions according to the cues:

1. Ti chiạmano i ragazzi?   *Sí*
2. Vi vede Carlo?   *No*
3. Ci sẹntono Mạrio e Teresa?   *Sí*
4. Ti parlano quei signori?   *No*
5. Vi telẹfona Olga?   *Sí*
6. Ti vede Arturo?   *No*
7. Ci salụtano gli amici?   *Sí*
8. Ti dịcono tutto?   *No*
9. Vi risponde Stẹfano?   *Sí*
10. Ci parlano quelle signorine?   *No*

11.   Rewrite the following sentences, changing the object pronoun to the plural:

1. Carlo mi parla.
2. Marịa ti vede.
3. Lui m'insẹgna la leziọne.
4. Io ti saluto.
5. Loro mi guạrdano.
6. Lẹi ti rispondẹ.

Personal Direct Object Pronouns in Emphatic Position

Direct personal object pronouns are placed after the verb for emphasis. Observe the following:

Weak Position (before the verb)		*Emphatic Position (after the verb)*	
Carlo mi guarda.	⟶	**Carlo guarda me.**	*Charles watches me.*
Io ti chiamo.	⟶	**Io chiamo te.**	*I call you.*
Tu lo inviti.	⟶	**Tu inviti lui.**	*You invite him.*
Noi la chiamiamo.	⟶	**Noi chiamiamo lei.**	*We call her.*
Io La cerco.	⟶	**Io cerco Lei.**	*I am looking for you.*
Loro ci vọgliono.	⟶	**Loro vọgliono noi.**	*They want us.*
Lui vi saluta.	⟶	**Lui saluta voi.**	*He greets you.*
Tu li accompagni.	⟶	**Tu accompagni loro.**	*You accompany them.*
Io le invito.	⟶	**Io invito loro.**	*I invite them.*
Noi Li chiamiamo.	⟶	**Noi chiamiamo Loro.**	*We call you.*
Io Le saluto.	⟶	**Io saluto Loro.**	*I greet you.*

12.   Rewrite the following sentences in their emphatic forms:

1. Luịsa mi saluta.
2. I mịei amici ci cẹrcano.
3. Noi ti vogliamo vedere.
4. Lui vi chiama.
5. Io La saluto.
6. Tu la saluti.
7. Loro lo cẹrcano.
8. Noi le invitiamo.
9. Voi li chiamate.
10. Io Le saluto.

INDIRECT OBJECT PRONOUNS: *gli, le, loro*

The third-person indirect object pronouns are **gli** (*to him*) and **le** (*to her*) in the singular, and **loro** (*to them*) in the plural. Note that, in the third person, there is a definite difference between the direct and indirect object pronouns. Note that **gli** and **le** immediately precede the conjugated form of the verb, whereas **loro** immediately follows the conjugated form of the verb. Also, with **loro** there is no gender differentiation. **Gli**, **le**, and **loro** can refer to either persons or things. **Gli** may become **gl'** before verb forms beginning with **i-**, whereas **le** and **loro** never contract.

Observe the following sentences:

Io scrivo a Carlo. ⟶ Io gli scrivo.
I write to Charles.   *I write him (to him).*

Io insegno la lezione a Carlo. ⟶ Io gl'insegno la lezione.
I teach Charles the lesson.   *I teach him the lesson.*

Tu parli a Teresa. ⟶ Tu le parli.
You speak to Theresa.   *You speak to her.*

Lui parla ai ragazzi. ⟶ Lui parla loro.
He speaks to the boys.   *He speaks to them.*

Rispondo a Maria e a Pietro. ⟶   Rispondo loro.
I answer Mary and Peter.   *I answer them.*

13. Complete the following sentences with the appropriate indirect object pronouns as suggested by the italicized cues:

    1. Maria _____ scrive.   *a Paolo*
    2. Noi _____ parliamo.   *a Olga*
    3. Tu scrivi _____ .   *agli amici*
    4. _____ posso rispondere?   *alla signorina*
    5. Signori, possiamo parlare _____ ?   *agli studenti*
    6. Scriviamo _____ .   *a Stefano e a Maria*
    7. _____ rispondo.   *alla mia amica*
    8. _____ parliamo.   *a Giuseppe*

14. Rewrite the following sentences, replacing each italicized indirect object noun with the appropriate pronoun:

    1. Mando un regalo *a mia madre*.
    2. Scriviamo molte lettere *al ragazzo*.
    3. Do l'indirizzo *agli amici*.
    4. Telefono *alla zia*.
    5. Inviamo un telegramma *ai genitori*.
    6. Rispondo *a Umberto*.
    7. Scrivo *a Luisa*.
    8. Diamo il benvenuto *alle signorine*.

15. Complete each sentence with the appropriate direct or indirect object pronoun:

    1. Luigi scrive ai suoi fratelli. Luigi scrive _____ .
    2. Maria telefona a sua zia. Maria _____ telefona.
    3. Noi salutiamo gli amici. Noi _____ salutiamo.
    4. Loro guardano il grattacielo (*skyscraper*). Loro _____ guardano.
    5. Noi inviamo i regali. Noi _____ inviamo.
    6. Mario invita Giorgio. Mario _____ invita.
    7. Io telefono a Teresa. Io _____ telefono.

8. Do il libro a Mario. _____ do il libro.
9. Diamo il pacco ai signori. Diamo _____ il pacco.
10. Noi riceviamo le lettere. Noi _____ riceviamo.

FORMAL INDIRECT OBJECT PRONOUNS: *Le, Loro*

The Italian formal indirect object pronouns are: **Le** (*to you*), formal singular, and **Loro** (*to you*), formal plural. Note that with **Le** and **Loro** there is no gender differentiation. Also, they never contract, and they refer only to persons.

Observe the following sentences. Note that **Le** precedes the verb and **Loro** always follows the verb.

Signora, parlo <u>a Lei</u>? ⟶ **Signora, <u>Le</u> parlo?**
Madame, do I speak to you?   Madame, do I speak to you?
Signor Rossi, parlo <u>a Lei</u>? ⟶ **Signor Rossi, <u>Le</u> parlo?**
Mr. Rossi, do I speak to you?   Mr. Rossi, do I speak to you?
Signorine, parlo <u>a Loro</u>? ⟶ **Signorine, parlo <u>Loro</u>?**
Young ladies, do I speak to you?   Young ladies, do I speak to you?
Signori, parlo <u>a Loro</u>? ⟶ **Signori, parlo <u>Loro</u>?**
Gentlemen, do I speak to you?   Gentlemen, do I speak to you?

16. Complete each sentence with the appropriate indirect object pronoun:

1. Signor Pirri, parlo *a Lei?* Signor Pirri, _____ parlo?
2. Signori, mando i pacchi *a Loro?* Signori, mando _____ i pacchi?
3. Signorine, telefono *a Loro?* Signorine, telefono _____ ?
4. Signora, mando l'orologio *a Lei?* Signora, _____ mando l'orologio?
5. Dottore, scrivo *a Lei?* Dottore, _____ scrivo?
6. Professoresse, rispondiamo *a Loro?* Professoresse, rispondiamo _____ ?
7. Dottoressa, parlo *a Lei?* Dottoressa, _____ parlo?
8. Don Pasquale, telefono *a Lei?* Don Pasquale, _____ telefono?

17. Answer the following with complete sentences using the formal indirect object pronouns **Le** and **Loro·**

1. Signor Torre, ci scrive?
2. Signora, mi parla?
3. Dottore, ci dà la ricetta?
4. Signorina, ci manda la lettera?
5. Professoressa, mi dà un bel voto?
6. Don Carlo, ci manda l'assegno?
7. Signore, mi scrive presto?
8. Ingegnere, mi restituisce i libri?

Ci as an Adverb of Place

The pronoun **ci** can be used to replace prepositional phrases beginning with the words **a, in,** or **su**. When **ci** is substituted for such phrases, it functions as an adverb of place. **Ci** can also be substituted for such adverbs of place as **dentro** (*inside*), **fuori** (*outside*), **lì** (*there*), and **qui** (*here*), and it can be substituted for the proper name of a place, in which case it means *there*. Observe the following:

*Replacing **a, in, su,** or a named place*

Gino va a Bologna.   **Gino ci va.**
Gino goes to Bologna.   *Gino goes there.*
Vivo in America.   **Ci vivo.**
I live in America.   *I live there.*
Salgo sul treno.   **Ci salgo.**
I get on the train.   *I get on it.*

*Replacing **dentro, fuori, lí, qui***

Luịsa va dentro.   **Luịsa ci va.**
Louise goes inside.   *Louise goes there.*
Vai fuọri?   **Ci vai?**
Are you going outside?   *Are you going there?*
Vado lí.   **Ci vado.**
I go there.   *I go there.*
Sto qui.   **Ci sto.**
I stay here.   *I stay here.*

18. Rewrite the following, replacing the italicized words with a pronoun:

1. Noi andiamo *alla spiạggia*.   4. Io resto *qui*.
2. Pietro va *fuọri*.   5. Loro vanno *a Palẹrmo*.
3. Luịsa sale *sul tetto*.   6. Maria vive *in Itạlia*.

19. Answer the following questions in the affirmative with complete sentences, replacing the italicized words with a pronoun:

1. Ragazzi, andate *in campagna?*   4. Signora, va *lí?*
2. Luịsa, vai *al teạtro?*   5. Professoressa, va *in biblioteca?*
3. Piẹtro, resti *a casa?*   6. Mạrio, ritorni *qui?*

Special Meanings with *ci*

When **ci** is used with certain verbs, the verb can acquire a somewhat different meaning. Study the following:

crẹderci   *to believe in something*
Credẹvano nell'amicịzia, e ancora ci crẹdono.
They believed in friendship, and they still believe in it.

entrarci   *to have something to do with*
Una volta m'interessavo molto; adesso non c'entro piú.
Once I was very involved; now I have nothing to do with it.

mẹtterci   *to take (time)*
Anni fa ero a scuola in diẹci minuti; adesso ci metto mezz'ora.
Years ago I'd reach school in ten minutes; now it takes me half an hour.

pensarci   *to think about it (of it)*
Pensi ancora alla gioventú? Non ci pensare piú!
You're still thinking about youth? Don't think about it anymore!

riflẹtterci   *to think something over*
A volte agivo automaticamente; adesso ci rifletto.
At times I acted automatically; now I think it over.

sentirci   *to be able to hear*
Adesso sto meglio; ci sento.
Now I feel better; I'm able to hear.

vederci   *to be able to see*
Accendete le luci; non ci vedo.
Turn on the lights; I'm not able to see.

volerci   *to take (time, space,* etc.*)*
Ci vǫgliono mille metri per fare un chilǫmetro.
It takes one thousand meters to make one kilometer.

20. Rewrite the following sentences, replacing the italicized words with a pronoun:

1. Credo *in ciò che tu dici.*
2. Non vede *niẹnte.*
3. Vogliamo riflẹttere *su queste cose.*

4. Non sẹntono *niente.*
5. Non credo *in queste superstiziọni.*

21. Translate the following sentences into Italian:

1. Do you (*tu*) believe in it?
2. It takes too much time.
3. They are not able to see.
4. I assure (*assicurare*) you (*tu*) that I have nothing to do with it.
5. What are you thinking about?
6. It's necessary to think it over.
7. It takes us ten minutes to get home.
8. Are you (*tu*) able to see?

THE PRONOUN *ne*

The pronoun **ne** replaces a prepositional phrase introduced by **da** or **di**. It means *some, any, about, of it, of them, from it, from them,* or *from there.* It is used in the following cases:

In place of a prepositional phrase

Vẹngono da Siẹna.   Ne vẹngono.
They come from Siena.   *They come from there.*

To replace the partitive

Ho del tempo.   Ne ho.
I have some time.   *I have some.*

With expressions followed by **di**

Parla di Giǫrgio.   Ne parla.
He talks about George.   *He speaks about him.*
Ho bisogno (di) tre francobolli.   Ne ho bisogno (di) tre.
I need three stamps.   *I need three of them.*

With expressions of quantity

Ha molti amici.   Ne ha molti.
He has many friends.   *He has many of them.*
Ho quattro sorelle.   Ne ho quattro.
I have four sisters.   *I have four of them.*
Ho alcuni libri.   Ne ho alcuni.
I have some books.   *I have some.*
Vǫglio una tazza di caffé.   Ne vǫglio una tazza.
I want a cup of coffee.   *I want a cup of it.*

*To replace **di** plus an infinitive*

Ho il desidẹrio di viaggiạre.   **Ne ho il desidẹrio.**
I feel like traveling.   *I feel like it.*

22. Rewrite the following sentences, replacing the italicized words with an appropriate pronoun:

1. Parliamo *di Luịgi*.
2. Vẹngono *dal musẹo*.
3. Cọmprano tre *bigliẹtti*.
4. Abbiamo voglia *di dormire*.
5. Ha molte *camịcie*.
6. È contento *del suo posto*.
7. Mạngia *della carne*.
8. Compra una dozzina *di pere*.
9. Non ho vọglia *di cenare*.
10. Hai due *fratellini*.
11. Abbiamo bisogno *di una mạcchina*.

23. Rewrite the following sentences, replacing the italicized words with **ci**, **ne**, **gli**, **le**, or **loro** as needed.

1. Ritorniamo *dallo stạdio*.
2. Do *del denaro* a Gino.
3. Offriamo il bigliẹtto *all'amico*.
4. Telẹfono *a Olga*.
5. Invịa il pacco *ai ragazzi*.
6. Tu vai *in Frạncia*.
7. Rẹstano *qui*.
8. Ricẹvono pochi *fiọri*.
9. Parliamo *alla signorina Biạnchi*.

Double Object Pronouns

me lo, te lo, ce lo, ve lo

In many cases both a direct and indirect object pronoun will appear in the same sentence. When such occurs, the indirect object pronoun almost always precedes the direct object pronoun. Note that **mi**, **ti**, **ci**, and **vi** change to **me**, **te**, **ce**, and **ve** when followed by a direct object pronoun. Study the following chart and the examples below:

Double Object Pronouns

Direct / Indirect	lo	la	l'	li	le	ne
mi → me	me lo	me la	me l'	me li	me le	me ne
ti → te	te lo	te la	te l'	te li	te le	te ne
ci → ce	ce lo	ce la	ce l'	ce li	ce le	ce ne
vi → ve	ve lo	ve la	ve l'	ve li	ve le	ve ne

Lui me lo da.   *He gives it* (m. s.) *to me.*
Lui te la dice.   *He tells it* (f. s.) *to you.*
Loro ce ne portano.   *They bring us some (of it, of them).*
Io ve ne do.   *I give you some (of it, of them).*
Io ve l'insegno.   *I teach it to you.*
Tu me ne compri.   *You buy me some (of it, of them).*
Lui ce le regala.   *He gives them to us as gifts (as a gift).*

24. Rewrite the following sentences, replacing the direct and indirect objects with the appropriate pronouns:

1. Marịa manda la cartolina a noi.
2. Giovạnni dà le lẹttere a voi.

3. Lui dice i segreti a te.
4. Loro insęgnano le lezięni a me.
5. Tu porti il pacco a noi.
6. Antęnio presta la penna a voi.
7. Io do il dizionąrio a te.

25. Complete the following sentences, substituting the italicized direct object nouns with their appropriate direct object pronouns. Make all other necessary changes.

1. Lui mi dà *l'indirizzo*.   Lui _____ _____ dà.
2. Tu ci porti *il caffé*.   Tu _____ _____ porti.
3. Roberto ci scrive *molte lęttere*.   Roberto _____ _____ scrive.
4. Vostra (*your*) nonna vi manda *i regali*.   Vostra nonna _____ _____ manda.
5. Io ti presto *la mącchina da scrįvere*.   Io _____ _____ presto.
6. Loro mi restituįscono *le penne*.   Loro _____ _____ restituįscono.
7. Luįsa ci mostra *i sųoi dipinti* (paintings).   Luįsa _____ _____ mostra.
8. Voi mi ridate *la patente* (license).   Voi _____ _____ ridate.

glięlo, glięla, glięli, glięle

The indirect object pronouns **gli** (*to him*), **le** (*to her*), and **Le** (*to you*, formal), when followed by the direct object pronouns **lo**, **la**, **li**, **le**, form one word: **glięlo** (**glięla**, **glięli**, **glięle**). Very often, the capital letter **G-** is used to indicated the formal **Le** (**Glięlo, -a, -i, -e**). Observe the following chart and examples:

Indirect Object Pronouns With Direct Object Pronouns

Direct ⟍ Indirect	lo	la	l'	li	le	ne
gli + e	glięlo	glięla	glięl'	glięli	glięle	glięne
le → gli + e	glięlo	glięla	glięl'	glięli	glięle	glięne
Le → Gli + e	Glięlo	Glięla	Glięl'	Glięli	Glięle	Glięne

Do il libro a Piętro.   **Glięlo do.**
I give the book to Peter.   *I give it to him.*
Do la penna a Marįa.   **Glięla do.**
I give Mary the pen.   *I give it to her.*
Do i quaderni a Lei.   **Glięli do.**
I give the notebooks to you. (formal)   *I give them to you.* (formal)
Do le lęttere al postino.   **Glięle do.**
I give the letters to the mail carrier.   *I give them to him.*

26. Complete the following sentences, replacing the italicized direct and indirect object nouns with the appropriate pronouns:

1. Prestiąmo *la mącchina a Pąolo*.   _____ prestiąmo.
2. Mando *i regali alla bambina*.   _____ mando.
3. Spedisci *le lęttere a tuo padre*.   _____ spedisci.
4. Riporto *il libro a Lei*.   _____ riporto.
5. Invįano *i pacchi a lui*.   _____ invįano.
6. Paghiąmo *il saląrio all'impiegato*.   _____ paghiąmo.
7. Restituįsco *il quaderno a lei*.   _____ restituįsco.
8. Presto *le fotografįe a Luįgi*.   _____ presto.

loro, Loro with lo, la, le, li

The object pronouns **loro** (*to them*), and **Loro** (*to you*, formal plural) follow the verbs at all times. Observe the following examples:

Do il libro agli studenti.   **Lo do loro.**
I give the book to the students.   *I give it to them.*

Do i libri a Loro.   **Li do Loro.**
I give you (formal pl.) *the books.*   *I give them to you.* (formal pl.)

Do le penne a loro.   **Le do loro.**
I give the pens to them.   *I give them to them.*

Do la penna a Loro.   **La do Loro.**
I give the pen to you. (formal pl.)   *I give it to you.* (formal pl.)

27. Rewrite the following sentences, replacing the italicized direct and indirect object nouns with the appropriate pronouns:

1. Noi mandiamo *i regali ai bambini*.
2. Io regalo *questi libri a Loro*.
3. Tu dai *i biglietti a loro*.
4. Il preside dà *il diploma alle studentesse*.
5. Tuo zio porta *i documenti ai signori*.
6. Diamo *la palla ai ragazzi*.
7. Io compro *la merenda* (snack) *alle bambine*.
8. Restituiamo *le medaglie* (medals) *a Loro*.

Review

28. Rewrite the following sentences, replacing the direct and indirect object nouns with the appropriate double object pronouns:

1. Luigi dà *il pallone a me*.
2. Maria manda *la lettera ai suoi genitori*.
3. Il maestro insegna le *lezioni allo studente*.
4. Presto *la chiave a Mario*.
5. Luisa presta *i quaderni a noi*.
6. Antonio regala *la penna a voi*.
7. Do *questo dizionario a Loro*.
8. Inviano *i pacchi a te*.
9. Compriamo *i giocattoli ai bambini*.
10. Mando *gli auguri a tua madre*.
11. Prestano *la radio a Lei*.
12. Il mio amico manda *molte cartoline a me*.
13. Io do *del denaro a te*.
14. Loro comprano *le buste a loro*.
15. Voi date *le informazioni a noi*.

Position of Object Pronouns

With conjugated verbs

All object pronouns with the exception of **loro** and **Loro** always precede the conjugated form of the verb. If a sentence is negative, the negative word precedes the object pronouns. With compound tenses, the object pronouns precede the auxiliary verb.

Affirmative		*Negative*
Io gliẹlo do.	⟶	**Io non gliẹlo do.**
I give it to him.		*I don't give it to him.*
Noi l'ascoltiamo.	⟶	**Noi non l'ascoltiamo.**
We listen to him.		*We don't listen to him.*
Le mandiamo loro.	⟶	**Non le mandiamo loro.**
We send them to them.		*We don't send them to them.*
Ve ne ho regalato.	⟶	**Non ve ne ho regalato.**
I have given you some (as a gift).		*I have not given you some.*
Me li ha riportati.	⟶	**Non me li ha riportati.**
He brought them back to me.		*He did not bring them back to me.*

29. Rewrite the following sentences, replacing the direct and indirect object nouns with the appropriate pronouns:

1. Roberto porterà le carte.
2. Rosa ci mandò la radio.
3. Ho dato il diziọnario a Olga.
4. Rispondiamo ai cugini.
5. Loro mi spiegạrono il diagrạmma.

6. Stẹfano ci dà i biglietti.
7. Darò il calẹndario a Lei.
8. Hai portato la camịcia a me.
9. Noi ascoltiamo te.
10. Ne hai portati due a Terẹsa?

With infinitives

The object pronouns may either precede the verb that accompanies the infinitive or they may be attached to the infinitive. Note that when the pronoun is attached to the infinitive, the final **-e** of the infinitive is dropped. Observe the following:

Lui me lo vuọle dare.   *He wants to give it to me.*
Lui vuole dạrmelo.   *He wants to give it to me.*
Io te lo vọglio chiẹdere   *I want to ask it to you.*
Io voglio chiedertelo.   *I want to ask it to you.*
Noi ve ne vogliamo dare.   *We want to give you some (of it, of them).*
Noi vogliamo dạrvene.   *We want to give you some (of it, of them).*
Ve la preferiamo inviare.   *We prefer sending it to you.*
Preferiamo inviạrvela.   *We prefer sending it to you.*
Gliẹlo posso dare.   *I can give it to him.*
Posso dạrglielo.   *I can give it to him.*

30. Rewrite the following another way:

1. Pọssono dạrmelo.
2. Vọglio comprạrteli.
3. Preferịscono insegnạrceli.

4. Desideriamo regalạrvele.
5. Volevo dạrgliela.
6. Volẹvano vẹndermelo.

31. Rewrite the following, adding the pronouns to the infinitive:

1. Luịsa mi può aiutare.
2. Roberto ti deve parlare.
3. Io ve la vọglio vẹndere.

4. Loro ce li pọssono regalare.
5. Tu gliẹle puọi mostrare.
6. Noi te ne desideriạmo dare.

32. Rewrite the following according to the model:

Lui vuọle dare i fiọri a Teresa. ⟶ Lui gliẹli vuole dare.
⟶ Lui vuọle dạrglieli.

1. Voglio regalare i libri a Giovanni.
2. Vogliamo mostrare la macchina a voi.
3. Posso portare il biglietto a te.
4. Preferisco inviare le cartoline a Rosa.
5. Maria vuole regalare qualcosa a me.
6. Voleva cantare una canzone a noi.

With progressive tenses

With progressive tenses, the pronouns can either precede the auxiliary verb **stare** or be attached to the present gerund:

Sto leggendo la lettera.   *I am reading the letter.*
La sto leggendo.   *I am reading it.*
Sto leggendola.   *I am reading it.*

Stavamo comprando i libri.   *We were buying the books.*
Li stavamo comprando.   *We were buying them.*
Stavamo comprandoli.   *We were buying them.*

33. Rewrite the following, placing the pronouns before the auxiliary:

1. Roberto stava parlandoci.
2. Lui sta portandole.
3. Voi stavate leggendolo.
4. Tu stai preparandola.
5. Noi stavamo scrivendoti.
6. Loro stanno telefonandogli.

34. Rewrite the following, attaching the pronouns to the gerund:

1. Mi sta invitando.
2. Vi stavano scrivendo.
3. Ce la stanno mandando.
4. Glielo stavano leggendo.
5. Te le stanno offrendo.

35. Rewrite the following sentences according to the model:

Maria canta la canzone. ⟶ Maria sta cantandola.
⟶ Maria la sta cantando.

1. Antonio compra i dischi.
2. Io scrivo la lettera.
3. Loro preparano il pacco.
4. Noi portiamo le penne.
5. Tu leggi la lettura.
6. Voi riportate i libri.
7. Luisa prende il treno.
8. Io lavo le camicie.
9. Pietro saluta l'amico.
10. Il sarto cuce (*sews*) i vestiti.

With informal commands

The object pronouns are always attached to the affirmative familiar commands and always precede the negative familiar commands. If the command form is monosyllabic, pronouns double their first letter if they begin with **m**, **l**, or **c**. Observe the following examples:

Affirmative	*Negative*
Fallo! *Do it!*	**Non lo fare!** *Don't do it!*
Fammelo! *Do it for me!*	**Non me lo fare!** *Don't do it to me (or: for me)!*
Dillo! *Say it!*	**Non lo dire!** *Don't say it!*
Dimmelo! *Say it to me!*	**Non me lo dire!** *Don't say it to me!*
Dagliela! *Give it to him!*	**Non gliela dare!** *Don't give it (m. s.) to him!*
Dammela! *Give it to me!*	**Non me la dare!** *Don't give it (f. s.) to me!*
Daccela! *Give it to us!*	**Non ce la dare!** *Don't give it (f. s.) to us!*
Fatelo! *Do it!*	**Non lo fate!** *Don't do it (m. s.) to us (or: for us)!*
Datelo! *Give it!*	**Non lo date!** *Don't give it!*

36. Rewrite the following commands in the negative:

1. Dammelo!
2. Fatele!
3. Portatela!
4. Prestaceli!
5. Mostraglielo!

6. Compragliele!
7. Mandatemela!
8. Diccelo!
9. Dimmela!
10. Ditegliele!

37. Rewrite the following commands in the affirmative:

1. Non me la mandare!
2. Non gliele scrivete!
3. Non me lo prestare!
4. Non ce li dite!
5. Non me la comprate!

6. Non ce lo fare!
7. Non me le portare!
8. Non ce le insegnare!
9. Non me lo vendete!
10. Non gliela mostrate!

With formal commands

The object pronouns always precede the formal commands both in the affirmative and in the negative. Observe the following:

Affirmative

Me lo dica! *Say it to me!*
Lo faccia! *Do it!*
La facciano! *Do it!*
Gliele diano! *Give them to him!*
Me li mandi! *Send them to me!*

Negative

Non me lo dica! *Don't say it to me!*
Non lo faccia! *Don't do it to me* (or: *for me*)!
Non la facciano! *Don't do it!*
Non gliele diano! *Don't give them to him!*
Non me li mandi! *Don't send them to me!*

38. Rewrite the following commands in the negative:

1. Me lo dia!
2. Ce le diano!
3. Me la portino!
4. Ce li scriva!

5. Glielo presti!
6. Gliele mostrino!
7. Lo faccia!
8. Le facciano!

39. Rewrite the following commands in the affirmative:

1. Non me li prestino!
2. Non gliela mostri!
3. Non me le diano!
4. Non ce lo dica!

5. Non gliele insegnino!
6. Non me la scriva!
7. Non glielo mandino!
8. Non ce li legga!

First-person plural: Let's

Object pronouns are attached to the first-person plural command form in the affirmative. They precede the verb in the negative. Observe the following:

Affirmative

Compriamoli! *Let's buy them!*
Alziamoci! *Let's get up!*
Facciamolo! *Let's do it!*
Sediamoci! *Let's sit down!*
Mandiamole! *Let's send them!*
Scriviamola! *Let's write it!*

Negative

Non li compriamo! *Let's not buy them!*
Non ci alziamo! *Let's not get up!*
Non lo facciamo! *Let's not do it!*
Non ci sediamo! *Let's not sit down!*
Non le mandiamo! *Let's not send them!*
Non la scriviamo! *Let's not write it!*

40. Rewrite the following in the affirmative:

1. Non la compriamo!
2. Non ci alziamo!
3. Non lo facciamo!

4. Non le diciamo!
5. Non ci sediamo!
6. Non li mandiamo!

41. Follow the model:

Addormentarci? ⟶ **Sí, addormentiamoci!**
Shall we go to sleep?   *Yes, let's go to sleep!*
⟶ **No, non ci addormentiamo!**
No, let's not go to sleep!

1. Sederci?
2. Vestirci?
3. Metterci il cappello?

4. Prepararci?
5. Lavarci le mani?
6. Alzarci?

Special Verbs with Indirect Objects

The following verbs take the indirect object pronoun and, when used in the third-person singular or plural, they have special meanings; also, note that many of them have the subject appear at the end of the sentence. When the subject is singular, the third-person singular form of the verb is used; when the subject is plural, the third-person plural form of the verb is used.

bastare   *to be enough, to suffice*
Mi basta un po' di pace.   *A little peace is enough for me.*
Ci bastano queste sedie.   *These chairs are enough for us.*

parere   *to seem*   **sembrare**   *to appear*
Ci pare strano vivere qui.   *It seems strange to us living here.*
A me mi sembrano buoni.   *To me they seem to be good.*

occorrere   *to be necessary, to be lacking*
Mi occorre una motocicletta.   *I need a motorcycle.*
Ci occorrono certi libri.   *We need certain books.*

piacere   *to like, to be pleasing*
Mi piace sciare.   *I like to ski.*
A lui gli piacciono le città europeë.   *He likes European cities.*
Ci piace la città di Nuova York.   *We like the city of New York.*
Ti piacciono i panini?   *Do you like the sandwiches?*
Le piace la musica moderna.   *She likes modern music.*
Vi piacciono gli scrittori italiani?   *Do you like Italian writers?*

dolere   *to hurt*   **fare male**   *to hurt*
Mi fa male la testa.   *My head hurts.*
Ci fanno male le gambe.   *Our legs hurt.*
A te ti duole il dente?   *Your tooth hurts?*
Gli dolgono i denti.   *His teeth hurt.*

interessarsi   *to be interested in*
Mi interessa la politica.   *I am interested in politics.*
Non mi interessano gli sport invernali.   *I am not interested in winter sports.*

42. Complete the following with the appropriate indirect object pronoun and verb ending:

1. A me _____ piac _____ quell'orchestra.
2. A me _____ piacci _____ quei negozi.

3.   A te _____ occorr_____ un mese di riposo.
4.   A te _____ occorr_____ degli spiccioli.
5.   A lui _____ f_____ male la mano.
6.   A lui _____ f_____ male le gambe.
7.   A lei _____ par_____ ottimo dormire sempre.
8.   A noi _____ sembr_____ interessanti questi vasi.
9.   A noi _____ sembr_____ buono quel vino.
10.   A voi _____ duol_____ la testa.
11.   A voi _____ dolg_____ le braccia.
12.   A Lei _____ bast_____ stare sola?

43.   Answer the following questions in the affirmative:

1.   Vi piace ballare?
2.   Ti occorre la macchina?
3.   Occorrono Loro quei libri?
4.   A Maria le fa male il ginocchio?
5.   A noi ci bastano questi soldi?

6.   Gli duole la spalla a Sandro?
7.   Ci sembrano tristi quei ragazzi?
8.   Ti pare nuovo questo vestito?
9.   Vi fanno male i denti?
10.   Signora, Le occorre qualcosa?

44.   Rewrite the following according to the model:

A me / il pesce ⸺▶ Mi piace il pesce.

1.   A noi / la musica
2.   A Paolo / le lingue
3.   A loro / il progetto
4.   A te / i programmi

5.   A Elena / l'arte moderna
6.   A Loro / i concerti
7.   A noi / l'opera
8.   A me / viaggiare

REFLEXIVE PRONOUNS

Reflexive pronouns are used when the action in the sentence is both executed and received by the subject. (For a complete review of reflexive verbs see Chapter 5.)

The reflexive pronouns are

io	⸺▶ **mi**	noi	⸺▶ **ci**
tu	⸺▶ **ti**	voi	⸺▶ **vi**
lui, lei, Lei	⸺▶ **si**	loro, Loro	⸺▶ **si**

Io mi pettino.   *I comb my hair.*
Noi ci alziamo.   *We get up.*
Loro si siedono.   *They sit down.*
Tu ti vesti.   *You get dressed.*

45.   Complete the following with the appropriate reflexive pronoun:

1.   Io _____ chiamo Arturo.
2.   _____ laviamo le mani.
3.   A che ora _____ alzi?
4.   Perché non _____ sedete?
5.   Marco _____ mette la cravatta blu.
6.   Loro _____ fanno la doccia.
7.   Tu _____ addormenti.
8.   Teresa _____ corica tardi.
9.   Io non _____ sento bene.
10.   Il bambino _____ toglie (*takes off*) la camicia.

DISJUNCTIVE PRONOUNS

The disjunctive pronouns (pronouns which follow a preposition or a verb) are the same as the subject pronouns with the exception of **io** (**me**) and **tu** (**te**).

Subject Pronouns		*Disjunctive Pronouns*
(io) chiamo Roberto	io → me	Roberto chiama me
(tu) chiami Luisa	tu → te	Luisa chiama te
(lui) chiama Mario	lui = lui	Mario chiama lui
(lei) chiama Stefano	lei = lei	Stefano chiama lei
(Lei) chiama Carlo	Lei = Lei	Carlo chiama Lei
(noi) chiamiamo Guido	noi = noi	Guido chiama noi
(voi) chiamate Olga	voi = voi	Olga chiama voi
(loro) chiamano Piero	loro = loro	Piero chiama loro
(Loro) chiamano Maria	Loro = Loro	Maria chiama Loro

46. Complete the following by changing the italicized words to the appropriate disjunctive pronouns:

1. Lo facciamo per _____ . *Gino*
2. Andiamo a scuola con _____ . *Teresa e Carlo*
3. Voi cominciate dopo di _____ . *Maria*
4. Loro abitano sotto di _____ . *io*
5. Sai che Giovanni vive presso di _____ . *tu*
6. Tutti vanno al cinema tranne (*except*) di _____ . *voi*
7. Ci sediamo dietro di _____ . *lui*
8. Tutti studiano tranne di _____ . *noi*
9. Siamo venuti per _____ . *lei*
10. Siamo qui per _____ . *Loro*

Disjunctive Pronouns after Comparatives

The disjunctive pronouns **me**, **te**, **lui**, **lei**, **noi**, **voi**, and **loro** are preceded by the preposition **di** after comparatives. Study the following:

Subject Pronouns		*Disjunctive Pronouns*
(io) chiamo Roberto.	io → me	Roberto chiama me.
(tu) chiami Luisa.	tu → te	Luisa chiama te.
(lui) chiama Mario.	lui = lui	Mario chiama lui.
(lei) chiama Stefano.	lei = lei	Stefano chiama lei.
(Lei) chiama Carlo.	Lei = Lei	Carlo chiama Lei.
(noi) chiamiamo Giorgio.	noi = noi	Giorgio chiama noi.
(voi) chiamate Olga.	voi = voi	Olga chiama voi.
(loro) chiamano Maria.	loro = loro	Maria chiama loro.
(Loro) chiamano Piero.	Loro = Loro	Piero chiama Loro.

47. Supply the correct disjunctive pronouns according to the cues provided:

1. Quei giovani ballano piú di _____ . *io*
2. Io scrivo piú lettere di _____ . *Carlo*
3. Noi beviamo meno latte di _____ . *Carlo e Maria*
4. Loro cantano meglio di _____ . *tu e io*
5. Io guido peggio di _____ . *tu e lui*
6. Tu hai meno libri di _____ . *Luisa*

7. Mia sorella legge piú di _____ .   *mio fratello*
8. Noi abbiạmo meno esperiẹnza di _____ .   *quei signori*

INDEFINITE ADJECTIVES AND PRONOUNS

The following indefinite adjectives are invariable: **ogni** (*each, every*), **qualche** (*some, any*) and **qualunque** (**qualsiasi**) (*all, any kind, whatever*). These adjectives do not have plural forms, and each is used for both masculine and feminine singular nouns. Study the following:

> **Mi lavo i denti ogni giọrno.**
> *I brush my teeth every day.*
> **Ogni tanto scrivo qualche lẹttera.**
> *Once in a while I write some letters.*
> **Ci piạce qualunque (qualsịasi) cibo.**
> *We like all kinds (any kind) of food.*

Note that **qualche**, though singular in Italian, is translated as a plural in English: **qualche lẹttera** means *some letters*, and **qualche libro** means *some books*.

Indefinite Adjectives and Pronouns in the Singular

The following indefinite adjectives are singular: **alcuno (-a)**, **ciascuno (-a)**, (**ciascheduno, -a**), **nessuno (-a)**. Their meanings are *any (anyone)*, *each (each one)*, and *any (anyone)*, respectively. Note that **alcuno (-a)** is used only in a negative sentence. **Ciascuno** drops the **-o** (**ciascun**) before a noun; **nessuno** also drops the **-o** (**nessun**). Study the following:

Adjectives	*Pronouns*
Non ho alcun parente. ⟶	**No ho alcuno.**
I don't have any relatives.	*I don't have anyone.*
Non visitiamo alcuna zịa. ⟶	**Non visitiamo alcuna.**
We do not visit any aunts.	*We don't visit anyone.*
Diamo un regalo a ciascụn ⟶	**Diamo un regalo a ciascuno**
(ciaschedụn) bambino.	**(ciascheduno).**
We give a gift to each little boy.	*We give a gift to each one.*
Diamo un regalo a ciascuna ⟶	**Diamo un regalo a ciascuna**
(ciascheduna) bambina.	**(ciascheduna).**
We give a gift to each little girl.	*We give a gift to each one.*
Non vedo nessụn amico. ⟶	**Non vedo nessuno.**
I don't see any friends.	*I don't see anyone.*
Non vedo nessuna amica. ⟶	**Non vedo nessuna.**
I don't see any friends (f.).	*I don't see anyone (f.).*

Indefinite Adjectives and Pronouns in the Plural

The following indefinite adjectives, which have the meaning *some,* are plural: **alcuni (-e)**, **certuni (-e)**, and **taluni (-e)**. Study the following:

Adjectives	*Pronouns*
Alcuni esami sono diffịcili. ⟶	**Alcuni sono diffịcili.**
Some exams are difficult.	*Some are difficult.*
Alcune vacanze sono bellịsime. ⟶	**Alcune sono bellịsime.**
Some vacations are very beautiful.	*Some (vacations) are very beautiful.*
Certuni uọmini sono ambiziọsi. ⟶	**Certuni sono ambiziọsi.**
Some men are ambitious.	*Some (men) are ambitious.*
Talune penne non scrịvono bene. ⟶	**Talune non scrịvono bene.**
Some pens don't write well.	*Some (pens) don't write well.*

Note that **alcuni (-e)**, **certuni (-e)**, and **taluni (-e)** are often interchangeable.

48.   Complete the following sentences by translating the italicized English words:

1.   Non abbiamo _____ successo.   *any*
2.   Luigi si sbarba _____ giorno.   *every*
3.   Ogni tanto leggo _____ rivista.   *some*
4.   A me piace _____ tipo di pesce.   *any*
5.   Loro non hanno _____ amico.   *any*
6.   _____ studente deve studiare.   *each*
7.   _____ giornali sono noiosi.   *some*
8.   _____ fotografie sono lucide.   *some*

POSSESSIVE PRONOUNS

In Chapter 3 there is a section on possessive adjectives; review it carefully. Possessive pronouns are used to replace a noun modified by a possessive adjective. A possessive pronoun must agree with the noun it replaces in gender and number and is accompanied by the appropriate definite article or its contracted forms: **al**, **ai**, **allo**, etc. (see contractions on page 28.) Observe the difference between the possessive adjectives and the possessive pronouns:

Possessive Adjectives	*Possessive Pronouns*
il mio libro, la mia penna	⟶ **il mio, la mia**
i miei libri, le mie penne	⟶ **i miei, le mie**
il tuo libro, la tua penna	⟶ **il tuo, la tua**
i tuoi libri, le tue penne	⟶ **i tuoi, le tue**
il suo libro, la sua penna	⟶ **il suo, la sua**
il Suo libro, la Sua penna	⟶ **il Suo, la Sua**
i Suoi libri, le Sue penne	⟶ **i Suoi, le Sue**
il nostro libro, la nostra penna	⟶ **il nostro, la nostra**
i nostri libri, le nostre penne	⟶ **i nostri, le nostre**
il vostro libro, la vostra penna	⟶ **il vostro, la vostra**
i vostri libri, le vostre penne	⟶ **i vostri, le vostre**
il loro libro, la loro penna	⟶ **il loro, la loro**
i loro libri, le loro penne	⟶ **i loro, le loro**
il Loro libro, la Loro penna	⟶ **il Loro, la Loro**
i Loro libri, le Loro penne	⟶ **i Loro, le Loro**

Study the following examples:

> **Ho la mia bicicletta, non la tua.**
> **Abbiamo i nostri libri, non i vostri.**
> **Scrive alle sue amiche, non alle tue.**
> **Loro vanno dai loro nonni, non dai nostri.**

Note that after the verb **essere**, the definite article is usually omitted:

> **Questa casa è mia.**   *This house is mine.*

49.   Rewrite the following, replacing the italicized phrase with the appropriate possessive pronoun:

1.   Questa è *la mia macchina*.
2.   *La tua motocicletta* è più veloce.
3.   Abbiamo comprato *i nostri biglietti*.
4.   Hanno ricevuto *il loro regalo*.
5.   Questi sono *i miei libri*.
6.   *Le nostre amiche* vivono presso di te.
7.   Sto preparando *la mia valigia*.

8. Dammi *il tuo passaporto!*
9. *I miei zii* vivono in Italia.
10. Hai portato *i tuoi libri* e *i suoi libri.*
11. *Il nostro amico* aspetta qui vicino.
12. *La vostra piscina* (swimming pool) è molto grande.
13. Ci piacciono *il Suo ufficio* e *i Suoi libri.*
14. *Le mie cugine* arrivano domani.
15. Non voglio né *la tua bicicletta* né *la sua motocicletta.*

DEMONSTRATIVE PRONOUNS

Questo and *quello*

The demonstrative pronouns are basically the same as the demonstrative adjectives (see Chapter 3). They can refer to either people or things. **Questo** (*this, this one*) and **quello** (*that, that one*) must agree in gender and in number with the noun they substitute.

	Questo		**Quello**	
Masculine singular	**questo**	*this one*	**quello**	*that one*
Masculine plural	**questi**	*these*	**quelli**	*those*
Feminine singular	**questa**	*this one*	**quella**	*that one*
Feminine plural	**queste**	*these*	**quelle**	*those*

For emphasis, all forms of **questo** and **quello** may be followed by **qui** (*here*) and **lí** (*there*): **questo qui** (*this one here*); **quello lí** (*that one there*), etc.

Mi piace questo.	*I like this (one).*
Preferisco quello.	*I prefer that (one).*
Queste qui sono le migliori.	*These are the best (ones).*
Quelli lí sono i peggiori.	*Those are the worst (ones).*

50. Complete the following with the appropriate demonstrative pronouns:

1. Questi cappotti sono buoni, ma preferisco _____.   *those*
2. Quella ragazza è italiana, _____ è americana.   *this one*
3. Questo romanzo è noioso, _____ è interessante.   *that one*
4. Quelle sedie sono comode, _____ sono troppo piccole.   *these*
5. Quelli sono molto costosi, _____ vanno a buon mercato.   *these*

RELATIVE PRONOUNS

Che

A relative pronoun is used to introduce a clause that modifies a noun. **Che** (*that, which, who, whom*) can be used to replace either a person or a thing and can function as either the subject or the object of a clause. **Che** does not have gender differentiation.

La ragazza che vedi è la sorella di Pietro.
The girl (whom) you see is Peter's sister.
Il giovane che scrive è molto intelligente.
The young man who is writing is very intelligent.
Ti piacciono i libri che sto comprando?
Do you like the books (that) I am buying?
Ecco i libri che costano poco!
Here are the books that cost little!

51. Complete the following with the relative pronoun.

    1.   Le cravatte _____ vẹndono in quel negọzio sono belle.
    2.   Il problema _____ stiamo discutendo è serio.
    3.   Le ragazze _____ arrịvano adesso sono italiạne.
    4.   Il romanzo _____ hai comprato è lungo.
    5.   I giọvani _____ pạrlano sono studenti.
    6.   Le ragazze _____ sono invitate da Olga sono brave.
    7.   La matẹria _____ stụdia Mạrio è molto diffịcile.
    8.   I signori _____ vọgliono parlarti sono lí.

Cui

    Cui (*[to] whom, [of] whom; [to] which, [of] which,* etc.) is used instead of **che** when it is preceded by a preposition. Note that **cui** can refer to a person or a thing. Note also that the preposition **a** is often omitted with **cui**. All other prepositions must be expressed.

        cui   *to whom, to which*
        a cui   *to whom, to which*
        con cui   *with whom, with which*
        di cui   *of whom, of which*
        da cui   *from whom, from which*
        in cui   *in whom, in which*
        per cui   *for whom, for which*
        su cui   *on whom, on which*

        La signora a cui (or simply: **cui**) **parlavi è dottoressa.**
        Gli amici di cui parliạmo sono in Itạlia.
        L'albergo in cui starai è molto buọno.

52. Complete the following sentences by translating the English pronouns into Italian:

    1.   Il sofà _____ ci sediamo è molto cọmodo.   *on which*
    2.   I giọvani _____ ti ho parlato sono gentili.   *of whom*
    3.   La ditta _____ lavori è molto grande.   *for which*
    4.   Gli amici _____ scrivo sono in vacanza.   *to whom*
    5.   I turịsti _____ viaggiạmo sono francesci.   *with whom*
    6.   Quello è l'edifịcio _____ uscirà mio fratello.   *from which*
    7.   Questo è l'ufficio _____ lavoro.   *in which*

Il quale, la quale, i quali, le quali

    The pronoun **il quale** (*the one who, the ones who; the one which, the ones which*) must agree in number and gender with the noun it replaces. **Il quale** has four forms:

        il quale (m. s.)   **la quale** (f. s.)
        i quali (m. pl.)   **le quali** (f. pl.)

    Il quale is sometimes used to replace **che** or **cui** either to lend emphasis or to avoid ambiguity. **Che** and **cui**, however, are much more commonly used. Observe the following:

        La professoressa che dà le conferenze il venerdí parla molto bene.
        The professor, who gives the lectures on Fridays, speaks very well.
        La professoressa la quale dà le conferenze il venerdí parla molto bene.
        The professor, the one who gives the lectures on Fridays, speaks very well.

Il libro di cui ti parlavo era molto interessante.
The book I was talking to you about was very interesting.
Il libro del quale ti parlavo era molto interessante.
The book, the one I was speaking to you about, was very interesting.

Chi (colui che, colei che, coloro che)

Chi can also be used as a relative pronoun meaning *one who*. Note that it is always followed by a singular verb. Observe the following:

Chi studia, impara.
One who studies learns.
Chi ha visto l'Italia, non la dimenticherà mai.
One who has seen Italy will never forget it.

Alternate forms of **chi** are **colui che** (*he who*), **colei che** (*she who*) and **coloro che** (*those who*). **Coloro che** takes a plural verb:

Colui che studia, impara.
He who studies learns.
Colei che studia, impara.
She who studies learns.
Coloro che studiano, imparano.
Those who study learn.

Colui che, **colei che** and **coloro che** can also be used to express *the one (ones) who:*

Colui che entra è mio fratello.
The one who is entering is my brother.
Colei che entra è mia sorella.
The one who is entering is my sister.
Coloro che entrano sono i miei fratelli.
The ones who are entering are my brothers.

53. Rewrite the following sentences according to the model:

Arriva mia sorella. ⟶ Colei che arriva è mia sorella.

1. Arrivano i miei amici.
2. Parla mio zio.
3. Qualcuno arriva e qualcuno parte.
4. Ascoltano i miei studenti.
5. Si siede Antonio e si alza Marco.
6. Canta la mia amica.

Quello che, quel che, ciò che

The neuter relative pronouns, **quello che**, **quel che**, **ciò che**, are used to replace a general or abstract idea rather than a specific antecedent. They are similar to the English *what* and *that which*. All three of them are interchangeable.

Ciò che dici non è vero.   *What you say is not true.*
Quel che ti consiglio è di studiare.   *What I suggest to you is to study.*
Non capisco quello che dice.   *I don't understand what he/she says.*

54. Rewrite the following by introducing each statement with **quello che**, **quel che**, or **ciò che**.

1. Dice la verità.
2. Vogliamo piú tempo.
3. Leggi un ottimo romanzo.
4. Desidera comprare un'automobile.
5. Mi fa paura l'ignoranza.
6. Vogliono fare un lungo viaggio.
7. Suggerite un'ottima idea.
8. Vorrei avere un po' di pace.

Special Use of *cui*

When **cui** is preceded by a definite article, its English equivalent is *whose*. The definite article must agree with the noun following **cui**.

> **Ecco la signora <u>il cui</u> fratell<u>o</u> è psicọlogo.**
> *Here is the lady whose brother is a psychologist.*
> **Ecco il signore <u>la cui</u> sorell<u>a</u> è psicọloga.**
> *Here is the man whose sister is a psychologist.*

55. Complete the following sentences:

1. Ẹcco le studentesse _____ amiche sono italịane.   *whose*
2. Ti presento il giọvane _____ padre è governatore.   *whose*
3. Voglio conọscere la signorina _____ madre è dottoressa.   *whose*
4. Ecco i ragazzi _____ zịi sono industrịali.   *whose*

Ecco WITH PRONOUNS

Direct and indirect object pronouns can be attached to **ecco**. The pronoun **ne** can also be attached to **ecco**. Observe the following; note that **ecco** is used only in the affirmative.

With a direct object pronoun

> **Ẹccomi!**   *Here I am!*
> **Ẹccolo!**   *Here (there) he is! Here (there) it* (m.) *is!*
> **ẸccoLa!**   *Here (There) you are!* (Formal)
> **Ẹccola!**   *Here (There) she is! Here (There) it* (f.) *is!*
> **Ẹccoci!**   *Here we are!*
> **Ẹccoli!**   *Here (There) they are!*

With an indirect object pronoun

> **Ẹccoti il libro!**   *Here's the book (for you).*
> **Ẹccovi la bicicletta!**   *Here's the bicycle (for you).*

Note that the Formal indirect object pronoun **Loro** is not attached:

> **Ẹcco Loro i biglietti!**   *Here are the tickets (for you).*

With an indirect object pronoun and a direct object pronoun

> **Ẹccotelo!**   *Here it is for you!*
> **Ẹccoglieli!**   *Here they are for him!*
> **Ẹccocela!**   *Here it is for us!*
> **Ẹccovele!**   *Here they are for you!*
> but:
> **Ẹccolo Loro!**   *Here it is for you!* (Formal)
> **Ẹccole Loro!**   *Here they are for you!* (Formal)

*With **ne***

> **Ẹccone!**   *Here is some (of it, of them)!*
> **Ẹccotene!**   *Here is some for you!*
> **Ẹccogliene!**   *Here is some for him (for her, for you!)* (Formal)
> but:
> **Ẹccone Loro!**   *Here is some for you!* (Formal)

56. Rewrite the following sentences, replacing the italicized words with the appropriate pronouns:

1. Ecco *i libri a voi!*
2. Ecco *Giovanni!*
3. Ecco *le penne a Loro!*
4. Ecco *un poco a te!*
5. Ecco *me!*
6. Ecco *le signorine!*
7. Ecco *i signori!*
8. Ecco *la rivista a Lei!*
9. Ecco *noi!*
10. Ecco *un poco!*

Review

57. Rewrite each sentence, replacing the italicized word with the appropriate pronoun:

1. *I ragazzi* studiano ogni giorno.
2. Tu leggi *le riviste*.
3. Diamo il regalo *a Luisa*.
4. Loro scrivono *a noi*.
5. Saliamo *sul treno*.
6. Comprate *del pane*.
7. Ha due *fratelli*.
8. *A te* piacciono gli sport.

58. Complete the following sentences by translating the words in parentheses:

1. I libri (*that*) _____ stai leggendo sono importanti.
2. Quello è il giovane (*of whom*) _____ ti ho parlato.
3. (*He who*) _____ studia, impara.
4. (*That which*) _____ dici, è vero.
5. Sono arrivato, (*here I am*) _____ .
6. Non vedo (*anything*) _____ .

59. Choose the correct pronoun to complete each sentence:

1. Non _____ credo in questa superstizione.   (*a*) ne   (*b*) lo   (*c*) ci
2. _____ ho due.   (*a*) Gli   (*b*) Ne   (*c*) Le
3. La pago _____ , non Lei.   (*a*) lui   (*b*) lei   (*c*) io
4. Teresa chiama me, non _____ .   (*a*) te   (*b*) ti   (*c*) tu
5. _____ scrivo ogni settimana.   (*a*) Lo   (*b*) Gli   (*c*) Lei
6. Ecco un regalo per _____ , signorina.   (*a*) Lei   (*b*) La   (*c*) Le
7. _____ mettiamo due ore per arrivare all'ufficio.   (*a*) Noi   (*b*) Ne   (*c*) Ci
8. A me _____ fanno male i denti.   (*a*) mi   (*b*) me   (*c*) ci
9. Perché non _____ sedete qui?   (*a*) voi   (*b*) vi   (*c*) ti
10. Loro sanno più di _____ .   (*a*) io   (*b*) mi   (*c*) me

Chapter 9

Prepositions

Prepositions are used in Italian to indicate a variety of concepts such as possession, distance, origin, intention, purpose, etc. The prepositions **a**, **in**, **da**, and **di**, however, have some rather specific uses in Italian. They acquire different meanings in different contexts and therefore pose the most problems. For a list of verbs that require the preposition **a** before an infinitive see pages 217–220 at the end of this chapter.

a

The preposition **a** usually means *to* or *at* in English. However, when it is used before the name of a town, city, or small island, it can mean *in* in English.

Note the differences in the following sentences:

> **Vado a Milano ogni anno.**
> *I go to Milan every year.*
> **Sono a Milano per una settimana.**
> *I am in Milan for a week.*
> **Andiamo a New York.**
> *We are going to New York.*
> **Abitiamo a New York.**
> *We live in New York.*
> **Giovanni studiava a Bologna ogni estate.**
> *John used to study in Bologna every summer.*
> **È nata a Firenze ma abita a Roma.**
> *She was born in Florence but she lives in Rome.*

The preposition **a** expresses distance in Italian and conveys the idea of being a certain distance (away) from a specific place. Note the following:

> **La casa è a due chilometri da qui.**
> *The house is two kilometers (away) from here.*
> **I miei nonni abitano a due miglia da noi.**
> *My grandparents live two miles (away) from us.*

in

The Italian preposition **in** often means *in* in English.

> **Roma è in Italia.**
> *Rome is in Italy.*
> **Abitiamo negli Stati Uniti.**
> *We live in the United States.*

The preposition **in** is used before the names of regions, countries, continents, or large islands to express the English preposition *to*.

> **L'anno prossimo andremo in Europa.**
> *Next year we are going to Europe.*
> **Mi piace andare in Sicilia per le feste.**
> *I like to go to Sicily for the holidays.*

Andiamo nel Canadà a visitare i nostri cugini.[1] *(in + il = nel)*
We are going <u>to</u> Canada to visit our cousins.
Quando andrete negli Stati Uniti? *(in + gli = negli)*
When are you going <u>to</u> the United States?

In is used to express means of transportation in Italian and is equivalent to the preposition *by* in English.

Study the following common expressions:

in macchina (automobile)   *by car*
in treno   *by train*
in aereo   *by plane*
in autobus   *by bus*
in bicicletta   *by bicycle*

Note that the preposition **a**, not **in**, is used in the following expressions: **a piedi** (*on [by] foot*) and **a cavallo** (*on horseback*).

Oggigiorno tutti viaggiano in aereo.
Nowadays everyone travels <u>by</u> plane.
Vado a scuola in bicicletta.
I go to school <u>by</u> bicycle.

The preposition **in** is used *without* the definite article in Italian to express *in*, *into*, or *to* in English with expressions referring to certain places, rooms of a house, shops, etc. Note the following:

in città   *in (into) the city*
in montagna   *in the mountains*
in campagna   *in (into) the country*
in salotto   *in the living room*
in cucina   *in the kitchen*
in giardino   *in the garden*
in biblioteca   *in the library*
in chiesa   *in church*

I miei genitori sono in campagna.
My parents are in the country.
Domani mattina andremo in città.
Tomorrow morning we are going to (into) the city.

1.   Complete the following sentences with the appropriate form of the preposition **a** or **in** as necessary:

   1.   L'anno scorso sono andato _____ Francia.
   2.   Andiamo _____ casa di Maria _____ macchina.
   3.   Sono due settimane che siamo _____ Capri.
   4.   La chiesa è _____ due passi dalla piazza.
   5.   Gli zii di Carlo si trovano _____ Chicago.
   6.   Enzo è _____ Italia questa settimana ma abita _____ Stati Uniti.
   7.   Mia zia vive _____ Sicilia.
   8.   Vai _____ scuola _____ bicicletta o _____ piedi?
   9.   Rosella è andata _____ città stamani.
   10. Voi andate _____ letto a mezzanotte.

---

[1]   Note that with masculine countries, the preposition **in** is commonly articulated, **nel**. You will, however, in everyday speech sometimes hear **in Canadà**, **in Messico**.

2. Form sentences from the following using the appropriate form of the preposition **a** or **in** as necessary. Follow the model:

> **Roberto / ẹssere / Torino**
> **Roberto è a Torino.**

1. turisti / ẹssere / Sicịlia
2. io / andare / scuọla / piẹdi
3. ragazza / abitare / Firenze
4. studentesse / studịare / biblioteca
5. andare / voi / Spagna / ogni / anno?

6. mịo / padre / abitare / Milano
7. Giovạnna / andare / città / bicicletta
8. invitati / ẹssere / salotto
9. zia / di / Lạura / ẹssere / chiẹsa
10. giọvani / volere / andare / Mẹssico

da

The Italian preposition **da** means *from* in English. (For a special use of **da** with the present indicative and the imperfect indicative, see Chapter 5, pages 90 and 99.)

> **Il treno viẹne da Verona.**
> *The train is coming from Verona.*
> **Da dove venite?**
> *Where do you come from?*

Da is used before a personal noun or pronoun to mean *at (to, in) the house of* in English. Its meaning has been extended to places of business, shops, offices, etc. Note the following:

> **Andremo da Marịa stasera?**
> *Shall we go to Mary's house tonight?*
> **Mia fịglia è dal dottore.**
> *My daughter is at the doctor's (office).*
> **Ogni mese devo andare dal barbiẹre.**
> *Every month I have to go to the barber shop (barber's).*

Da is used with the disjunctive pronouns (**me, te, sé, noi, voi, sé**) to mean *by myself, by yourself, by himself/herself, by ourselves, by yourselves, by themselves*. Note that the subject of the sentence and the disjunctive pronoun always refer to the same person.

> **L'ho fatto tutto da me.**
> *I did it all by myself.*
> **Franca ha finito la lezione da sé.**
> *Frances finished the lesson by herself.*

Da is used *before an infinitive or a noun* in Italian to describe the purpose, scope, intention, suitability, or use of the preceding dependent noun. It conveys the preposition *for*, but *for* is rarely used in this way in English. A descriptive adjective is used instead. Observe the following:

> **Ho bisogno della carta da scrịvere.**
> *I need some writing paper (paper for writing).*
> **Hai una mạcchina da cucire?**
> *Do you have a sewing machine (machine for sewing)?*
> **Mangịamo sempre nella sala da pranzo.**
> *We always eat in the dining room (room for dining).*
> **Ho comprato quel costume da bagno.**
> *I bought that bathing suit (suit for bathing).*

Da is used *before an infinitive* to convey the idea that something remains *to be done*. It implies that the action of the infinitive has not been realized or carried out. It may also denote a need or obligation, that something *must be done*. Study the following:

Avete due libri da leggere per domani.
You have two books to read (to be read) for tomorrow.
Ci sono tre stanze da affittare.
There are three rooms for rent (to be rented).
La signora Russo ha una casa da vendere.
Mrs. Russo has a house for sale (to be sold).

Da is also used *before an infinitive* and after the indefinite antecedents **molto**, **poco**, **niente**, **nulla**, **troppo**, **qualcosa** (**qualche cosa**). This construction with **da** also conveys a passive meaning that something still remains *to be done*.

Abbiamo molto da fare.
We have a lot to do (to be done).
Non c'è niente da mangiare.
There is nothing to eat (to be eaten).

Da is used before a noun to describe a person's behavior, manner, style, or comportment. Note the following.

Mi ha sempre parlato d'amico.
He has always spoken to me like a friend.
Domani io farò da guida.
Tomorrow I will act as the guide.
Vive da principe.
He lives like a prince.

Da is used after a noun or adjective to describe the physical characteristics or qualities of a person. English makes use of the preposition *with* or the equivalent descriptive adjective.

Chi è il giovanotto dai capelli biondi?
Who is the young man with the blond hair?
Who is the blond-haired young man?
Chi è quella ragazza dagli occhi verdi?
Who is that girl with the green eyes?

Da plus a noun or pronoun means *by* in English when *by* indicates the agent or the doer of the action of a verb that is in the passive voice. Note the following:

Da chi fu scritto quel libro?
By whom was the book written?
Il libro fu scritto da Natalia Ginzburg.
The book was written by Natalia Ginzburg.
La città fu distrutta da un terremoto.
The city was destroyed by an earthquake.

Da is used after a noun to describe the value, worth, price, or cost of something in Italian.

Voglio un francobollo da cento lire.
I want a 100-lire stamp.
È una macchina da poco prezzo.
It's a cheap (inexpensive) car.

Da means *as* in English when *as* is equivalent to the adverb *when*. This construction with **da** replaces the adverbial clause with *when* in English. Note the following:

Da ragazzo ero molto spiritoso.
As a boy (When I was a boy), I was very lively.
Da bambino avevo molti giocattoli.
As a child (When I was a child), I had many toys.

Da means *since* or *for* in time expressions when the verb of the sentence is in the present indicative or imperfect indicative tense. (See pages 90 and 99 for use of the preposition **da** in time expressions.)

di

The Italian preposition **di** corresponds to the English preposition *of*. It is used before a noun or pronoun to express possession or ownership or to qualify (describe) another noun.

> **È la macchina di Gianni.**
> *It is John's car.*
> **Vorrei un bicchiere di vino.**
> *I would like a glass of wine.*
> **È d'oro l'orologio?**
> *Is the watch gold?*
> *(Is the watch made of gold?)*
> **È una giacca di lana.**
> *It's a woolen jacket.*

Di is used to indicate a person's place of origin in Italian. It is equivalent to the English preposition *from*.

> **Di dove sei?**
> *Where are you from?*
> *(Where do you come from?)*
> **Sono del Canadà.**
> *I am from Canada.*
> **Angela è di Bari.**   *but*   **Angela è arrivata da Bari stamani.**
> *Angela is from Bari.*   *Angela arrived from Bari this morning.*

Di is used in Italian in comparative and in relative superlative constructions. (See pages 45 to 46 for the use of **di** in the comparative and the relative superlative.)

Di is used *before an adjective after the indefinite pronouns* **qualcosa**, **niente**, **nulla**. (Note that only the masculine form of the adjective is used.)

> **Abbiamo visto qualcosa di bello.**
> *We saw something beautiful.*
> **Non c'è niente di nuovo.**
> *There is nothing new.*

Di is used in some common time expressions in Italian and means *in* or *at* in English. Study the following expressions:

> **di sera**   *in the evening*
> **di notte**   *at night*
> **di mattino**   *in the morning*
> **di buon'ora**   *early*
> **di giorno**   *in the daytime*
> **d'inverno**[2]   *in the winter*
> **d'estate**   *in the summer*
> **d'autunno**   *in the fall*
> **di primavera**   *in the spring*
>
> **Non mi piace lavorare di notte.**
> *I don't like to work at night.*

---

[2]   Note that with the words **inverno**, **estate**, **autunno**, and **primavera**, the Italian preposition **in** can be used interchangeably with **di**: e.g., **in inverno**, **in estate**, **in autunno**, **in primavera**.

Di mattino leggo sempre il giornale.
I always read the newspaper in the morning.
In estate andiamo sempre al mare.
In the summer we always go to the sea.

The preposition **di** is used in partitive constructions in Italian and means *some* or *any* in English. (See pages 28–32 for the use of **di** plus the definite articles to express the partitive.)

3. Complete the following with the appropriate forms of the prepositions **da** or **di** as necessary.

1. _____ inverno sempre fa freddo.
2. Rosella è _____ Francia.
3. _____ bambino non mangiavo mai niente.
4. Compriamo la frutta _____ fruttivendolo.
5. Possiamo comprare _____ francobolli _____ tabaccaio?
6. _____ chi fu scritto questo tema?
7. _____ quanto tempo abita Lei negli Stati Uniti?
8. Mi dia un bicchiere_____ acqua, per favore.
9. Tu sei più alta _____ me.
10. Queste sono lezioni _____ geografia.
11. La bicicletta rossa è _____ Elena.
12. Io studio _____ sera.
13. Non ricevo lettere _____ due mesi.
14. Stasera andiamo _____ Stefano.
15. I bambini dormono nella camera _____ letto.
16. Dov'è la macchina _____ scrivere?
17. È una commedia _____ ridere.
18. Chi è quell'uomo _____ capelli grigi?
19. Mi dia cinque francobolli _____ trecento lire.
20. Lo sai fare tutto _____ te?

4. Rewrite the following sentences according to the model.

Dicono molto⟶ Hanno molto da dire.

1. Mangiamo molto.
2. Vendono poco.
3. Non faccio niente.
4. Bevi qualcosa?
5. Non discutete nulla.
6. Leggete troppo.

The Use of the Prepositions *a* and *di* before an Infinitive

The following verbs take the preposition **a** before an infinitive. Note that **a** becomes **ad** before infinitives beginning with **a-**. Before infinitives beginning with other vowels, **a** and **ad** are interchangeable. See the sections on verbs followed directly by an infinitive, pages 223 to 224.

Luigi ci aiuta a fare i compiti. *Louis helps us to do our homework.*
Pietro si è dedicato a studiare. *Peter dedicated himself to studying.*
Maria riesce a parlare bene l'inglese. *Mary manages to speak English well.*
Voi sempre tardate ad arrivare. *You are always late in arriving.*
Noi vi insegneremo a dipingere. *We will teach you how to paint.*

abituarsi a *to get used to*
　　Ci siamo abituati a vivere in questo clima.
affrettarsi a *to hurry to, to hasten to*
　　Gli studenti si affrettano a finire gli esami.

aiutare a   *to help*
    Teresa sempre aiuta Pietro a fare i compiti di scuola.
andare a   *to go*
    Domani andremo a vedere un film di Fellini.
apprendere a   *to learn*
    Dobbiamo apprendere a guidare l'automobile.
aspettare a   *to wait*
    Perché non aspettate a inviare quel pacco?
avere da   *to have to, must*
    Ancora ho da imparare molte cose.
badare a   *to take care of*
    Signore, badi ad includere il Suo indirizzo!
chiamare a   *to call*
    Hanno chiamato a salutarci.
cominciare a   *to begin*
    Adesso comincio a capire la trama.
condannare a   *to condemn*
    Alcuni sono condannati a soffrire.
continuare a   *to continue*
    Continuiamo a bussare ancora.
consentire a   *to agree*
    Consentite a venire alle dieci?
correre a   *to run*
    Paola corre a incontrare suo padre.
costringere a   *to compel*
    Abbiamo costretto Mario ad accompagnarci.
dare a   *to give*
    Non diamo a intendere ciò che pensiamo!
darsi a   *to give oneself over to, to dedicate oneself*
    Luigi si è dato a collezionare francobolli.
decidersi a   *to make up one's mind*
    Mi sono deciso a viaggiare un po' di piú.
dedicarsi a   *to devote oneself*
    Si sono dedicati ad aiutare i poveri.
divertirsi a   *to have fun*
    Mi sono divertito a montare la bicicletta.
esitare a   *to hesitate*
    Ha esitato a darci il suo numero telefonico.
fare bene a   *to do well*
    Fai bene a non fumare.
fare meglio a   *to be better off*
    Fate meglio ad aspettare.
fare presto a   *to hurry up*
    Facciamo presto a partire!
fare in tempo a   *to be on time*
    Faremo in tempo a prendere il treno?
forzare a   *to force*
    Non ti ho mai forzato a lavorare fino a tardi.
giocare a   *to play*
    Giocano a vedere chi vince.
godere a   *to enjoy*
    Abbiamo goduto a vedere giocare i bambini.
imparare a   *to learn*
    Avete imparato a leggere quelle parole difficili?

incoraggiare a   *to encourage*
  Ci hanno incoraggiati a studiare.
insegnare a   *to teach*
  Mi hai insegnato a giocare a tennis.
insistere a   *to insist*
  Pietro ha insistito a parlare di sport.
inviare a   *to send*
  Ci hanno inviati a portarvi questi pacchi.
invitare a   *to invite*
  Li abbiamo invitati a cenare con noi.
istruire a   *to train, to instruct*
  Marco è stato istruito a fare il meccanico.
mandare a   *to send*
  L'ho mandato a comprare il giornale.
mettere a   *to put, to place*
  Ho messo le pentola a cuocere lentamente.
mettersi a   *to begin to*
  Dobbiamo metterci a lavorare.
obbligare a   *to force, to oblige*
  Mi hanno obbligato a stare zitto.
passare a   *to go on*
  Passiamo a fare altre cose!
pensare a   *to think of*
  Pensi a vendere la casa?
persistere a   *to persist*
  Luisa persiste a lavorare fino a tardi.
persuadere a   *to convince*
  Mi hanno persuaso a fare un lungo viaggio.
prendere a   *to begin to*
  Usualmente prendono a parlare di politica.
preparare a   *to prepare*
  Li abbiamo preparati a recitare molto bene.
prepararsi a   *to get ready*
  Si stanno preparando a dare gli esami.
procedere a   *to proceed to*
  Procediamo a discutere questo tema!
provare a   *to try to*
  Ho provato a convincerlo, ma è impossibile.
restare a   *to stay, to remain*
  È restato a finire il lavoro.
rimanere a   *to remain, to stay*
  Sono rimasto a scrivere una lettera.
rinunciare a   *to give up*
  Avete rinunciato a partecipare.
riprendere a   *to resume*
  Dopo le vacanze, abbiamo ripreso a lavorare.
ritornare a   *to come back, to go back*
  È ritornato a completare il progetto.
riuscire a   *to succeed*
  Finalmente siamo riusciti a risolvere il problema.
salire a   *to go up, to climb*
  É salito ad aggiustare il tetto.
sbrigarsi a   *to hurry*
  Sbrighiamoci a leggere!

scęndere a   *to come down, to go down*
   Sono scesi a salutarci.
seguitare a   *to keep on*
   Quei signori sęguitano a insįstere.
servire a   *to be good for*
   Queste tąvole sęrvono a fare uno scaffale.
stare a   *to stay*
   Stiamo qui a farvi compagnįa.
tardare a   *to delay, to be late*
   Tąrdano a servirci.
temere a   *to be afraid to*
   Temete a guidare nel traffico?
tornare a   *to come back, to go back, to return*
   Son tornati a vįvere a Roma.
venire a   *to come to*
   Stasera vęngono a darci il benvenuto.

The following verbs take the preposition **di** before an infinitive. Note that **di** may become **d'** before infinitives beginning with **i-**.

   Ho cercato di telefonarti, ma non ho potuto.
   Hanno deciso d'incominciare troppo tardi.
   Hai rifiutato di partecipare al convegno.
   A volte fingiąmo di non capire.
   Mi ha chięsto di portargli un dizionąrio.

accettare di   *to accept*
   Ha accettato di fare parte del gruppo.
accǫrgersi di   *to become aware of*
   Si è accorto di aver fatto molti sbagli.
ammęttere di   *to admit*
   Hanno ammesso di aver detto certe cose.
approvare di   *to approve*
   Il senato ha approvato di continuare il programma.
arrossire di   *to blush*
   Luisa arrossisce di parlare in pųbblico.
aspettare di   *to wait*
   Aspetto di ricęvere quei documenti.
aspettarsi di   *to expect*
   Ci aspettiąmo di vederli stasera.
astenersi di   *to abstain from*
   Si astęngono di votare.
augurare di   *to wish*
   Ti ąuguro di riuscire bene agli esami.
augurarsi di   *to hope to*
   Mi ąuguro di potere andare in Europa.
avere pąura di   *to be afraid*
   Avete pąura di viaggiąre in aęreo.
avvertire di   *to warn, to caution*
   Vi avvertiąmo di guidare con cautęla.
cercare di   *to try*
   Stiamo cercando di essere paziędnti.
cessare di   *to stop*
   Cessate di fare i presuntuǫsi!

chiędere di *to ask*
  Hanno chięsto di parlarci al piú presto.

comandare di *to order*
  Ho comandato di chiamare Pạolo.

conclụdere di *to conclude, to end*
  Ha concluso di comandare.

consigliare di *to advise*
  Mi hanno consigliạto di partire subito.

consolarsi di *to take comfort, to rejoice*
  Si consọlano di aver vinto.

crędere di *to believe in*
  Crędono di contribuịre continuamente.

decịdere di *to decide*
  Decidiạmo di lasciarli in pace!

determinare di *to determine*
  Hanno determinato di smẹttere il programma.

detestare di *to hate, to detest*
  Detestiạmo di continuạre cosí.

dimentịcare di *to forget to*
  Ho dimenticato di lasciạre l'indirizzo.

dire di *to say, to tell*
  Ci ha detto di riportare i libri in biblioteca.

dispensare di *to excuse*
  Ci dispẹnsano di fare questo lavoro.

domandare di *to ask*
  Mi ha domandato d'inviare i documenti.

dubitare di *to doubt*
  Dụbiti di poter venire?

fantasticare di *to day-dream, to imagine*
  Fantạstica di ẹssere un grande attore.

fịngere di *to pretend*
  Sempre fịngono di ẹssere contenti.

finire di *to end up, to finish*
  Finite di scherzare.

giurare di *to swear, to pledge*
  Giụrano di vendicarsi.

godere di *to enjoy*
  Godiạmo di vedere gli amici.

impedire di *to prevent*
  Quei signori t'impedịscono di parlare.

indignarsi di *to be indignant*
  Si indịgnano di fare certi lavori.

infischiạrsi di *to not care a hoot about*
  Luịgi s'infịschia di lavorare.

indovinare di *to guess right*
  Ho indovinato di scrịvergli.

ingannarsi di *to deceive oneself*
  S'ingạnnano di fare bene.

lagnarsi di *to complain*
  Ti lagni di dover studiare.

lamentarsi di *to complain*
  Ci lamentiạmo di dover partire.

mancare di *to lack, to fail*
  Mạncano di fare il prọprio *([their] own)* **dovere.**

meravigliarsi di   *to be surprised*
   Mi meraviglio di vedervi qui.
minacciare di   *to threaten*
   Ti minaccia di farti del male.
occuparsi di   *to busy oneself with, to attend to*
   Vi occupate di fare tutto.
offrire di   *to offer*
   Offrono di pagare il conto.
ordinare di   *to order*
   Vi ordino di stare a casa.
pensare di   *to think of*
   Pensiamo di leggere quel romanzo.
pentirsi di   *to regret, to repent*
   Si son (sono) pentite di non esser venute.
permettere di   *to allow, to permit*
   Vi permetto di uscire per poche ore.
persuadere di   *to persuade, to convince*
   Ci persuade di uscire tardi.
pregare di   *to beg*
   Ti prego di non bestemmiare.
privare di   *to deprive*
   Le regole ci privano di fare certe cose.
proibire di   *to prevent, to prohibit*
   Ti proibisco di uscire.
promettere di   *to promise*
   Mi ha promesso di visitarmi presto.
proporre di   *to propose*
   Hanno proposto di erigere *(to erect)* un monumento.
provare di   *to try*
   Proveranno di nuotare da una sponda all'altra.
raccomandare di   *to recommend, to exhort*
   Vi raccomando di tornare presto.
rendersi conto di   *to realize*
   Si è reso conto di avere pochi amici fedeli *(loyal)*.
ricordare di   *to remember*
   Ricorderai d'impostare le lettere?
ricordarsi di   *to remember*
   Non mi son ricordato di scrivere.
rifiutare di   *to refuse*
   Hanno rifiutato di venire con noi.
ringraziare di   *to thank*
   Ti ringrazio di avermi aiutato.
ripetere di   *to repeat*
   Ripeto d'invitarti.
risolvere di   *to resolve, to solve*
   Abbiamo risolto di non ritornare.
sapere di   *to know*
   Sanno di dovere scusarsi.
sbagliare di   *to miss, to make a mistake*
   Avete sbagliato di votare per il miglior candidato.
sbrigarsi di   *to hasten, to hurry*
   Si sono sbrigati di terminare quel contratto.
scommettere di   *to bet*
   Hai scommesso di finire per primo?

scrivere di   *to write*
  Gli ho scritto di tornare.
scusarsi di   *to apologize*
  Stefano si è scusato di averli burlati.
smettere di   *to stop*
  Ha smesso di fare favori a destra e a sinistra.
sognare di   *to dream about*
  Abbiamo sognato di essere in un film.
sperare di   *to hope, to expect*
  Speravano di arrivare presto.
stabilire di   *to agree*
  Ho stabilito di non fumare piú.
stancarsi di   *to get tired*
  Si è stancata di rispondere alle domande.
stupirsi di   *to be amazed*
  Ci siamo stupiti di vedere Gino lí.
suggerire di   *to suggest*
  Hanno suggerito di rifare il lavoro.
supplicare di   *to beseech, to beg*
  L'avete supplicato d'inviarvi la patente di guida.
temere di   *to fear*
  Temi di perdere la scommessa?
tentare di   *to try, to attempt*
  Molte volte ho tentato di farlo studiare.
terminare di   *to end, to stop*
  Hanno terminato di accettare assegni.
trattare di   *to deal with, to bargain*
  Hai trattato di comprare quel negozio?
vantarsi di   *to brag about, to vaunt*
  Si vantavano di essere i primi in tutto.
vergognarsi di   *to be ashamed of*
  Si è vergognato di vantarsi.

Verbs Followed Directly by an Infinitive

amare   *to love, to like*
  Ama andare a caccia *(hunting)* e a pesca.
ascoltare   *to listen to*
  Ho ascoltato cantare Teresa.
bastare   *to suffice*
  Basta lavorare e tutto va bene.
bisognare   *to be necessary*
  Bisogna partire al piú presto.
desiderare   *to wish, to desire*
  Desidero rivedere i miei amici.
dovere   *to have to, must*
  Devono finire il progetto.
farsi   *to have something done*
  Si son fatti costruire una villa.
gradire   *to appreciate*
  Gradiamo essere invitati.
guardare   *to look at, to watch*
  Guardo passare la gente.
lasciare   *to allow, to let*
  Per favore, ci lasci vivere in pace!

occorrere   *to be necessary*
  Occorre lavorare per poter vivere.
osare   *to dare*
  Antonio non osa avvicinarsi *(to come near, to approach).*
osservare   *to observe, to watch*
  Osserviamo volare gli uccelli.
parere   *to seem*
  Pare voler piovere.
piacere   *to like, to please*
  A tutti piace divertirsi.
potere   *to be able to*
  Se vogliamo, possiamo andare al cinema.
preferire   *to prefer*
  Abbiamo preferito restare a casa.
sapere   *to know how*
  Sa guidare.
sembrare   *to seem*
  Oggi il sole sembra brillare *(to shine)* **di piú.**
sentire   *to hear*
  Mi scusino un momento, sento piangere i bambini.
solere   *to be used to*
  Soliamo passeggiare nel tardo *(late)* **pomeriggio.**
udire   *to hear*
  Odi cantare le ragazze?
vedere   *to see*
  Hanno veduto (visto) giocare quei giovani.
volere   *to want to*
  Voglio passare le vacanze in montagna.

5. Complete the following sentences with the appropriate prepositions when necessary:

  1. Vogliamo _____ cantare alcune canzoni.
  2. Accetto _____ fare parte del vostro circolo.
  3. Alberto non riesce _____ studiare.
  4. Sembra _____ piovere a dirotto *(in torrents, or cats and dogs)*.
  5. Mi hanno proibito _____ entrare.
  6. Corrado ama _____ andare a caccia.
  7. Ci prepariamo _____ dare gli esami.
  8. Avete imparato _____ guidare?
  9. Silvana si è stupita *(dumbfounded)* _____ vedermi qui.
  10. Marco e Mario si sono vergognati _____ parlare.
  11. Adesso non oso _____ dire una parola.
  12. Vi lamentate _____ lavorare troppo.
  13. Hai sentito _____ Teresa?
  14. Non possiamo _____ capire queste regole.
  15. Mi hanno insegnato _____ parlare inglese.
  16. I bambini corrono _____ incontrare lo zio.
  17. Occorre _____ studiare per fare bene agli esami.
  18. Temo _____ non potercela fare.
  19. Avete tentato _____ parlare al direttore?
  20. Stefano è riuscito _____ vedere il preside *(principal)*.

Review

6. Complete the following sentences using the appropriate forms of the prepositions **a**, **in**, **da**, or **di** and using the cues, as necessary:

   1. Mia sorella abita _____ Sardegna.
   2. Vado al negozio _____ autobus.
   3. Firenze è _____ Toscana.
   4. Ritorneranno _____ mezzanotte.
   5. L'ufficio è _____ cinque miglia _____ casa nostra.
   6. Abito _____ Milano ma sono _____ Roma. *romano*
   7. Il professore sempre arriva _____ classe _____ buon'ora.
   8. Rosella è _____ Francia. *francese*
   9. La ragazza è andata _____ campagna _____ una macchina _____ corsa.
   10. Questi libri sono _____ Pietro.
   11. Quella statua è _____ marmo.
   12. Voi lavorate _____ giorno; io studio _____ notte.
   13. I miei zii sono _____ Sicilia; sono siciliani.
   14. Maria viene _____ Bologna.
   15. Ho lasciato lo spazzolino _____ denti (*toothbrush*) nella valigia.
   16. Il ferro _____ stiro non funziona piú.
   17. Studio l'italiano _____ due anni.
   18. Sono arrivato _____ Torino stamattina alle cinque.
   19. Non c'è un minuto _____ perdere.
   20. Abbiamo molto _____ fare oggi.
   21. Non avete visto niente _____ bello nel negozio?
   22. Il ragazzo si allontanò _____ casa.
   23. La signora Milano fa _____ madre a questi due bambini.
   24. È un dolore _____ morire.
   25. Si comportò _____ eroe.

7. Translate the following sentences into Italian:

   1. Franco is from the United States.
   2. We went to the city by ourselves.
   3. We have a lot to do today.
   4. I need a new toothbrush.
   5. She has a house for sale.
   6. Is there anything to eat?
   7. As a child, I liked to go to the mountains.
   8. There isn't a moment to lose.
   9. As a young man, I was very handsome.
   10. In the fall, we used to go to the country by train.

8. Complete the following with the appropriate prepositions when necessary:

   1. Lui sempre riesce _____ vincere.
   2. L'ho persuaso _____ partire ora.
   3. Basta _____ studiare per riuscirci.
   4. Quando avete imparato _____ guidare?

   5. Mi rendo conto _____ non avere tempo.
   6. Ti hanno costretto _____ scrivermi.
   7. Domani dobbiamo _____ visitare il nonno.
   8. Olga, hai pensato _____ fare un viaggio?
   9. Hanno accettato _____ partecipare.
  10. Procediamo _____ lavorare!
  11. Se vuoi, puoi _____ aiutarmi.
  12. Ricordate _____ comprare il pane.
  13. Luisa, ammetti _____ avere dormito troppo?
  14. Li abbiamo invitati _____ cenare con noi.
  15. A me piace _____ giocare a tennis.

Chapter 10

Special Uses of Certain Verbs

EXPRESSIONS WITH *avere*

The verb **avere** means *to have* in English. However, with many common expressions referring to physical or mental states, **avere** takes on the meaning *to be*. And with still other idioms it assumes various other meanings. Observe the following:

avere . . . anni   *to be . . . years old*
Mio nonno ha sessantadụe anni.

avere bisogno di[1]   *to need*
Chi ha bisogno di un cerotto?

avere caldo   *to be hot* (said of a person)
In estate abbiamo caldo.

avere da   *to have to*
Ho tanto da fare!

averne fino agli occhi   *to be fed up (with)*
Non ne posso piú, ne ho fino agli occhi.

avere fretta   *to be in a hurry*
Tu hai sempre fretta, non ti fermi mai.

avere freddo   *to be cold*
Di notte ho freddo.

avere fame (appetito)   *to be hungry*
Marco ha una fame da leọne.

avere l'ạria di   *to seem, to look as if*
Luigi ha l'ạria di aver mentito.

avere luọgo   *to take place*
Dove avrà luọgo la partita di cạlcio?

avere mal di gola   *to have a sore throat*
Ha cantato troppo e ora ha mal di gola.

avere mal di pạncia   *to have a stomach ache*
Ho un mal di pạncia *(stomach)* **terrịbile.**

avere mal di testa   *to have a headache*
Con questo rumore hai sempre mal di testa.

avere molto da fare   *to be very busy (to have a lot to do)*
Non pọssono venire perché hanno molto da fare.

avere paụra (di)   *to be afraid (of)*
Di chi hai paụra, di me?

avere sete   *to be thirsty*
Se hai sete, bevi dell'acqua!

avere sonno   *to be sleepy*
Abbiamo sonno; non dormiạmo da molte ore.

avere ragiọne   *to be right*
Lui ha sempre ragiọne!

---

[1]   The infinitive **avere** is frequently abbreviated to **aver** before a consonant; e:g., **aver bisogno di**, **aver caldo**, **aver fame**, **aver freddo**.

avere torto   *to be wrong*
> **Noi abbiạmo sempre torto.**

avere vergogna (di)   *to be ashamed (of)*
> **Hanno vergọgna di arrivare tardi.**

avere vọglia (di)   *to feel like (doing something)*
> **Hai vọglia di guardare la televisiọne?**

1. Complete the following with the appropriate present indicative forms of **avere**:

     1.   I bambini _____ fame.
     2.   Noi _____ vọglia di nuotare.
     3.   Olga _____ mal di denti.
     4.   Antọnia _____ sempre ragiọne.
     5.   Voi _____ sete.
     6.   Tu _____ paụra di stare solo.
     7.   Loro ne _____ fino agli occhi.
     8.   Io _____ vergogna di alzare la mano.

2. Rewrite the following using idiomatic expressions with **avere**. Follow the model:

> **Vorrẹi una limonata. ⟶ Ho sete.**

     1.   Vorrẹi un panino.
     2.   Vorresti dormire?
     3.   Luịsa vorrebbe una coperta.
     4.   Noi vorremmo un'aranciạta.
     5.   I bambini vorrẹbbero uscire.

     6.   Voi vorreste un pezzo di torta.
     7.   Io non posso parlare; mi vergogno.
     8.   La testa gli gira.
     9.   Mi fanno male i denti.
   10.   Ti fa male la gola?

SPECIAL USES OF *dovere, potere, sapere* AND *volere*

The verbs **dovere** (*to have to, to must*), **potere** (*to be able to, to can*), **sapere** (*to know, to know about*), and **volere** (*to want*) assume different meanings in different tenses. Observe the following special uses of these verbs:

Dovere

In the present tense: to owe

> **Gli devo la mia gratitụdine.**
> *I owe him my gratitude.*
> **Ti devo venti dọllari.**
> *I owe you twenty dollars.*

Plus an infinitive: to have to, to must

> **Devo partire alle otto in punto.**
> *I must leave at eight o'clock sharp.*
> **Dovremo tornare stasera.**
> *We shall have to come back tonight.*
> **Loro hanno dovuto aspettare.**
> *They had to wait.*

In the present and imperfect indicative tenses: to be supposed to

> **Devo essere lí alle due.**
> *I'm supposed to be there at two.*
> **Dovevo presentarmi da solo.**
> *I was supposed to show up by myself (all alone).*

Plus **essere** *in the present indicative, present perfect (conversational past), and imperfect indicative tenses:* *must be, must have been, was probably*

Dov'è Maria?
Where is Mary?
Dev'essere a casa.
She must be home (is probably home).
Dove sono stati i ragazzi?
Where have the boys been?
Hanno dovuto essere a scuola.
They must have been (were probably) in school.
Non gliel'ho chiesto, ma il viaggio doveva essere piacevole.
I didn't ask him (her), but the trip had to be (was probably) pleasant.

In the conditional tenses: should, ought to, should have, ought to have

Dovrei finire i compiti di scuola a tempo.
I should (ought to) finish my homework on time.
Avrei dovuto telefonarle immediatamente.
I should have (ought to have) telephoned her immediately.

Potere

In the present indicative tense: to be able to, can

Posso uscire?
May I go out?
Posso suonare il trombone.
I can (am able to) play the trombone.

In the present perfect: to be able to, to succeed

Ho potuto spedire il pacco.
I was able to mail the package.
(I succeeded in mailing the package.)
Non son (sono) potuti venire più presto.
They could not come earlier (but they tried).

In the conditional tenses: could, would be able, could have, could have been able

Potrei arrivare alle tre.
I could arrive at three o'clock. (I would be able to arrive at three o'clock.)
Avrei potuto farlo facilmente.
I could have done it easily. (I would have been able to do it easily.)

Sapere

In the present indicative tense: to know, to be able to, to know how to

So la lezione.
I know the lesson.
So cantare.
I know how to sing. (I am able to sing.)

In the present perfect (conversational past): to know, to find out

L'ho saputo ieri.
I knew it yesterday. (I found it out yesterday.)

In the conditional tenses: to be able to, can, to find out

Non saprei trovarlo.
I wouldn't be able to find it.

Volere

In the present indicative: to want

> **Voglio quell'automobile.**
> *I want that car.*

In the present perfect (conversational past): to decide, to refuse to

> **Ho voluto farlo.**
> *I wanted to do it. (I decided to do it.)*
> **Marco non ha voluto finirlo.**
> *Mark didn't want to do it. (Mark refused to do it.)*

In the conditional: would like

> **Vorrei un bicchiere di latte.**
> *I would like a glass of milk.*
> **Vorrei visitare i nonni.**
> *I would like to visit my grandparents.*

3. Translate the following sentences into Italian using **dovere**, **potere**, **sapere**, or **volere**:

1. They refused to do it.
2. We found out a few hours ago.
3. She decided to come early.
4. He knows how to play the guitar (*chitarra*).
5. I wouldn't be able to repeat it.
6. They succeeded in convincing me.
7. They could have read it.
8. You (*voi*) should have studied more.
9. He ought to telephone.
10. She was supposed to leave with us.
11. We owe her ten dollars.
12. They had to finish the exams.
13. I could have helped them.
14. You (*Lei*) must return the books to the library.
15. They are probably ill.

EXPRESSIONS WITH *fare*

Expressions that describe the weather use the verb **fare**. Observe the following:

> **Che tempo fa?**   *How is the weather?*
> **Fa caldo.**   *It's hot.*
> **Fa freddo.**   *It's cold.*
> **Fa bel tempo.**   *The weather is good.*
> **Fa cattivo tempo.**   *The weather is bad.*

With many other common Italian expressions, **fare** takes on a variety of meanings. Observe the following:

> **fare attenzione (a)**   *to pay attention (to)*
> **farsi il bagno**   *to take a bath, to swim*
> **farsi la barba**   *to shave*
> **fare la prima colazione**   *to have breakfast*
> **fare colazione**[2]   *to have lunch*

---

[2] The infinitive **fare** is frequently abbreviated to **far** before a consonant; e.g., **far colazione**, **far male**, **far torto**.

fare cena   *to have supper*
fare domanda   *to apply*
fare una domanda   *to ask a question*
fare male (a)   *to hurt (someone)*
farsi male   *to hurt oneself*
fare una partita (a)   *to play a game (of)*
fare una passeggiata   *to take a walk*
fare paura (a)   *to frighten (someone)*
fare presto   *to hurry up*
fare un regalo   *to give a gift*
fare tardi   *to be late*
fare torto   *to do wrong*
fare le valige   *to pack (a suitcase, suitcases)*
fare un viaggio   *to take a trip*
fare una visita   *to visit*

4.   Complete the following sentences by using the appropriate form of the verb **fare**:

1. _____ buon tempo.
2. Non _____ cattivo tempo.
3. _____ freddo d'inverno.
4. _____ caldo d'estate.

Giocare, suonare

The verb **giocare** means *to play*, as in a game or a sport. Note that the verb **giocare** is usually followed by the preposition **a** with sports.

I bambini giocano sulla spiaggia.
The children play on the beach.
Mario e Carlo giocano a carte.
Mario and Charles play cards.
Olga gioca molto bene a tennis.
Olga plays tennis very well.

Giocare d'azzardo means *to gamble*.

Pietro gioca d'azzardo e perde sempre.
Peter gambles and always loses.

The verb **suonare** means *to play* a musical instrument or *to ring* or *to sound a doorbell*.

Teresa suona il pianoforte.
Theresa plays the piano.

5.   Complete the following with **giocare** or **suonare**:

1. Voi _____ sempre a pallacanestro (basketball).
2. Tu _____ molto bene il sassofono.
3. I bambini _____ con il gattino.
4. Io non so _____ il violino.
5. Marco non _____ mai d'azzardo.
6. Noi vogliamo imparare a _____ a carte.
7. Luisa _____ il violoncello nell'orchestra.
8. I giovani _____ con un'ottima squadra.

Pensare a, pensare di

Pensare a and **pensare di** both mean *to think about*. They are used when one expresses an opinion about someone or something. Observe the following:

In questi giorni penso a mia nonna perché è malata.
Nowadays I think about my grandmother because she is ill.
Che cosa pensi di quella macchina sportiva?
What do you think about that sportscar? (What is your opinion about that sportscar?)
Spesso pensiamo ai nostri cugini che vivono in Italia.
We often think about our cousins who live in Italy.
Giorgio, dimmi la verità! Cosa pensi dell'esame?
George, tell me the truth! What do you think about the exam? (What is your opinion?)

6. Complete the following with the preposition **a** or **di**, as needed:

   1. Ora che sei lontano di casa, pensi molto _____ tua madre?
   2. Olga, cosa pensi _____ automobile di Stefano?
   3. Marco è triste perché pensa _____ suoi problemi.
   4. Ecco cosa penso _____ te e _____ tuoi amici!
   5. Stefano è innamorato e pensa sempre _____ Gina.
   6. Penso _____ mia famiglia, ma specialmente _____ mie sorelline.

Servire, servirsi da, servirsi di

Servire means *to serve.*

> **Il cameriere serve il caffé ai clienti.**
> *The waiter serves coffee to the customers.*

Servirsi da means *to serve (help) oneself.*

> **Grazie lo stesso; ci serviamo da soli.**
> *Thank you anyway; we'll serve (help) ourselves.*

Servirsi di means *to use, to avail oneself of.*

> **Per adesso mi servo di questi libri.**
> *For now I use these books. (I avail myself of these books.)*

Non servire a nulla means *to be of no use.*

> **Queste cose non servono a nulla.**
> *These things are useless.*

7. Complete the following with the appropriate forms of **servire**, **servirsi da**, or **servirsi di**.

   1. Fra non molto la cameriera _____ il té.
   2. In quel ristorante i clienti _____ da soli.
   3. Se vuoi tradurre, puoi _____ questo dizionario.
   4. Quest'orologio non funziona; non _____ .
   5. Paolo non chiama mai la cameriera perché lui _____ sé.

Tornare, restituire, riportare

Tornare means *to return* in the sense of coming back from somewhere; it is interchangeable with **ritornare**.

> **Torniamo dall'Italia.**
> *We're returning from Italy.*
> **I ragazzi ritornano stasera.**
> *The boys are coming back tonight.*

Restituíre means *to return* in the sense of giving something back.

> **Mi restituí il denaro che mi doveva.**
> *He returned the money he owed me.*

Riportare means *to return* in the sense of bringing back or taking back.

> **Mi hanno riportato i libri.**
> *They returned my books.*
> **Hai riportato i libri in biblioteca?**
> *Did you return the books to the library?*

8. Complete the following with the appropriate forms of **tornare** (or **ritornare**), **restituíre**, or **riportare**:

1. Loro _____ dalle vacanze estive (summer, adj.) ięri.
2. Roberto, quando _____ il dizionạrio in biblioteca?
3. Ho prestato la mạcchina a Giọrgio e ancora non me l'ha _____ .
4. Sono partiti un mese fa e _____ la prọssima settimana.
5. Adesso ti _____ il denaro che mi hai prestato.

Review

9. Complete the following with an idiomatic expression. Use the indicated cues, when given, as a guide:

1. I ragazzi _____ . *Vọgliono mangiạre.*
2. Quel signore _____ . *Non ha mai torto.*
3. _____ , vorrẹi una limonata.
4. Gino _____ . *Vuọle una coperta.*
5. Ọlga, ti _____ la mia gratitụdine. *Mi hai fatto un favore.*
6. Non vọglio _____ a carte, devo _____ il piạno.
7. Vọglio _____ . *Ho qualcosa da chiẹdere.*
8. Per non ẹssere in ritardo, devi _____ .

10. Translate the following sentences into Italian:

1. Today they cannot go to school because they have sore throats.
2. I am very hungry; I would like to buy a sandwich.
3. George, I owe you my gratitude (*gratitudine*).
4. We should have visited our grandparents last week.
5. They were able to mail the package two hours ago.
6. Mạrio refused to buy the tickets for the game.
7. I was supposed to play cards with him.
8. We would like to take a walk this evening.
9. Mary plays the piano and the guitar.
10. Now that I am far from my town, I think about my friends.

Verb Charts

REGULAR VERBS

Present Infinitive	parlare _to speak_	crędere _to believe_	dormire _to sleep_	finire _to finish_
Present Gerund	parlando	credendo	dormendo	finendo
Past Gerund	avendo parlato	avendo creduto	avendo dormito	avendo finito
Past Participle	parlato	creduto	dormito	finito
Past Infinitive	avere parlato	avere creduto	avere dormito	avere finito

---

Simple Tenses

INDICATIVE

Present	parlo	credo	dormo	finisco
	parli	credi	dormi	finisci
	parla	crede	dorme	finisce
	parliamo	crediamo	dormiamo	finiamo
	parlate	credete	dormite	finite
	parlano	crędono	dormono	finiscono
Imperfect	parlavo	credevo	dormivo	finivo
	parlavi	credevi	dormivi	finivi
	parlava	credeva	dormiva	finiva
	parlavamo	credevamo	dormivamo	finivamo
	parlavate	credevate	dormivate	finivate
	parlavano	credęvano	dormivano	finivano
Preterite	parlai	credei (-etti)	dormii	finii
	parlasti	credesti	dormisti	finisti
	parlò	credé (-ette)	dormí	finí
	parlammo	credemmo	dormimmo	finimmo
	parlaste	credeste	dormiste	finiste
	parlarono	credęrono (-ęttero)	dormirono	finirono
Future	parlerò	crederò	dormirò	finirò
	parlerai	crederai	dormirai	finirai
	parlerà	crederà	dormirà	finirà
	parleremo	crederemo	dormiremo	finiremo
	parlerete	crederete	dormirete	finirete
	parleranno	crederanno	dormiranno	finiranno
Conditional	parleręi	crederęi	dormiręi	finiręi
	parleresti	crederesti	dormiresti	finiresti
	parlerebbe	crederebbe	dormirebbe	finirebbe
	parleremmo	crederemmo	dormiremmo	finiremmo
	parlereste	credereste	dormireste	finireste
	parlerębbero	crederębbero	dormirębbero	finirębbero

SUBJUNCTIVE

Present				
	parli	creda	dorma	finisca
	parli	creda	dorma	finisca
	parli	creda	dorma	finisca
	parliamo	crediamo	dormiamo	finiamo
	parliate	crediate	dormiate	finiate
	parlino	credano	dormano	finiscano

Imperfect				
	parlassi	credessi	dormissi	finissi
	parlassi	credessi	dormissi	finissi
	parlasse	credesse	dormisse	finisse
	parlassimo	credessimo	dormissimo	finissimo
	parlaste	credeste	dormiste	finiste
	parlassero	credessero	dormissero	finissero

Compound Tenses

INDICATIVE

Present Perfect (Conversational Past)

ho				
hai				
ha	parlato	creduto	dormito	finito
abbiamo				
avete				
hanno				

Pluperfect

avevo				
avevi				
aveva	parlato	creduto	dormito	finito
avevamo				
avevate				
avevano				

Preterite Perfect

ebbi				
avesti				
ebbe	parlato	creduto	dormito	finito
avemmo				
aveste				
ebbero				

Future Perfect

avrò				
avrai				
avrà	parlato	creduto	dormito	finito
avremo				
avrete				
avranno				

| **Conditional Perfect** | avrei
avresti
avrebbe
avremmo
avreste
avrẹbbero | parlato | creduto | dormito | finito |

SUBJUNCTIVE

| **Present Perfect** | ạbbia
ạbbia
ạbbia
abbiạmo
abbiạte
ạbbiano | parlato | creduto | dormito | finito |

| **Pluperfect** | avessi
avessi
avesse
avẹssimo
aveste
avẹssero | parlato | creduto | dormito | finito |

Direct Commands

FAMILIAR

| **Affirmative** | **(tu)**
(voi) | parla!
parlate! | credi!
credete! | dormi!
dormite! | finisci!
finite! |

| **Negative** | **(tu)** | non parlare! | non crẹdere! | non dormire! | non finire! |

FORMAL

| **Affirmative** | **(Lei)**
(Loro) | parli!
pạrlino! | creda!
crẹdano! | dorma!
dọrmano! | finisca!
finịscano! |

AUXILIARY VERBS

	avere *to have*	**ẹssere** *to be*
Present Infinitive		
Present Gerund	avendo	essendo
Past Gerund	avendo avuto	essendo stato
Past Participle	avuto	stato
Past Infinitive	avere avuto	ẹssere stato

Indicative Tenses

Present	avere	essere	Present	avere		essere	
	ho	sono	Perfect	ho		sono	
	hai	sei	(Conversational	hai		sei	stato(-a)
	ha	è	Past)	ha	avuto	è	
	abbiamo	siamo		abbiamo		siamo	
	avete	siete		avete		siete	stati(-e)
	hanno	sono		hanno		sono	

Imperfect	avevo	ero	Pluperfect	avevo		ero	
	avevi	eri		avevi		eri	stato(-a)
	aveva	era		aveva		era	
	avevamo	eravamo		avevamo	avuto	eravamo	
	avevate	eravate		avevate		eravate	stati(-e)
	avevano	erano		avevano		erano	

Preterite	ebbi	fui	Preterite	ebbi		fui	
	avesti	fosti	Perfect	avesti		fosti	stato(-a)
	ebbe	fu		ebbe		fu	
	avemmo	fummo		avemmo	avuto	fummo	
	aveste	foste		aveste		foste	stati(-e)
	ebbero	furono		ebbero		furono	

Future	avrò	sarò	Future	avrò		sarò	
	avrai	sarai	Perfect	avrai		sarai	stato(-a)
	avrà	sarà		avrà		sarà	
	avremo	saremo		avremo	avuto	saremo	
	avrete	sarete		avrete		sarete	stati(-e)
	avranno	saranno		avranno		saranno	

Conditional	avrei	sarei	Conditional	avrei		sarei	
	avresti	saresti	Perfect	avresti		saresti	stato(-a)
	avrebbe	sarebbe		avrebbe		sarebbe	
	avremmo	saremmo		avremmo	avuto	saremmo	
	avreste	sareste		avreste		sareste	stati(-e)
	avrebbero	sarebbero		avrebbero		sarebbero	

Subjunctive Tenses

Present	abbia	sia	Present	abbia		sia	
	abbia	sia	Perfect	abbia		sia	stato(-a)
	abbia	sia		abbia		sia	
	abbiamo	siamo		abbiamo	avuto	siamo	
	abbiate	siate		abbiate		siate	stati(-e)
	abbiano	siano		abbiano		siano	

Imperfect	avessi	fossi	Pluperfect	avessi	fossi
	avessi	fossi		avessi	fossi } stato(-a)
	avesse	fosse		avesse	avuto } fosse
	avęssimo	fọssimo		avẹssimo	fọssimo
	aveste	foste		aveste	foste } stati(-e)
	avẹssero	fọssero		avẹssero	fọssero

Direct Commands

FAMILIAR

		avere	**essere**
Affirmative	**(tu)**	abbi!	sii!
	(voi)	abbiate!	siate!
Negative	**(tu)**	non avere!	non ẹssere!

FORMAL

		avere	**essere**
Affirmative	**(Lei)**	ạbbia!	sịa!
	(Loro)	ạbbiano!	sịano!

IRREGULAR VERBS

Note: Only irregular forms are given for the following verbs. An asterisk (*) indicates that the verb is conjugated with **ẹssere** in compound tenses.

andare* *to go*

Present Indicative	vado, vai, va, andiạmo, andate, vanno
Present Subjunctive	vada, vada, vada, andiạmo, andiạte, vạdano
Future	andrò, andrai, andrà, andremo, andrete, andranno
Conditional	andrẹi, andresti, andrebbe, andremmo, andreste, andrẹbbero
Imperative (tu)	va' (vai)
(Lei)	vada
(Loro)	vạdano

bere *to drink*

Gerund	bevendo
Past Participle	bevuto
Present Indicative	bevo, bevi, beve, beviạmo, bevete, bẹvono
Present Subjunctive	beva, beva, beva, beviạmo, beviạte, bẹvano
Imperfect Indicative	bevevo, bevevi, beveva, bevevạmo, bevevạte, bevẹvano
Imperfect Subjunctive	bevessi, bevessi, bevesse, bevẹssimo, beveste, bevẹssero
Preterite	bevvi, bevesti, bevve, bevemmo, beveste, bẹvvero
Future	berrò, berrai, berrà, berremo, berrete, berranno
Conditional	berrẹi, berresti, berrebbe, berremmo, berreste, berrẹbbero

cadere* *to fall*

Preterite	caddi, cadesti, cadde, cademmo, cadeste, cạddero
Future	cadrò, cadrai, cadrà, cademmo, cadrete, cadranno
Conditional	cadrẹi, cadresti, cadrebbe, cadremmo, cadreste, cadrẹbbero

chiędere *to ask*

Past Participle	chiesto
Preterite	chięsi, chiedesti, chięse, chiedemmo, chiedeste, chięsero

chiụdere *to close*

Past Participle	chiụso
Preterite	chiụsi, chiudesti, chiụse, chiudemmo, chiudeste, chiụsero

conọscere *to know*

Past Participle	conosciụto
Preterite	conobbi, conoscesti, conobbe, conoscemmo, conosceste, conọbbero

cọrrere *to run*

Past Participle	corso
Preterite	corsi, corresti, corse, corremmo, correste, cọrsero

cręscere* *to grow*

Past Participle	cresciụto
Preterite	crebbi, crescesti, crebbe, crescemmo, cresceste, crębbero

cuọcere *to cook*

Past Participle	cotto
Present Indicative	cuọcio, cuọci, cuọce, cociamo, coccte, cuọciono
Present Subjunctive	cuọcia, cuọcia, cuọcia, cociạmo, cociạte, cuọciano
Preterite	cossi, cocesti, cosse, cocemmo, coceste, cọssero

dare *to give*

Present Indicative	do, dai, dà, diamo, date, danno
Present Subjunctive	dịa, dịa, dịa, diamo, diate, diano
Imperfect Subjunctive	dessi, dessi, desse, dęssimo, deste, dęssero
Preterite	diedi, desti, diede, demmo, deste, diędero
Future	darò, darai, darà, daremo, darete, daranno
Conditional	darei, daresti, darebbe, daremmo, dareste, darębbero
Imperative (tu)	da' (dai)
(Lei)	dịa
(Loro)	dịano

decịdere *to decide*

Past Participle	deciso
Preterite	decisi, decidesti, decise, decidemmo, decideste, decịsero

dire *to say, to tell*

Gerund	dicendo
Past Participle	detto
Present Indicative	dico, dici, dice, diciạmo, dite, dịcono
Present Subjunctive	dica, dica, dica, diciạmo, diciạte, dịcano
Imperfect Indicative	dicevo, dicevi, diceva, dicevamo, dicevate, dicẹvano
Imperfect Subjunctive	dicessi, dicessi, dicesse, dicẹssimo, diceste, dicẹssero
Preterite	dissi, dicesti, disse, dicemmo, diceste, dịssero
Imperative (tu)	di'

dovere   *to have to, must*

Present	devo, devi, deve, dobbiạmo, dovete, dẹvono
Present Subjunctive	deva, deva, deva, dobbiạmo, dobbiate, dẹvano
Future	dovrò, dovrai, dovrà, dovremo, dovrete, dovranno
Conditional	dovrẹi, dovresti, dovrebbe, dovremmo, dovreste, dovrẹbbero

fare   *to do, to make*

Gerund	facendo
Past Participle	fatto
Present Indicative	fạccio, fai, fa, facciạmo, fate, fanno
Present Subjunctive	fạccia, fạccia, fạccia, facciạmo, facciạte, fạcciano
Imperfect Indicative	facevo, facevi, faceva, facevạmo, facevạte, facẹvano
Imperfect Subjunctive	facessi, facessi, facesse, facẹssimo, faceste, facẹssero
Preterite	feci, facesti, fece, facemmo, faceste, fẹcero
Future	farò, farai, farà, faremo, farete, faranno
Conditional	farei, faresti, farebbe, faremmo, fareste, farẹbbero
Imperative (tu)	fa' (fai)
(Lei)	fạccia
(Loro)	fạcciano

lẹggere   *to read*

Past Participle	letto
Preterite	lessi, leggesti, lesse, leggemmo, leggeste, lẹssero

mẹttere   *to put*

Past Participle	messo
Preterite	misi, mettesti, mise, mettemmo, metteste, mịsero

morire*   *to die*

Past Participle	morto
Present Indicative	muọio, muọri, muọre, moriạmo, morite, muọiono
Present Subjunctive	muọia, muọia, muọia, moriạmo, moriạte, muọiano

muọvere   *to move*

Past Participle	mosso
Preterite	mossi, movesti, mosse, movemmo, moveste, mọssero

nạscere*   *to be born*

Past Participle	nato
Preterite	nacqui, nascesti, nacque, nascemmo, nasceste, nạcquero

parere*   *to seem*

Past Participle	parso
Present Indicative	pạio, pari, pare, paiạmo (pariamo), parete, pạiono
Present Subjunctive	pạia, pạia, pạia, paiạmo, paiạte, pạiano
Preterite	parvi, paresti, parve, paremmo, pareste, pạrvero
Future	parrò, parrai, parrà, parremo, parrete, parranno
Conditional	parrẹi, parresti, parrebbe, parremmo, parreste, parrẹbbero

pẹrdere   *to lose*

Past Participle	perso *or* perduto
Preterite	persi, perdesti, perse, perdemmo, perdeste, pẹrsero

piacere* *to be pleasing*

Past Participle	piaciuto
Present Indicative	piaccio, piaci, piace, piacciamo, piacete, piacciono
Present Subjunctive	piaccia, piaccia, piaccia, piacciamo, piacciate, piacciano
Preterite	piacqui, piacesti, piacque, piacemmo, piaceste, piacquero

piangere *to cry*

Past Participle	pianto
Preterite	piansi, piangesti, pianse, piangemmo, piangeste, piansero

porre *to put, to place*

Gerund	ponendo
Past Participle	posto
Present Indicative	pongo, poni, pone, poniamo, ponete, pongono
Present Subjunctive	ponga, ponga, ponga, poniamo, poniate, pongano
Imperfect Indicative	ponevo, ponevi, poneva, ponevamo, ponevate, ponevano
Imperfect Subjunctive	ponessi, ponessi, ponesse, ponessimo, poneste, ponessero
Preterite	posi, ponesti, pose, ponemmo, poneste, posero
Future	porrò, porrai, porrà, porremo, porrete, porranno
Conditional	porrei, porresti, porrebbe, porremmo, porreste, porrebbero

potere *to be able to, can*

Present Indicative	posso, puoi, può, possiamo, potete, possono
Present Subjunctive	possa, possa, possa, possiamo, possiate, possano
Future	potrò, potrai, potrà, potremo, potrete, potranno
Conditional	potrei, potresti, potrebbe, potremmo, potreste, potrebbero

prendere *to take*

Past Participle	preso
Preterite	presi, prendesti, prese, prendemmo, prendeste, presero

ridere *to laugh*

Past Participle	riso
Preterite	risi, ridesti, rise, ridemmo, rideste, risero

rimanere* *to remain*

Past Participle	rimasto
Present Indicative	rimango, rimani, rimane, rimaniamo, rimanete, rimangono
Present Subjunctive	rimanga, rimanga, rimanga, rimaniamo, rimaniate, rimangano
Preterite	rimasi, rimanesti, rimase, rimanemmo, rimaneste, rimasero
Future	rimarrò, rimarrai, rimarrà, rimarremo, rimarrete, rimarranno
Conditional	rimarrei, rimarresti, rimarrebbe, rimarremmo, rimarreste, rimarrebbero

rispondere *to answer*

Past Participle	risposto
Preterite	risposi, rispondesti, rispose, rispondemmo, rispondeste, risposero

rompere *to break*

Past Participle	rotto
Preterite	ruppi, rompesti, ruppe, rompemmo, rompeste, ruppero

salire   *to climb, to go up*

Present Indicative	salgo, sali, sale, saliạmo, salite, sạlgono
Present Subjunctive	salga, salga, salga, saliạmo, saliate, sạlgano

sapere   *to know*

Present Indicative	so, sai, sa, sappiạmo, sapete, sanno
Present Subjunctive	sạppia, sạppia, sạppia, sappiạmo, sappiạte, sạppiano
Preterite	seppi, sapesti, seppe, sapemmo, sapeste, sẹppero
Future	saprò, saprai, saprà, sapremo, saprete, sapranno
Conditional	saprei, sapresti, saprebbe, sapremmo, sapreste, saprẹbbero
Imperative (tu)	sappi
(Lei)	sạppia
(voi)	sappiạte
(Loro)	sạppiano

scẹgliere   *to choose*

Past Participle	scelto
Present Indicative	scelgo, scegli, scẹglie, scegliạmo, scegliẹte, scẹlgono
Present Subjunctive	scelga, scelga, scelga, scegliạmo, scegliạte, scẹlgano
Preterite	scelsi, sce'gliẹsti, scelse, scegliẹmmo, sceglieste, scẹlsero

scẹndere*   *to descend, to go down*

Past Participle	sceso
Preterite	scesi, scendesti, scese, scendemmo, scendeste, scẹsero

scrivere   *to write*

Past Participle	scritto
Preterite	scrissi, scrivesti, scrisse, scrivemmo, scriveste, scrịssero

sedere   *to sit*

Present Indicative	siẹdo, siẹdi, siẹde, sediạmo, sedete, siẹdono
Present Subjunctive	siẹda, siẹda, siẹda, sediạmo, sediạte, siẹdano

spẹndere   *to spend*

Past Participle	speso
Preterite	spesi, spendesti, spese, spendemmo, spendeste, spẹsero

stare*   *to stay, to be*

Present Indicative	sto, stai, sta, stiamo, state, stanno
Present Subjunctive	stịa, stịa, stịa, stiạmo, stiạte, stịano
Imperfect Subjunctive	stessi, stessi, stesse, stessimo, steste, stẹssero
Preterite	stetti, stesti, stette, stemmo, steste, stẹttero
Future	starò, starai, starà, staremo, starete, staranno
Conditional	starẹi, staresti, starebbe, staremmo, stareste, starẹbbero
Imperative (tu)	sta' (stai)
(Lei)	stịa
(Loro)	stịano

tenere   *to hold, to keep*

Present Indicative	tengo, tiẹni, tiẹne, teniạmo, tenete, tẹngono
Present Subjunctive	tenga, tenga, tenga, teniạmo, teniạte, tẹngano
Preterite	tenni, tenesti, tenne, tenemmo, teneste, tẹnnero
Future	terrò, terrai, terrà, terremo, terrete, terranno
Conditional	terrei, terresti, terrebbe, terremmo, terreste, terrẹbbero

togliere *to take away*

Past Participle	tolto
Present Indicative	tolgo, togli, toglie, togliamo, togliete, tolgono
Present Subjunctive	tolga, tolga, tolga, togliamo, togliate, tolgano
Preterite	tolsi, togliesti, tolse, togliemmo, toglieste, tolsero

trarre *to pull, to extract, to draw*

Gerund	traendo
Past Participle	tratto
Present Indicative	traggo, trai, trae, traiamo, traete, traggono
Present Subjunctive	tragga, tragga, tragga, traiamo, traiate, traggano
Imperfect Indicative	traevo, traevi, traeva, traevamo, traevate, traevano
Imperfect Subjunctive	traessi, traessi, traesse, traessimo, traeste, traessero
Preterite	trassi, traesti, trasse, traemmo, traeste, trassero

udire *to hear*

Present Indicative	odo, odi, ode, udiamo, udite, odono
Present Subjunctive	oda, oda, oda, udiamo, udiate, odano

uscire* *to go out*

Present Indicative	esco, esci, esce, usciamo, uscite, escono
Present Subjunctive	esca, esca, esca, usciamo, usciate, escano

valere* *to be worth*

Past Participle	valso
Present Indicative	valgo, vali, vale, valiamo, valete, valgono
Present Subjunctive	valga, valga, valga, valiamo, valiate, valgano
Preterite	valsi, valesti, valse, valemmo, valeste, valsero
Future	varrò, varrai, varrà, varremo, varrete, varranno
Conditional	varrei, varresti, varrebbe, varremmo, varreste, varrebbero

vedere *to see*

Past Participle	veduto *or* visto
Preterite	vidi, vedesti, vide, vedemmo, vedeste, videro
Future	vedrò, vedrai, vedrà, vedremo, vedrete, vedranno
Conditional	vedrei, vedresti, vedrebbe, vedremmo, vedreste, vedrebbero

venire* *to come*

Past Participle	venuto
Present Indicative	vengo, vieni, viene, veniamo, venite, vengono
Present Subjunctive	venga, venga, venga, veniamo, veniate, vengano
Preterite	venni, venisti, venne, venimmo, veniste, vennero
Future	verrò, verrai, verrà, verremo, verrete, verranno
Conditional	verrei, verresti, verrebbe, verremmo, verreste, verrebbero

vincere *to win*

Past Participle	vinto
Preterite	vinsi, vincesti, vinse, vincemmo, vinceste, vinsero

vivere *to live*

Past Participle	vissuto
Preterite	vissi, vivesti, visse, vivemmo, viveste, vissero
Future	vivrò, vivrai, vivrà, vivremo, vivrete, vivranno
Conditional	vivrei, vivresti, vivrebbe, vivremmo, vivreste, vivrebbero

volere *to want*

Present Indicative	voglio, vuoi, vuole, vogliamo, volete, vogliono
Present Subjunctive	voglia, voglia, voglia, vogliamo, vogliate, vogliano
Preterite	volli, volesti, volle, volemmo, voleste, vollero
Future	vorrò, vorrai, vorrà, vorremo, vorrete, vorranno
Conditional	vorrei, vorresti, vorrebbe, vorremmo, vorreste, vorrebbero
Imperative (voi)	vogliate

VERBS IRREGULAR IN THE PRETERITE AND PAST PARTICIPLE

Note that the following verbs are irregular only in the preterite in the first- and third-person singular and third-person plural and in the past participle:

Verbs with Some Irregular Endings in the Preterite (**-si**) *and Past Participle* (**-so**)

Infinitive	Preterite	Past Participle
accendere	accesi	acceso
alludere	allusi	alluso
appendere	appesi	appeso
ardere	arsi	arso
attendere	attesi	atteso
chiudere	chiusi	chiuso
comprendere	compresi	compreso
concludere	conclusi	concluso
confondere	confusi	confuso
correre	corsi	corso
decidere	decisi	deciso
deludere	delusi	deluso
difendere	difesi	difeso
diffondere	diffusi	diffuso
dipendere	dipesi	dipeso
discendere	discesi	disceso
distendere	distesi	disteso
dividere	divisi	diviso
emergere	emersi	emerso
espellere	espulsi	espulso
esplodere	esplosi	esploso
evadere	evasi	evaso
illudere	illusi	illuso
immergere	immersi	immerso
intrudere	intrusi	intruso
invadere	invasi	invaso
mordere	morsi	morso
occludere	occlusi	occluso
occorrere	occorsi	occorso
offendere	offesi	offeso
perdere	persi	perso
persuadere	persuasi	persuaso
prendere	presi	preso

radere	rasi	raso
rendere	resi	reso
ridere	risi	riso
scendere	scesi	sceso
sommergere	sommersi	sommerso
sorridere	sorrisi	sorriso
spargere	sparsi	sparso
spendere	spesi	speso
tendere	tesi	teso
uccidere	uccisi	ucciso
valere	valsi	valso

Verbs with Some Irregular Endings in the Preterite **(-si)** *and Past Participle* **(-to)**

Infinitive	Preterite	Past Participle
accogliere	accolsi	accolto
accorgersi	mi accorsi	accorto
aggiungere	aggiunsi	aggiunto
aprire	apersi	aperto
assolvere	assolsi (assolvetti)	assolto
assumere	assunsi	assunto
chiedere	chiesi	chiesto
cogliere	colsi	colto
convincere	convinsi	convinto
corrispondere	corrisposi	corrisposto
dipingere	dipinsi	dipinto
distinguere	distinsi	distinto
estinguere	estinsi	estinto
fingere	finsi	finto
giungere	giunsi	giunto
nascondere	nascosi	nascosto
piangere	piansi	pianto
porgere	porsi	porto
porre	posi	posto
presumere	presunsi	presunto
raccogliere	raccolsi	raccolto
rimanere	rimasi	rimasto
risolvere	risolsi (risolvetti)	risolto
rispondere	risposi	risposto
scegliere	scelsi	scelto
sconvolgere	sconvolsi	sconvolto
scoprire	scopersi	scoperto
spegnere	spensi	spento
spingere	spinsi	spinto
tingere	tinsi	tinto
togliere	tolsi	tolto
torcere	torsi	torto
ungere	unsi	unto
vincere	vinsi	vinto
volgere	volsi	volto

Verbs with Some Irregular Endings in the Preterite (**-ssi**) *and Past Participle* (**-sso**)

Infinitive	Preterite	Past Participle
commuovere	commossi	commosso
comprimere	compressi	compresso
concedere	concessi	concesso
deprimere	depressi	depresso
discutere	discussi	discusso
esprimere	espressi	espresso
figgere	fissi	fisso (fitto)
imprimere	impressi	impresso
muovere	mossi	mosso
prefiggere	prefissi	prefisso
reprimere	repressi	represso
riscuotere	riscossi	riscosso
scuotere	scossi	scosso
sopprimere	soppressi	soppresso

Verbs with Some Irregular Endings in the Preterite (**-ssi**) *and Past Participle* (**-tto**)

Infinitive	Preterite	Past Participle
affliggere	afflissi	afflitto
correggere	corressi	corretto
cuocere	cossi	cotto
dire	dissi	detto
dirigere	diressi	diretto
distruggere	distrussi	distrutto
eleggere	elessi	eletto
erigere	eressi	eretto
friggere	frissi	fritto
infliggere	inflissi	inflitto
leggere	lessi	letto
negligere	neglessi	negletto
prediligere	predilessi	prediletto
proteggere	protessi	protetto
scrivere	scrissi	scritto
trarre	trassi	tratto

Verbs with Some Irregular Endings in the Preterite (**-ei**) *and Past Participle* (**-to**)

Infinitive	Preterite	Past Participle
assistere	assistei	assistito
consistere	consistei	consistito
esigere	esigei	esatto
insistere	insistei	insistito
persistere	persistei	persistito
resistere	resistei	resistito

Verbs with Irregular Endings in the Preterite (**-si**) *and Past Participle* (**-sso** *or* **-tto**)

Infinitive	Preterite	Past Participle
mettere	misi	messo
ammettere	ammisi	ammesso
commettere	commisi	commesso
compromettere	compromisi	compromesso
dimettere	dimisi	dimesso
emettere	emisi	emesso
permettere	permisi	permesso
promettere	promisi	promesso
rimettere	rimisi	rimesso
scommettere	scommisi	scommesso
smettere	smisi	smesso
stringere	strinsi	stretto
costringere	costrinsi	costretto
restringere	restrinsi	ristretto

More verbs with some irregular endings in the preterite and the past participle follow. These verbs do not have a common irregularity. Note that **piovere** is conjugated in the third-person singular only. Also note that verbs made by a prefix and one of the following verbs would be conjugated in the same way as the verbs shown below:

Infinitive	Preterite	Past Participle
bere	bevvi	bevuto
conoscere	conobbi	conosciuto
crescere	crebbi	cresciuto
dare	diedi	dato
fare	feci	fatto
mescere	mescei	mesciuto
nascere	nacqui	nato
parere	parvi	parso
piacere	piacqui	piaciuto
piovere	piovve	piovuto
(3rd-person s. only)		
rompere	ruppi	rotto
sapere	seppi	saputo
stare	stetti	stato
tenere	tenni	tenuto
vedere	vidi	visto (veduto)
venire	venni	venuto
vivere	vissi	vissuto
volere	volli	voluto

ANSWERS

Chapter 1

1.
1. ciạo
2. ciarlatano
3. ceppo
4. cịnico
5. cẹncio
6. Vincẹnzo
7. ciò
8. bicicletta
9. cinque
10. baci

2.
1. coppa
2. chiạve
3. perché
4. come
5. Corfú
6. chịmica
7. parco
8. chiẹsa
9. crẹdito
10. Chiẹti

3.
1. vero
2. tenda
3. bella
4. ferro
5. cane
6. neve

4.
1. Gino
2. gente
3. giọvane
4. ragiọne
5. grigi
6. giạcca

5.
1. glọria
2. ghiro
3. glịcine
4. ghetto
5. gatta
6. laghi
7. ghiạccio
8. gomma
9. gas
10. aghi

6.
1. ho
2. hai
3. ha
4. hanno
5. ah!
6. eh!
7. oh!

7.
1. lụglio
2. mẹglio
3. sbagli
4. ammirạglio
5. svegliạre
6. svogliạto
7. magliọne
8. figli
9. gli
10. fọglie

8.
1. tipo
2. riso
3. zịo
4. vino
5. Cina
6. Milano
7. diva
8. farina

9.
1. smaltire
2. sbagli
3. smạnia
4. sbarbare
5. sgabello
6. svanire

10.
1. cosí
2. cosa
3. girasole
4. desidẹrio
5. controsenso
6. prẹside
7. autoservịzio
8. risentire

11.
1. sci
2. uscita
3. sciọpero
4. lasciạre
5. scena
6. sciọlto
7. scẹndere
8. sceịcco

12.
A
1. zero
2. zạino
3. zabaiọne
4. zọo
5. Manzoni
6. ozono
7. zodịaco
8. zelo

B
1. zịo
2. zịe
3. zụcchero
4. terzo
5. grạzie
6. calza
7. paziẹnza
8. Firenze

13.
1. (a) jogurt (b) jolly (c) junior
2. (a) hockey (b) kimono (c) poker
3. (a) Walter (b) watt (c) welter
4. (a) taxi (b) xenofobia (c) box
5. (a) brandy (b) sexy (c) rally

14.
1. cappello
2. nonno
3. tutta
4. cassa
5. canne
6. pappa
7. palla
8. donna
9. coppia
10. soqquadro

15.
1. virtú
2. papà
3. è
4. partí
5. visitò
6. carità
7. cosí
8. perché
9. lunedí
10. città

16.
1. ma–gnị–fi–co
2. cu–gi–no
3. mạg–gio
4. giụ–gno
5. ra–gaz–zi
6. mar–ro–ne
7. Ạn–ge–lo
8. Giu–sep–pe
9. co–ni–glio
10. sem–pli–ce–men–te
11. fiạ–to
12. I–tạ–lia
13. mam–ma
14. pa–dre
15. Fi–ren–ze
16. Do–mo–dos–so–la
17. Ste–fạ–nia
18. mer–co–le–dí
19. co–sta–re
20. scịm–mia

17.
1. il punto esclamativo
2. le virgolette
3. l'accento grave
4. il punto (punto fermo)
5. la vịrgola

248

6. la sbarretta
7. i puntini di sospensione
8. le parentesi quadre
9. l'accento acuto
10. l'accento circonflesso
11. l'asterisco
12. le parentesi tonde
13. la sgraffa
14. il punto interrogativo
15. la dieresi
16. il punto e virgola
17. il trattino; la stanghetta
18. i due punti
19. la lineetta
20. l'apostrofo

8. Sie–na
9. ma–rit–ti–mo
10. bel–lis–si–mo

Chapter 2

1.

1. -o		8. -o
2. -a		9. -a
3. -o		10. -o
4. -o		11. -a
5. -a		12. -o
6. -o		13. -o
7. -a		14. -a

18.

1. ciao	19. prezzo
2. accto	20. chiesa
3. zio	21. zoo
4. sbagli	22. aglio
5. caro	23. frasi
6. casa	24. ceci
7. svogliato	25. rose
8. chiavi	26. vino
9. sci	27. ragione
10. ghiaccio	28. svendono
11. cencio	29. Parco
12. scuola	30. Lago
13. meglio	31. zaino
14. perché	32. azzurro
15. uscita	33. boschi
16. Gino	34. gemme
17. sbarbo	35. grazie
18. sciopero	

2.

1. La; il	11. Il; la
2. Lo; il	12. L'; i
3. Il; la	13. La; la
4. La; la	14. La; il
5. Lo	15. lo
6. Il; la	16. la
7. Il; la	17. l'
8. L'; l'	18. La; l'
9. Il; il	19. il
10. La; il	20. la

19.

1. [ ]	9. -
2. ´	10. ( )
3. << >>	11. !
4. .	12. '
5. /	13. ,
6. *	14. :
7. `	15. …
8. ?	

3.

1. Le signore sono alte.
2. I libri sono piccoli.
3. Le nonne sono vecchie.
4. Le scuole sono nuove.
5. I nonni sono bravi.
6. Le ragazze sono alte.
7. Le professoresse sono americane.
8. I quaderni sono gialli.
9. I maestri sono buoni.
10. Le cravatte sono rosse.

20.

1. università
2. comò
3. venerdí
4. servitú
5. affinché

4.

1. I	9. Gli (Gl')
2. Le	10. Le (L')
3. Gli	11. Le
4. I	12. I
5. Le	13. I
6. Le; gli	14. Le
7. Gli	15. Le
8. I	

21.

1. cop–pia
2. Ur–bi–no
3. me–ra–vi–glio–so
4. bab–bo
5. Ste–fa–no
6. Mar–cel–lo
7. chie–sa

5.

1. La	6. Lo
2. Il	7. La
3. Il	8. Il
4. Il	9. La
5. Il	10. La

6.

1. Il	5. il
2. la	6. Il; il
3. Il; il	7. La
4. La; la	8. Il

7.
1. Le classi sono allegre.
2. Le madri sono generose.
3. I dottori sono famosi.
4. I padri sono generosi.
5. Le canzoni sono melodiose.
6. Le navi sono belle.
7. Gli studenti sono alti.
8. I cantanti sono bravi.
9. Le chiavi sono piccole.
10. Le notti sono misteriose.

8.
1. Il clima
2. Il programma
3. La violinista
4. Il sistema
5. Il dramma
6. Il poeta
7. Il giornalista
8. La dentista
9. Il pianista
10. Il farmacista; La farmacista
11. La telecronista

9.
1. i poemi
2. i drammi
3. le dentiste
4. i farmacisti
5. i pianeti
6. i piloti
7. le giornaliste
8. le pianiste
9. i telecronisti
10. i dentisti

10.
1. Le radio sono istruttive.
2. Le dinamo sono utili.
3. Le foto sono belle.
4. I bambini sono carini.
5. Le auto sono rosse.
6. Le moto sono giapponesi.

11.
1. Le colleghe sono americane.
2. Le oche sono grasse.
3. Le pesche sono deliziose.
4. Le formiche sono piccole.
5. Le rughe sono brutte.
6. Le mosche sono seccanti.
7. Le tuniche sono bianche.
8. Le barche sono rosse.

12.
1. I sacchi sono pesanti.
2. I dialoghi sono difficili.
3. I chirurghi sono giovani.
4. I monologhi sono tediosi.
5. I fuochi sono pericolosi.
6. I luoghi sono vicini.
7. I cataloghi sono questi.
8. Gli obblighi sono mutuali.

13.
1. I monaci sono religiosi.
2. I teologi sono studiosi.
3. I parroci sono devoti.
4. Gli asparagi sono gustosi.
5. I portici sono alti.

14.
1. Gli uffici sono spaziosi.
2. I dizionari sono grossi.
3. Gli studi sono di Mario.
4. Gli stadi sono immensi.
5. Gli (gl') inizi sono importanti.
6. Gli esempi sono buoni.
7. Gli empori sono ben forniti.
8. Gli armadi sono pieni.
9. Gli usci sono aperti.
10. Gli esercizi sono difficili.

15.
1. Le lenzuola sono bianche.
2. Le uova sono sode.
3. Le braccia sono lunghe.
4. Le dita sono piccoline.
5. Le ginocchia sono dure.
6. Le ciglia sono nere.

16.
1. Le cosce di pollo sono deliziose.
2. Le rocce sono pericolose.
3. Le docce calde sono buone.
4. Le piogge sono piacevoli.
5. Le fasce sono bianche.
6. Le frange sono delicate.

17.
1. Le tribú sono isolate.
2. Le università sono necessarie.
3. I brindisi sono spiritosi.
4. Questi caffé sono forti.
5. Le città sono affollate.
6. Le crisi sono severe.

18.
1. I té sono deliziosi.
2. I dí sono lunghi.
3. Le gru sono alte.
4. I re sono vecchi.

19.
1. ali   4. mogli
2. buoi   5. uomini
3. dèi

20.
1. La studentessa lavora molto.
2. La lavoratrice riceve il denaro.
3. La principessa abita nel castello.
4. L'ostessa parla con gli invitati.
5. L'attrice canta bene.
6. La contessa è ricca.

21.
1. il   5. Il
2. Il   6. il
3. l'   7. Il
4. Il   8. l'

22.
1. I capogiri
2. Gli arcobaleni
3. I pescecani
4. I pomodori (I pomidoro)
5. Le banconote
6. I cavolfiori
7. I boccaporti

23.
1. cagnolino
2. vecchietta
3. bimbetta
4. gattino
5. raccontino
6. libretto (libriccino)
7. scarpina
8. donnuccia

24.
1. vecchione
2. libroni
3. portone
4. scarpone
5. gattone
6. omone

25.
1. La
2. L'
3. Gli
4. I
5. Il

26.
1. La
2. L'
3. (none)
4. (none)
5. la
6. (none)
7. il
8. (none)

27.
1. l'
2. il
3. l'
4. (none)
5. (none)
6. (none)
7. (none)
8. L'

28.
1. L'
2. L'; l'
3. (none)
4. (none)
5. la
6. (none)
7. (none)
8. La

29.
1. in
2. della
3. nel
4. in
5. nell'
6. del
7. della
8. della

30.
1. (none)
2. I
3. (none)
4. (none)
5. Le
6. (none)
7. i
8. Il
9. (none)
10. (none)
11. I
12. Le

31.
1. (none)
2. La
3. (none)
4. la
5. (none)

32.
1. dalla
2. nello
3. delle
4. nell'
5. sugli
6. per le
7. con i
8. dal

9. dai
10. dalla
11. dell'
12. Nei
13. per il
14. dello; sul
15. dalla
16. alla; dei

33.
1. Pietro compra un dizionario.
2. Paolo prende un'aranciata.
3. La signora Torelli compra una casa grande.
4. Il signor Marini è uno zio di Stefano.
5. Scriviamo una lettera.
6. Roberto è un amico di Giovanni.
7. Il dottore ha uno studio grande.
8. Vincenzo guida un'ambulanza rossa.
9. Teresa porta un abito bianco.
10. I ragazzi comprano un giocattolo.

34.
1. un'
2. una
3. un
4. una
5. una
6. un
7. una
8. un
9. uno
10. un'
11. un'
12. Un
13. uno
14. un
15. un

35.
1. un
2. (none)
3. (none)
4. (none)
5. uno
6. (none)
7. (none)
8. (none)
9. una
10. un

36.
1. dell'
2. dei
3. dello
4. delle
5. della
6. degli
7. del
8. delle
9. dell'
10. dei

37.
1. Sí, ci piace il té e prendiamo del té.
2. Sí, ci piace la carne e mangiamo della carne.
3. Sí, mi piacciono i vegetali e voglio dei vegetali.
4. Sí, ci piace lo zucchero e compriamo dello zucchero.
5. Sí, mi piace il latte e bevo del latte.
6. Sí, ci piace la minestra e prendiamo della minestra.
7. Sí, ci piace l'acqua minerale e beviamo dell'acqua minerale.
8. Sí, mi piace il pane e mangio del pane.

38.
1. Lui non compra penne.
2. Io non prendo té.
3. Noi non mangiamo minestra.
4. Non mangio pane.
5. Non beviamo acqua minerale.
6. Non mandiamo pacchi.

39. 1. del
2. di
3. di
4. dei
5. di
6. di
7. del
8. di
9. di
10. della

40. 1. I
2. L'
3. Gli
4. Le
5. la
6. Le
7. Il
8. Gli
9. Lo
10. La
11. i
12. Le
13. L'
14. I
15. La
16. Il
17. Il
18. La
19. L'
20. L'

41 1. -ista
2. -essa
3. -hi
4. -i
5. -he
6. -à
7. -io
8. -io
9. -e
10. -i

42. 1. il cappellino
2. la sorellina
3. la vecchiętta
4. la donnųccia
5. il libretto (il libriccino)
6. il fratellino
7. il raccontino
8. la casetta (la casųccia)

43. 1. I parchi sono grandi.
2. Le estati (L'estati) sono belle.
3. I film sono buọni.
4. Le formiche sono pįccole.
5. I guardasigilli sono vecchi.
6. Gli apriscạtole sono rotti.
7. Le pianiste sono brave.
8. Gli sport sono necessari.
9. Le gru sono uccelli grandi.
10. Le università sono utili.
11. Le docce sono fredde.
12. Le fasce sono biạnche.
13. Le scie delle navi sono lunghe.
14. I teọlogi sono studiọsi.
15. Le uọva sono sode.

44. 1. La
2. (none)
3. (none)
4. I
5. (none); il
6. I
7. una
8. (none); un
9. Le
10. (none)
11. (none)
12. un
13. La; un'
14. nell'
15. L'
16. (none); un'
17. (none); (none)

45. 1. al; della
2. dalla; sulla
3. all'; col (con il)
4. dalla; al
5. sul; dello
6. del; nell'; dell'; coi (con i)

46. 1. del
2. (none)
3. dei
4. del
5. delle
6. (none)
7. di
8. di
9. di
10. dei
11. di
12. (none)

Chapter 3

1. 1. vęcchia, nuọva
2. mature, acerbe
3. avari, generosi
4. deliziọse
5. calda, fredda
6. primo
7. alti, basso
8. cattive, buone
9. domęstico, selvạtico
10. biạnca, giạlla
11. vuọto, pięno
12. moderni
13. accesa
14. rotonda, quadrata
15. sbagliata, corretta
16. rossi, gialli
17. ạmpie, strette
18. ricco, generoso
19. melodiọse
20. nera, rossa

2. 1. intelligenti
2. importante
3. sạlubre
4. tristi
5. nọbile
6. interessanti
7. forti, agili
8. inụtili
9. grandi
10. ụmile
11. diffịcili
12. verdi

3. 1. italiạna
2. greci
3. inglese
4. messicani
5. svịzzeri
6. svedesi
7. francesi
8. spagnola
9. canadesi
10. scandịnavi

4. 1. messicani
2. americane
3. portoghesi
4. giapponesi
5. scozzesi
6. greca
7. spagnoli
8. irlandese
9. italiane
10. canadesi

5. 1. Sí, la ragazza è svedese.
2. Sí, il signore è canadese.

3. Sí, i vini sono francesi.
4. Sí, le signore sono portoghesi.
5. Sí, la cantante è inglese.
6. Sí, il mio amico è messicano.
7. Sí, i turisti sono irlandesi.
8. Sí, le chitarre sono spagnole.
9. Sí, l'automobile è italiana.
10. Sí, gli ospiti sono americani.

6.
1. Le tariffe sono turistiche.
2. Le bombe sono atomiche.
3. Le bambine sono stanche.
4. Le strade sono larghe.
5. Le storie sono lunghe.

7.
1. stanco
2. stanca
3. stanchi
4. stanche

8.
1. simpatica
2. simpatiche
3. simpatico
4. simpatici

9.
1. I ragazzi sono simpatici.
2. I vini sono bianchi.
3. Gli autobus sono carichi.
4. I monumenti sono antichi.
5. I vestiti sono sporchi.
6. Le vedute sono magnifiche.
7. I signori sono stanchi.
8. I fiumi sono larghi.
9. Gil uomini sono buoni.
10. Le strade sono larghe.
11. Le storie sono lunghe.
12. I romanzi sono lunghi.

10.
1. I disegni sono rosa.
2. Le porte sono marrone.
3. I vestiti sono blu.
4. I quaderni sono arancione.
5. Le poltrone sono viola.
6. Le pareti sono blu.
7. I cappelli sono marrone.
8. Le cravatte sono rosa.
9. Le maglie sono arancione.
10. I gilé sono viola.

11.
1. bel
2. bella
3. begli
4. bello
5. belle
6. bei
7. bel; bei

12.
1. gran
2. grand'
3. grande
4. grande
5. grande

13.
1. Santa
2. Sant'
3. San
4. Santo
5. San
6. Sant'
7. San
8. Santo (San)

14.
1. buon
2. nessun
3. nessuna
4. buon'
5. buoni
6. nessun
7. buono
8. buon
9. buona; (buon')
10. Buon

15.
1. dottor
2. professor
3. professor
4. ingegnere
5. signore
6. ingegner
7. signor
8. Dottore

16.
1. come
2. quanto
3. come
4. come
5. quanto

17.
1. cosí
2. tanto
3. cosí
4. tanto
5. tanto

18.
1. tante … quanto
2. tanti … quanto
3. tante … quanto
4. tanti … quanto
5. tante … quanti
6. tanti … quanto

19.
1. tanto
2. cosí
3. come
4. quanto

20.
1. piú … dci
2. meno di
3. piú di
4. meno … della
5. piú … di
6. piú … che
7. meno … che
8. piú … che
9. meno … di
10. piú … di
11. piú di
12. meno di
13. piú … che
14. meno … che
15. piú di

21.
1. Loro sono le studentesse piú brave della classe.
2. Carlo e Pietro sono i ragazzi piú bassi del gruppo.
3. Questa scuola è la piú moderna della città.
4. Il padre di Olga è il dottore piú famoso di Roma.
5. La Sicilia è la piú grande isola del Mediterraneo.
6. Pelé è il calciatore piú famoso del mondo.
7. Questi ragazzi sono i piú atletici della scuola.
8. Maria è la piú atletica di tutte.
9. Quelle studentesse sono le piú intelligenti.
10. Il signor Martini è l'ingegnere piú capace della fabbrica.

22.
1. Il signor Rossi è sensibilissimo.
2. Teresa sta benissimo.
3. La stanza è grandissima.
4. La rivista è utilissima.
5. Gli stadi sono grandissimi.
6. È un lavoro difficilissimo.

23.
1. Il teatro è molto affollato.
2. L'esame è molto facile.
3. Roberto sta molto male.
4. L'appartamento è molto moderno.

24.
1. Maria è maggiore di sua sorella.
2. Questo museo è il maggiore della città.
3. Roberto è più grande del suo amico.
4. Carlo è piccolissimo.
5. Mio nonno è maggiore di mia nonna.
6. Luisa è minore di sua cugina.
7. Olga è la migliore della classe.
8. Stefano è più piccolo di suo fratello.

25.
1. Chi è la ragazza minore qui?
2. Io sono maggiore di te, ma Antonio è il maggiore.
3. Loro sono buoni ma noi siamo migliori.
4. Giorgio e Gabriele sono i migliori.
5. Questo libro è migliore di quello.
6. Teresa è la mia sorella minore.
7. Stefano è il nostro cugino migliore.
8. Giuseppe è il suo fratello maggiore.

26.
1. peggio
2. il più
3. meglio
4. meglio
5. meno
6. malissimo
7. benissimo

27.
1. il ricco
2. le giovani
3. i cattivi
4. le americane
5. gli antichi
6. il povero
7. gli intelligenti (gl'intelligenti)
8. l'italiana
9. il minore
10. le importanti

28.
1. I nostri
2. La mia
3. I tuoi
4. Le tue
5. I suoi
6. La vostra
7. Le loro
8. Le mie
9. I nostri
10. I suoi

29.
1. Mia
2. Le nostre
3. Vostra
4. I tuoi
5. Suo
6. I loro
7. La loro
8. Suo
9. Mia
10. I nostri

30.
1. la tua
2. i suoi
3. Mia
4. i nostri
5. I tuoi
6. il Suo
7. le loro
8. le Loro
9. Nostra
10. i suoi
11. Suo
12. Le nostre

13. i loro
14. le loro
15. il Suo
16. Mia
17. le sue

31.
1. I suoi amici telefonano spesso.
2. La loro sorella studia molto.
3. Suo zio è molto ricco.
4. Sua madre è giovane.
5. Le sue amiche sono greche.

32.
1. Quello studente è studioso.
2. Questa cravatta è blu.
3. Quella spiaggia è bellissima.
4. Quel signore è americano.
5. Quest'amico è generoso.
6. Quell'amica è italiana.
7. Questo zio è vecchio.
8. Quell'albero è alto.
9. Questa macchina è veloce.
10. Quel libro è vecchio.
11. Questo giornale è interessante.
12. Quello zaino è pieno.
13. Quest'estate è meravigliosa.
14. Quello psicologo è giovane.

33.
1. Questi
2. Quelle
3. Quell'
4. Quest'
5. Quell'
6. Queste
7. Quegli
8. Questa
9. Quello
10. Quella
11. Quello
12. Quegli
13. Questo
14. Quel
15. Quella

34.
1. Che partita!
2. Che bei fiori!
3. Quanti libri!
4. Quanta gioia!
5. Che idea fantastica!
6. Quanti amici!
7. Che bella giornata!
8. Che belle città!

35.
1. difficilmente
2. graziosamente
3. fortemente
4. terribilmente
5. internamente
6. mirabilmente
7. caramente
8. militarmente
9. urgentemente
10. velocemente
11. lealmente
12. aristocraticamente
13. liberalmente
14. pazientemente
15. magistralmente
16. facilmente
17. raramente
18. brevemente
19. parzialmente
20. lentamente
21. singolarmente
22. preliminarmente

36.
1. buona
2. gran
3. lunghe
4. bianche
5. marrone
6. bell'

7. viola
8. intelligenti
9. facili
10. generosi
11. domestici
12. francese
13. vecchie
14. blu
15. tedeschi
16. greche

17. pochi
18. stanchi
19. utili
20. importante
21. Santo
22. Sant'
23. nessun
24. buon
25. buona (buon')

37.
1. Buon giorno (Buongiorno), dottor (dottoressa) Merini.
2. Il professor (La professoressa) Rossi abita a Roma.
3. Noi siamo cosí (tanto) alti come (quanto) loro.
4. Paolo è tanto (cosí) studioso quanto (come) Maria.
5. In questa classe ci sono piú ragazzi che ragazze.
6. Loro hanno tanti amici quanto noi.
7. Lui ha piú di quarant'anni.
8. Teresa studia (tanto) quanto Paolo.
9. Olga e Teresa sono le (ragazze) piú intelligenti della classe.
10. Roberto è il (ragazzo) meno studioso della classa.
11. Io ho meno amici di te.
12. Loro corrono piú di noi.
13. Noi cantiamo come lei.
14. Carlo è cosí (tanto) basso come (quanto) suo cugino.
15. Questo pane è migliore dell'altro.
16. Quelle scarpe sono peggiori di queste.
17. Carmelina è la sorella minore.
18. Pietro è il piú piccolo della classe.
19. Questo formaggio è pessimo.
20. Chi è il ragazzo maggiore?
21. Le mie cravatte sono blu, rosa, e verdi.
22. Il suo capotto è molto pesante (pesantissimo).
23. Che bella veduta!
24. Quegli studenti sono da paesi stranieri.
25. Gli amici di Paolo sono inglesi.

38.
1. facilmente
2. ferocemente
3. coraggiosamente
4. raramente
5. slealmente

6. tristemente
7. irregolarmente
8. brevemente
9. esternamente
10. flebilmente

Chapter 4

1.
1. cinque
2. tredici
3. diciassette
4. ventuno

5. ventotto
6. trentatré
7. quaranta
8. quarantotto

9. cinquantuno
10. cinquantatré
11. sessantasette
12. settantotto
13. settantanove
14. ottantadue
15. ottantotto
16. novanta

17. novantuno
18. cento
19. trecento
20. mille
21. ottomila
cinquecento
trentatré
22. tre milioni

2.
1. cento uomini
2. quattro mila libri
3. un milione di persone
4. sei miliardi di dollari
5. novecento lettere

3.
1. il Novecento
2. il Duecento
3. il Cinquecento

4. l'Ottocento
5. il Quattrocento

4.
1. terzo
2. sesto
3. Decimo
4. Dodicesimo

5. secondo
6. centesima
7. venticinquesimo
8. Primo

5.
1. un ottavo
2. due decimi
3. cinque centesimi
4. tre millesimi
5. nove e mezzo
6. dieci e tre quarti
7. un terzo
8. due quinti
9. un decimo
10. due sesti
11. quattro e un quarto

6.
1. due mila
2. decima
3. ventitré
4. due terzi
5. sedicesimo, Cinquecento
6. Quattordicesimo (XIV)
7. primo
8. due milioni
9. mille novecento settantotto
10. primi due

7.
1. moderni; grandi
2. piccola; veloce
3. caldo; delizioso
4. ricchi; generosi
5. blu
6. timida
7. gran
8. intelligenti; studiosi
9. Quelle; svedesi
10. miei; accesa
11. Mia; italiana

12. Quei; bianchi; dolci
13. Questa; bella; matura; acerba
14. Quegli; migliori
15. minori; simpatiche
16. tuoi; sporchi; puliti
17. Lan; importante
18. Quel; nessun
19. intelligente; studiosa
20. difficili; facili

8.
1. Il Po è il fiume piú lungo d'Italia.
2. La Sicilia è l'isola piú grande del Mediterraneo.
3. Olga è piú brava di Luisa.
4. Quelli sono i piú alti.
5. I cugini di Mario sono in Italia.
6. Antonio è cosí intelligente come Stefano.
7. Roma è la capitale d'Italia.
8. Pelé è il calciatore piú famoso del mondo.
9. Maria è tanto brava quanto Silvia.
10. I giocatori sono nello stadio.

9.
1. Oggi è lunedí.
2. Mercoledí è il terzo giorno della settimana.
3. In inverno fa freddo.
4. Questo è il mille novecento novantaquattro.
5. Un anno ha dodici mesi.
6. Dante nacque nel mille duecento sessanta-cinque.
7. Oggi ne abbiamo quindici.
8. Nevica in inverno.
9. Sí, la domenica vado al cinema.
10. Oggi è il primo ottobre, mille novecento novantaquattro.
11. I primi tre giorni della settimana sono lunedí, martedí, e mercoledí.
12. I mesi dell'estate sono giugno, luglio, e agosto.
13. Sí, fa caldo in estate.
14. Piove in autunno.
15. Il sabato studio.
16. Dicembre è l'ultimo mese dell'anno.
17. Luglio viene dopo giugno.
18. L'anno scolastico comincia in settembre.
19. La primavera è la mia stagione preferita.
20. Ieri era giovedí.

10.
1. Domani è domenica, il diciannove dicembre del mille novecento novantatré.
2. Viaggeremo in estate.
3. Marzo è pazzo.
4. Mercoledí mangiamo (la) pizza.
5. Oggi è martedí.
6. Domani ne abbiamo otto.
7. Ci sono sette giorni in una settimana.
8. Ieri era il primo ottobre.
9. Sono nato(-a) nel mille novecento settantatré.
10. Lunedí è il primo giorno della settimana.

11.
1. Giugno, anno
2. ne, tre
3. primavera, estate, autunno, inverno
4. dodici
5. inverno
6. Venerdí, giorno
7. il diciassette
8. il mille novecento novantaquattro
9. La
10. stagione

12.
1. Sono le undici in punto di mattina.
2. Sono le tredici.
3. Mi alzo alle sei e un quarto di mattina.
4. Il treno parte alle ventidue meno dieci.
5. Luisa arriva alle undici meno dieci di mattina.
6. Mancano venti minuti alle dieci.
7. Manca un quarto all'una.
8. C'incontriamo a mezzogiorno.
9. Sono le tre del pomeriggio.
10. Sí, sono le ventiquattro.

13.
1. alle otto e un quarto in punto di mattina
2. mezzogiorno; l'una e un quarto del pomeriggio
3. a mezzanotte
4. alle cinque di mattina
5. alle due e mezza (mezzo, trenta) del pomeriggio
6. alle otto meno dieci di mattina
7. alle undici meno un quarto di sera
8. alle sette meno venti di sera
9. le undici e dieci di sera
10. le cinque di sera

14.
1. Antonio arriva alle otto e un quarto in punto.
2. No, non sono le dodici, sono le tredici e un quarto.
3. Partiamo alle ventiquattro.
4. Nessuno si alza alle cinque.
5. Dobbiamo essere all'aeroporto alle quattordici e mezza (mezzo, trenta).
6. Fanno la prima colazione alle otto meno dieci.
7. Sí, Giorgio e Piero ci telefoneranno alle ventitré meno un quarto (ventidue e quar-antacinque).
8. La festa comincia alle diciotto e quaranta (diciannove meno venti).
9. Sono le ventitré e dieci.
10. Non so, saranno le diciassette.

15.
1. mille
2. sessantatré
3. due milioni
4. mille novecento novantaquattro

5. cento sette
6. cinquantotto
7. novantuno
8. diciassette
9. ụndici
10. cento

16.
1. il Novecento
2. il Seicento
3. il secolo diciannovẹsimo
4. il secolo quattordicẹsimo
5. il Duecento

17.
1. terzo
2. centẹsimo
3. millẹsimo
4. nono
5. ventunẹsimo
6. quarantatreẹsimo
7. sedicẹsimo
8. ottavo

18.
1. due ottavi
2. un dẹcimo
3. otto e mezzo
4. cinque centẹsimi
5. quattro millẹsimi
6. un terzo
7. nove e tre quarti
8. cinque e due terzi

19.
1. Marzo è il terzo mese dell'anno.
2. Dopo lunedí viene martedí.
3. Domẹnica è il sẹttimo giọrno della settimana.
4. C'è la neve in inverno.
5. Le quattro stagiọni sono la primavera, l'estate, l'autunno, e l'inverno.
6. Dopo giụgno viene luglio.
7. La mattina mi alzo alle sette.
8. Il treno parte alle quattọrdici.

20.
1. le due del pomerịggio.
2. a mezzanotte.
3. le otto e mezza (mezzo; trenta) di sera.
4. alle diẹci meno un quarto di mattina.
5. alle sette e diẹci di mattina.
6. È l'una in punto.

21.
1. Sono le quịndici.
2. Sono le ventiquattro.
3. Sono le ụndici.
4. Sono le ventuno.
5. Sono le sei.
6. Sono le quịndici e un quarto.
7. Sono le trẹdici e trenta.
8. Sono le ventidụe meno cinque.

Chapter 5

1.
1.	-a	11.	-ano
2.	-a	12.	-o
3.	-ano	13.	-a
4.	-ano	14.	-ano
5.	-ano	15.	-i
6.	-iamo	16.	-iamo
7.	-i	17.	-a
8.	-a	18.	-ano
9.	-ate	19.	-ano
10.	-a	20.	-o

2.
1.	pranziamo	6.	lavora
2.	porta	7.	telẹfonano
3.	lavi	8.	canta
4.	arrịvano	9.	nuọto
5.	invitate	10.	guadagna

3.
1. Il ragazzo guarda la partita.
2. Tu impari la lezione.
3. Lui arriva presto.
4. Io ceno tardi.
5. La studentessa torna a casa.

4.
1. Noi chiamiamo i nostri amici.
2. Loro cọmprano i biglietti.
3. Voi nuotate molto bene.
4. I camerịeri pọrtano le bevande.
5. Le signọre cọmprano i giornali.

5.
1.	noleggi	5.	parcheggia
2.	racconciamo	6.	mạrciano
3.	avvinghiate	7.	invecchi
4.	arrischio	8.	assaggiamo

6.
1.	indaghi	5.	allarghi
2.	divaghiamo	6.	allunghiamo
3.	attacchi	7.	tronchi
4.	impacchiamo	8.	sbarchiamo

7.
1.	allạrgano	3.	impacca
2.	indago	4.	sbạrcano

8.
1.	-e	6.	-ono
2.	-i	7.	-iamo
3.	-e	8.	-e
4.	-ono	9.	-e
5.	-ete	10.	-ono

9.
1.	vẹndono	6.	perdi
2.	piạngono	7.	apprẹndono
3.	promette	8.	descrivo
4.	cọrrono	9.	leggete
5.	riceviamo	10.	cạdono

10.
1.	piạce	4.	taci
2.	giạce	5.	giacete
3.	tạcciono	6.	tạccio

11.
1. Il ragazzo piace alle ragazze.
2. Giaci sul sofà.
3. Io taccio quasi sempre.
4. Tu piaci a me.

3. Traduco in inglese.
4. Conduci il treno.
5. Riduce la frase.
6. Produco poco.

12.
1. -ono
2. -e
3. -iamo
4. -ono
5. -e
6. -ono
7. -ite
8. -iamo
9. -ono
10. -e

20.
1. producono
2. traduce
3. conduce
4. introduco
5. riduciamo
6. traduci

13.
1. Sí, io apro la finestra.
2. Sí, voi sfuggite il pericolo.
3. Sí, loro scoprono la verità.
4. Sí, Mario veste bene.
5. Sí, il cuoco bolle i vegetali.
6. Sí, i malati soffrono molto.
7. Sí, noi riapriamo il negozio.
8. Sí, io servo le bevande.
9. Sí, lei copre la pentola.
10. Sí, Teresa apre la porta.

21.
1. Disdicono le promesse.
2. Voi contraddite i vostri amici.
3. Le organizzazioni indicono i concorsi.
4. Non malediciamo nessuno.
5. Dite tutto.
6. Che dite?

22.
1. interdicono
2. contraddici
3. dice
4. maledicono
5. disdite
6. indice
7. diciamo
8. contraddicono

14.
1. capiscono
2. costruisce
3. finiamo
4. dimagrisci
5. preferisco
6. capisce
7. ubbidite
8. ingrandisce
9. pulisco
10. preferiscono
11. capiamo
12. capisci
13. differite
14. ubbidisce

23.
1. pospongono
2. ponete
3. espone
4. supponiamo
5. componi
6. oppongono
7. propongo
8. compone
9. pongono
10. ripone

15.
1. Voi preferite questo disco.
2. Noi riferiamo il suo messaggio.
3. Gli studenti capiscono la lezione.
4. Voi capite tutto.
5. Noi costruiamo una scatola di legno.
6. I bambini ubbidiscono sempre.

24.
1. Loro propongono l'appuntamento.
2. Voi imponete queste regole.
3. Noi proponiamo una soluzione.
4. Voi componete il tema.

16.
1. Sto bene.
2. Sto qui.
3. Do gli esami.
4. Vado al cinema.
5. Sto per partire.
6. Do i regali.
7. Do il benvenuto.
8. Vado in salotto.

25.
1. vale
2. rimango
3. rimani
4. salgo
5. salite
6. valgono
7. rimaniamo, salgono
8. salgono
9. saliamo

26.
1. attrae
2. distraggono
3. attrai
4. traiamo
5. contraggono
6. traggo

17.
1. va
2. sto
3. stanno
4. dà
5. diamo
6. vado
7. andiamo
8. stanno

27.
1. I giochi distraggono i ragazzi.
2. Gli studenti traggono le conclusioni.
3. Noi contraiamo la febbre.
4. Voi attraete la nostra simpatia.

18.
1. bevo
2. bevono
3. beve
4. beviamo
5. bevono
6. bevete
7. bevi
8. beve

28.
1. accoglie
2. raccolgono
3. cogliamo
4. raccolgo
5. togliete
6. accogli
7. raccoglie

19.
1. Introduci l'amico.
2. Produce molto.

29.
1. contengono
2. vengono
3. ottiene
4. sostenete

5. riconveniamo   9. ritiẹne
6. sovviẹne   10. viẹni
7. intrattengo   11. appartẹngono
8. avvẹngono   12. sveniamo

30.
1. Sí, oggi vengo a scuọla.
2. Sí, mia figlia viene domani.
3. Sí, proveniamo da Nuọva York.
4. Sí, le mie amiche vengono con noi (voi).
5. Sí, appartengo al Club italiano.
6. Voi intrattenete gli ospiti.

31.
1. Mantiẹni bene i giardini?
2. Questa rivista contiẹne poco.
3. Ottiẹne i biglietti Lei?
4. Intrattengo gli amici.
5. La studentessa appartiẹne a quella classe.

32.
1. pạio   5. pari
2. pare   6. parete
3. pạiono   7. Pare
4. paiamo   8. Pạiono

33.
1. muọiono   4. muọri
2. muọio   5. moriamo
3. morite   6. muọre

34.
1. siedo; siedi   4. siẹde
2. siẹdono   5. sediamo
3. sedete   6. siẹdi

35.
1. ọdono   4. odc
2. odo   5. udiamo
3. udite   6. odi

36.
1. ẹscono   5. riẹscono
2. riesce   6. esci
3. ẹscono   7. riẹsco
4. uscite

37.
1. fa   5. fate
2. facciamo   6. fanno
3. fai   7. fạccio
4. fa   8. fa

38.
1. sanno   5. sa
2. sa   6. sai
3. sappiamo   7. Sanno
4. so   8. sapete

39.
1. voglio   5. vogliamo
2. vọgliono   6. volete
3. Vuọi   7. vọgliono
4. vuọle   8. voglio

40.
1. può   3. pọssono
2. possiamo   4. può

5. potete   7. puọi
6. posso   8. può

41.
1. dobbiamo   5. dovete
2. devo   6. deve
3. dẹvono   7. devo
4. devi   8. dobbiamo

42.
1. ha   5. avete
2. ho   6. ha
3. hanno   7. abbiamo
4. hai   8. ha

43.
1. sono   5. siẹte
2. è   6. sono
3. sono   7. Sono
4. siamo   8. è; è

44.
1. Sí, sono italiano.
2. Sí, mia figlia è a casa.
3. Sí, siamo pronti adesso.
4. Sí, i giocatori sono nello stạdio.
5. Sí, sono l'amica di Giovanni.
6. Siamo (Siete) bravi (cattivi).
7. I miẹi genitori sono al cịnema.
8. Sí, tu sei il mio compagno di scuọla.

45.
1. viviamo   6. ricevo
2. lavora   7. è
3. conosci   8. frequentiamo
4. fa   9. vedo
5. studiate   10. viaggia

46.
1. Frequento questa scuọla da due anni.
2. Stụdio l'italiạno da un anno.
3. Vivo in questa città da cinque anni.
4. Conosco il mio migliọre amico da molti anni.
5. Non visito i miẹi nonni da tre mesi.
6. Non vado al teạtro da sei mesi.

47.
1. balliamo   16. attrae
2. lavora   17. accogliamo
3. preferịscono   18. faccio
4. giochi   19. devi
5. invẹcchiano   20. cucịnano
6. offrite   21. so
7. legge   22. vọgliono
8. vai   23. costa
9. sono   24. possiamo
10. dà   25. bevete
11. producono   26. pạiono
12. pongo   27. siẹdi; siẹdo
13. appartẹngono   28. abbiamo
14. dite; contraddico   29. siẹte
15. piạcciono   30. capisco

31. finisci
32. fanno
33. muoiono
34. salgo
35. Odono

36. Esce
37. vengono
38. vanno
39. fate
40. è

48.
1. andavamo
2. viaggiavo
3. cantava
4. sciavano
5. visitavate
6. giocavi
7. saltavo; camminavo
8. portava

49.
1. Antonio parlava molto.
2. Voi camminavate per le strade.
3. Mia madre comprava molte cose.
4. Noi giocavamo nel parco.
5. Le ragazze cantavano ad alta voce.
6. Io ascoltavo i miei maestri con attenzione.
7. Tu guardavi la televisione tutte le sere.
8. Visitava Lei i Suoi cugini?
9. Viaggiavate molto?
10. Studiavano con diligenza gli studenti?

50.
1. leggeva
2. piangevano
3. correvamo
4. vendevano
5. ripetevano
6. sapevano
7. perdevi
8. avevano

51.
1. Eleggevamo un nuovo presidente.
2. Descrivevate quel paesaggio.
3. Friggevo le uova.
4. Offendevi molte persone.
5. Promettevate troppe cose.
6. I bambini cadevano spesso.
7. Angelo vendeva biciclette.

52.
1. capivano
2. finivo
3. seguivate
4. sentivamo
5. preferivano
6. costruivate
7. apparivi
8. ubbidivano
9. servivano
10. saliva
11. dimagrivo
12. scandiva
13. scomparivi
14. riferivamo

53.
1. Sentivi il campanello?
2. Vestivate i bambini?
3. Preferivamo un gelato.
4. Capivano bene.
5. Olga soffriva molto.
6. Io seguivo i tuoi consigli.
7. Offrivi sempre il tuo aiuto.
8. Aprivamo le finestre.
9. Paolo riapriva la porta.
10. Ubbidivano alla madre.

54.
1. Sí, aprivo le porte.
2. Sí, servivamo il caffé.
3. Sí, vestivamo (vestivate) elegantemente.
4. Sí, capivo bene.
5. Sí, reagivo cautamente.
6. Sí, noi finivamo presto.
7. Sí, soffrivamo molto in ospedale.
8. Sí, Luigi seguiva molti corsi.
9. Sí, vestivamo (vestivate) i bambini.
10. Sí, gli alunni scandivano le parole.

55.
1. Stefano diceva la verità.
2. Queste fabbriche producevano pantaloni.
3. Il signor Martini faceva il dottore.
4. Io non dicevo niente.
5. Dove facevate le vacanze?
6. Questo terreno produceva molti vegetali.
7. Tu non dicevi la verità.

56.
1. dicevano
2. faceva
3. produceva
4. dicevo
5. contraddicevi
6. facevano
7. conduceva

57.
1. bevevamo
2. beveva
3. bevevate
4. bevevi
5. bevevo
6. Bevevano
7. beveva
8. bevevano

58.
1. esponeva
2. ponevo
3. proponevi
4. componevano
5. posponevamo
6. ponevate
7. Supponeva
8. imponeva

59.
1. attraeva
2. traeva
3. distraevi
4. ritraevate
5. traevo
6. sottraevamo

60.
1. era
2. eravamo
3. erano
4. eri
5. era
6. eravate
7. erano
8. era

61.
1. Ero studente (-essa).
2. Maria e Carlo erano al teatro.
3. Sí, quello studente era pronto.
4. Quel signore era mio zio.
5. Sí, eravamo (eravate) bravi.
6. Sí, ero a casa spesso.
7. Sí, eravamo malati.
8. Mio padre era in Italia.

62.
1. Mio fratello arrivava sempre in ritardo.
2. Tu parlavi ininterrottamente.
3. Le studentesse andavano spesso in biblioteca.
4. Usualmente Olga cenava presto.
5. La domenica andavamo al parco.

6. Di quando in quando vedevo un bel film.
7. Le mie sorelle venivano a casa tutti i giorni.
8. A volte nevicava senza sosta.
9. I bambini piangevano frequentemente.
10. Mio cugino scriveva ogni mese.

63.
1. suonava, cantavi
2. lavavamo, lavavate
3. lavoravo, giocavano
4. dormiva, studiavamo
5. telefonavi, guardava
6. scrivevamo, parlavate
7. leggevo, scrivevi
8. diceva, mentivate
9. gridava, piangeva
10. viaggiavano, stavamo

64.
1. preferiva
2. capivi
3. temevano
4. credevo
5. rifletteva
6. volevate
7. potevo, desideravo
8. odiavi
9. intuiva
10. credevamo

65.
1. La casa era grande.
2. Gli edifici erano rossi.
3. Olga era brava.
4. Gli studenti erano intelligenti.
5. La copertina del libro era verde.
6. I genitori erano pazienti.
7. Noi eravamo alti.
8. Voi eravate cattivi.
9. Le camicie erano bianche.
10. Tu eri basso.

66.
1. Che tempo faceva?
2. Quanti anni avevi?
3. Che ora era?
4. Nevicava?
5. Erano le quattro e un quarto.
6. Avevamo sedici anni.
7. Tirava vento.
8. Pietro aveva diciannove anni.
9. Era mezzanotte.
10. Pioveva.

67.
1. eravate
2. visitavamo
3. Nevicava
4. giocava
5. fumavano
6. lavoravi
7. erano
8. sapevo

68.
1. giocavano
2. andavamo
3. ascoltava
4. correvate
5. ero
6. erano
7. era; aveva
8. producevano
9. dicevi
10. bevevamo

11. componeva
12. attraevano
13. ponevo
14. capivate
15. soffrivano

69.
1. Sí, dormivo sempre fino a tardi.
2. Sí, la domenica andavamo in chiesa.
3. Sí, uscivo frequentemente.
4. Sí, pioveva spesso.
5. Sí, andavamo alla spiaggia tutti i giorni.
6. Sí, Luigi arrivava sempre tardi.
7. Sí, i bambini piangevano spesso.
8. Sí, viaggiavo ogni estate.
9. Preferivamo il mare (la montagna).
10. Sí, la casa di Maria era verde.
11. Andavo a scuola alle otto e mezzo.
12. Sí, le strade erano strette.
13. Faceva bel tempo.
14. Mio fratello aveva ventun anni.
15. Sí, ero sempre contento(-a) quando ero piccolo(-a).
16. Sí, avevamo paura dell'oscurità.
17. Non andavo in Italia da sei anni.
18. Nevicava da tre giorni.
19. Sí, i miei nonni erano generosi.
20. Leggevamo molti racconti in classe.

70.
1. -arono
2. -ai
3. -ò
4. -aste
5. -asti
6. -arono
7. -ammo
8. -ò
9. -arono
10. -ai

71.
1. ascoltarono
2. invitò
3. camminammo
4. comprasti
5. pranzaste
6. preparai
7. girarono
8. durò
9. viaggiammo
10. insegnò

72.
1. Noi visitammo i nonni.
2. Aspettai mio cugino.
3. Loro comprarono alcuni libri.
4. Angelo lavò l'automobile.
5. Tu portasti i regali.
6. Voi mangiaste da Carlo.
7. Gli studenti passarono gli esami.
8. Tu viaggiasti solo.
9. Io pagai il biglietto.
10. Andammo al teatro a piedi.

73.
1. gemé (gemette)
2. ripeterono
3. credemmo
4. sedeste
5. ricevesti
6. vendei
7. battemmo
8. abbatterono
9. poté
10. doveste

74.
1. Tu ricevesti una bella notizia.
2. Mario ripeté il corso di geografia.

3. Loro vendẹrono (vendẹttero) molte cose.
4. Noi sedemmo soli.
5. Io credẹi tutto.
6. Voi poteste venire presto.
7. Tu abbattesti la parete.
8. Luisa batté sul banco.

75.
1. -ii
2. -iste
3. -isti
4. -í
5. -irono
6. -immo
7. -í
8. -irono
9. -ii
10. -iste

76.
1. ubbidịrono
2. capiste
3. preferịi
4. dimagrí
5. finisti
6. costruịmmo
7. ingrandịrono
8. capịi

77.
1. Gl'impiegati seguịrono le istruziọni.
2. Il cuọco bollí la carne.
3. Loro sentịrono il campanello.
4. Il cameriẹre serví le bevande.
5. Io aprịi tutte le finestre.
6. Voi offriste un caffé agli amici.
7. I malati soffrịrono molto.

78.
1. chiedesti
2. chiudemmo
3. rimanemmo
4. rideste
5. rispondeste
6. ponesti
7. ponemmo
8. concludeste
9. corresti
10. Sceglieste

79.
1. chiusi
2. decisi
3. promisi
4. pose
5. mise
6. spese
7. compọsero
8. scẹlsero
9. rispọsero
10. piạnsero

80.
1. Sí, chiesi molte informaziọni.
2. Sí, chiụsi la porta.
3. Sí, decisi di rimanere qui.
4. Sí, risposi alle sue domande.
5. Sí, presi il denaro.
6. Sí, misi il libro sul tavolo.
7. Sí, volsi le spalle.
8. Sí, scelsi un vestito.

81.
1. Sí, dividemmo il prẹmio in due.
2. Sí, rispondemmo.
3. Sí, decidemmo immediatamente.
4. Sí, chiudemmo le finestre.
5. Sí, prendemmo i passaporti.
6. Sí, mettemmo i fiọri nel vaso.
7. Sí, scegliemmo dei bei regali.
8. Sí, corremmo.

82.
1. chiese
2. chiedemmo
3. conclụsero
4. chiụse
5. richiụsi
6. includeste
7. chiẹsero
8. escludesti
9. coincịsero
10. rise
11. decideste
12. sorridemmo
13. divise
14. ridemmo
15. decise
16. uccise
17. mise
18. commetteste
19. promisi
20. trasmettesti
21. ponemmo
22. opposi
23. componesti
24. prẹsero
25. spendemmo
26. sorprẹsero
27. scendeste
28. accẹsero
29. rimạsero
30. rimanemmo
31. rimanesti
32. rispose
33. rispondeste

83.
1. corse
2. trascorremmo
3. accogliemmo
4. scẹlsero
5. scelsi
6. raccolse
7. scegliemmo
8. volse
9. giụnsero
10. fingesti
11. volgemmo
12. piạnse

84.
1. lesse
2. eleggemmo
3. rilessi
4. correggesti
5. lẹssero
6. scrisse
7. descrivesti
8. iscrissi
9. scrivemmo
10. visse
11. vivemmo
12. rivịssero

85.
1. produsse
2. introducesti
3. tradussi
4. inducemmo
5. disse
6. maledicemmo
7. prediceste
8. contraddissi
9. dicemmo

86.
1. trạssero
2. attrasse
3. attraeste
4. traẹmmo
5. sottrassi
6. contraẹsti
7. detrasse
8. ritrasse
9. distrasse

87.
1. caddero
2. decadde
3. ricaddi
4. cademmo
5. tenne
6. appartẹnnero
7. mantenesti
8. sosteneste
9. contenni
10. volli
11. volle
12. volemmo

88.
1. bevemmo
2. bevve
3. bẹvvero
4. bevvi
5. beveste

89.
1. venne
2. intervenimmo
3. svenne
4. rivenisti

5. convennero   7. divenne
6. sovvenimmo

90. 1. conobbi   7. interrompeste
2. riconoscesti   8. sapemmo
3. conoscemmo   9. sapesti
4. riconobbero   10. sapeste
5. ruppi   11. seppi
6. ruppero

91. 1. nacque   5. dispiacque
2. piacemmo   6. piacesti
3. nacqui   7. nacque
4. nasceste   8. nacquero

92. 1. videro   5. intravidi
2. rivedeste   6. vedemmo
3. previde   7. rivide
4. provvidero   8. previdero

93. 1. fece   5. sopraffeci
2. facemmo   6. rifecero
3. soddisfecero   7. disfacesti
4. disfaceste   8. faceste

94. 1. ebbe   4. avemmo
2. ebbi   5. avesti
3. ebbero   6. Aveste

95. 1. fu   5. fui
2. furono   6. foste
3. fosti   7. furono
4. fummo   8. fu

96. 1. Loro stettero al bar fino a tardi.
2. Io diedi un regalo a Luigi.
3. Voi steste qui per poche ore.
4. Mario diede il biglietto a Luisa.
5. Noi stemmo a casa con i bambini.
6. Voi deste i libri alle studentesse.
7. Io stetti con mio zio.
8. Tu desti l'indirizzo al cliente.
9. Olga stette con sua cugina.
10. Tu stesti in ufficio.
11. Gli studenti diedero gli esami.

97. 1. camminarono   11. diedi (detti)
2. comprò   12. fummo
3. portaste   13. ebbero
4. ricevesti   14. bevesti
5. sedé   15. bevvero
6. vendemmo   16. caddi
7. preferirono   17. chiese
8. capisti   18. chiudeste
9. finí   19. tradussero
10. steste   20. riconoscesti

21. trascorsi   27. nacque
22. divise   28. piacquero
23. dissero   29. posero
24. fece   30. accendeste
25. lessero   31. spesero
26. misi   32. rimasi

98. 1. Tu rispondesti alle domande di Mario.
2. Loro risposero bene agli esami.
3. Noi rompemmo un piatto e due bicchieri.
4. Gli studenti seppero la lezione.
5. Io scelsi un paio di pantaloni marrone.
6. Voi accoglieste gli ospiti stranieri.
7. Teresa scrisse a tutti i parenti.
8. Loro sostennero un'opinione ottimista.
9. Il circo attrasse una grande folla.
10. Io rividi i miei vecchi amici.
11. I nonni di Carmela vissero in Italia tutta la loro vita.
12. Noi volemmo restare a casa.
13. Stefano volle uscire con gli amici.
14. I bambini piansero poco.
15. Voi giungeste a scuola tardi.
16. Mario e Gino vinsero una partita a scacchi.
17. Quel signore intervenne nei nostri affari.
18. Maria non venne a scuola.
19. Il malato svenne dal dolore.
20. Finalmente noi rinvenimmo il portafoglio.
21. Accaddero molte cose strane.
22. Io intervenni senza esitare.
23. Tu convenisti con Stefano.

99. 1. arrivarono   7. passasti
2. morí   8. finimmo
3. andarono   9. ebbi
4. lessi   10. veniste
5. fu   11. rifiutò
6. decisero   12. restituiste

100. 1. Non vollero partecipare.
2. Non potemmo trovare l'indirizzo.
3. Potei partire presto.
4. Conobbe mio fratello l'estate scorsa.
5. Lo seppero poco fa.

101. 1. Lui veniva qui spesso.
2. Io lo vedevo spesso.
3. Carlo me lo ripeteva spesso.
4. Ricevevamo una lettera da lui spesso.
5. Lui mi chiamava spesso.

102. 1. Lui ci visitò due giorni fa.
2. Lei mi aiutò due giorni fa.
3. Io andai lí due giorni fa.
4. Loro me lo dissero due giorni fa.
5. Tu mangiasti in quel ristorante due giorni fa.

103.
1. Andavo a Chicago ogni mese.
2. Anche due mesi fa Maria partí per Brooklyn.
3. Mia zia fu malata per due anni.
4. Visitavo i miei cugini frequentemente.
5. Ogni tanto incontravamo dei vecchi amici.
6. Viaggiavate in Francia spesso spesso.
7. Sempre parlavamo di politica.
8. Andammo al teatro domenica scorsa.
9. Mia madre andò al mercato una volta.
10. Luigi vinceva al totocalcio di quando in quando.

104.
1. Sí, lui visitò l'Europa l'estate scorsa.
2. Sí, lui andava al cinema ogni domenica.
3. Sí, lui scalò un monte nel 1965.
4. Sí, lui visitava i nonni tutti i giorni.
5. Sí, lui faceva i bagni sempre.
6. Sí, lui ricevé (ricevette) la patente di guida ieri.
7. Sí, lui viaggiava con gli amici frequentemente.
8. Sí, lui fu malato per poco tempo.

105.
1. giocavano, studiavamo
2. suonava, entrarono
3. discutevamo, bussò
4. preparava, arrivarono
5. cominciai, cominciò
6. era, cadde
7. ascoltavano, studiavo
8. arrivammo, faceva
9. ballavano, cantavano
10. guardavate, interruppe

106.
1. giocarono, applaudirono
2. guidò, guardai
3. comprò, aspettammo
4. studiò, lesse
5. chiusi, pulí

107.
1. giocavano, applaudivano
2. guidava, guardavo
3. comprava, aspettavamo
4. studiava, leggeva
5. chiudevo, puliva

108.
1. porteranno
2. frequenteremo
3. arriveranno
4. canterà
5. parteciperò
6. parlerete
7. impareranno

109.
1. partiremo
2. leggeranno
3. ripeterete
4. venderà
5. capiremo
6. correranno
7. sentirà
8. finirai
9. insegnerà
10. lavoreremo
11. comprerai

110.
1. mangeremo
2. cominceranno
3. parcheggerò
4. marceranno
5. noleggerai
6. viaggerete

111.
1. cercheremo
2. pagheranno
3. sbarcherà
4. attaccheranno
5. mancherò
6. allargherete
7. impaccherà
8. divagheremo
9. perderanno
10. fingerò
11. usciranno
12. descriverete
13. offrirà
14. seguiremo
15. metterà

112.
1. darò
2. faremo
3. starà
4. darà
5. darai
6. farà
7. staranno
8. darete
9. faranno
10. staremo

113.
1. sarai
2. saremo
3. sarà
4. sarete
5. sarò
6. sarai
7. saremo
8. saranno

114.
1. andremo
2. avrete
3. potrò
4. saprà
5. andranno
6. avrai
7. dovremo
8. cadrà
9. vedrò
10. vivremo
11. saprete
12. avrò

115.
1. berranno
2. varrà
3. vorranno
4. terrà
5. vorrò
6. berremo
7. parranno
8. morrà (morirà)
9. rimarremo
10. verranno
11. verrà
12. vorrete
13. parrete
14. berremo

116.
1. Saranno a casa.
2. Avrà sedici anni.
3. Saranno le dieci e mezza di mattina.
4. No, non costerà molto.
5. Arriveranno alle sette di mattina.
6. Sarà a scuola.
7. Ne avrò un centinaio.
8. Partirà alle due.
9. Sarà Pietro.
10. Sarà italiano.

117.
1. andrò
2. arriveranno
3. visiterai
4. nevicherà
5. farà
6. arriverò
7. vedremo
8. avremo
9. verranno
10. saremo
11. avrò
12. arriverete

118.
1. I ragazzi saranno al cinema.
2. Che ora sarà?
3. Quando studierai?
4. Se andrò in Italia, vedrò molti musei.
5. Quando arriveranno i turisti, andranno all'albergo.
6. Se visiterete vostra zia, lei sarà molto contenta.

119.
1. canterebbero
2. camminerebbe
3. visiterebbero
4. compreresti
5. arriverei
6. ballereste
7. completerebbe
8. prepareremmo
9. frequenterebbero
10. fumerei
11. parlerebbe
12. accompagneresti
13. laveremmo
14. gridereste
15. cenerei

120.
1. correremmo
2. leggeresti
3. aprirei
4. seguirebbe
5. friggerebbero
6. scoprireste
7. venderemmo
8. serviresti
9. ripeterebbe
10. sentirebbero
11. descriverei
12. bolliremmo
13. fingeresti
14. soffrirebbe
15. perdereste

121.
1. cominceremmo
2. avrei
3. berrebbe
4. dovreste
5. udresti (udiresti)
6. varrebbe
7. verrebbero
8. pagherei
9. mangeremmo
10. sarebbe
11. parrebbero
12. dovresti
13. andrei
14. dareste
15. terrebbe
16. staremmo
17. vorrebbero
18. potresti
19. andrei
20. saremmo

122.
1. abbiamo parlato
2. ha preparato
3. ha cantato
4. abbiamo accettato
5. hai pranzato
6. avete comprato
7. ho guardato
8. ha controllato
9. hanno viaggiato
10. ha chiamato

123.
1. ho perduto (perso)
2. hai ripetuto
3. hanno venduto
4. abbiamo ricevuto
5. ha conosciuto

124.
1. Loro hanno capito tutto.
2. Noi abbiamo finito il lavoro.
3. Io ho vestito il bambino.
4. Noi abbiamo servito il pranzo.
5. Maria ha finito il lavoro.

125.
1. abbiamo letto
2. ha rotto
3. hanno tratto
4. ha fatto
5. ho detto
6. hanno scritto
7. hai corretto
8. ho risposto
9. hai scelto
10. hanno vinto
11. ha pianto
12. hanno messo
13. ho promesso
14. hanno riso
15. ha preso
16. avete chiuso
17. hanno offerto
18. abbiamo aperto
19. ha sofferto
20. avete bevuto

126.
1. abbiamo accettato
2. hai pranzato
3. ha conosciuto
4. hanno cantato
5. avete detto
6. ha finito
7. ho letto
8. ha rotto
9. hai comprato
10. abbiamo promesso
11. hanno capito
12. avete venduto
13. ha controllato
14. ho avuto
15. ha fatto

127.
1. Luisa ha cantato bene.
2. Abbiamo letto la lettera.
3. Avete scritto molte lettere.
4. Hai chiuso la porta.
5. Ho mangiato con gli amici.
6. Hanno aperto le finestre.
7. Abbiamo finito il compito.
8. Avete aspettato Giovanni.
9. Ho lavorato fino a tardi.
10. Hai rotto il piatto.

128.
1. Maria li ha conosciuti ieri.
2. L'ho comprata in quel negozio.
3. Non le ho salutate.
4. L'ho bevuto in pochi secondi.
5. Li ho dati ieri pomeriggio.
6. L'abbiamo controllata.
7. Le hai lette?
8. Li avete finiti?
9. L'ho aperta poco fa.
10. Le hanno scritte facilmente.

129.
1. sono state
2. è arrivato
3. è durata
4. siete andati
5. sono piaciuti
6. sono usciti
7. è ritornata
8. è bastato
9. sono costati
10. siamo restati

130.
1. Marco è andato al mercato.
2. Luisa è uscita con Pietro.
3. Giuseppe e Antonio sono ritornati alle nove.
4. Olga e Maria sono entrate in un negozio.
5. Maria e Anna sono partiti per l'Italia.
6. Noi siamo stati dai nonni.
7. Le ragazze sono arrivate insieme.
8. I'ragazzi sono stati a casa.

131.
1. Mi sono alzato(-a) di buon'ora.
2. I ragazzi non si sono sbarbati.
3. Ci siamo seduti(-e) qui.
4. Gli amici si sono divertiti.
5. Lei si è laureata quest'anno.
6. Mi sono comprato un paio di scarpe.
7. Si sono piaciuti molto.
8. Noi ci siamo aiutati molto.

132.
1. sono	6. hanno
2. hanno	7. sono
3. sono	8. hanno
4. hanno	9. sono
5. sono	10. hanno

133.
1. ha veduto (visto)	6. sono andati
2. avete fatto	7. ho letto
3. abbiamo comprato	8. abbiamo finito
4. hanno detto	9. ho avuto
5. sono arrivati	10. siete venuti

134.
1. Lo vedevo spesso.
2. Parlavamo con lui spesso.
3. Carlo mi chiamava spesso.
4. Loro ricevevano una lettera da lui spesso.
5. Angelina visitava spesso i cugini. *or* (… i cugini spesso)

135.
1. Lui mi ha visitato due giorni fa.
2. Lei mi ha aiutato due giorni fa.
3. Sono andato lí due giorni fa.
4. Me l'hanno detto due giorni fa.
5. L'hai fatto due giorni fa.

136.
1. Andavo a Chicago ogni mese.
2. Ieri Maria è partita di mattino.
3. Ho visitato i miei cugini l'anno scorso.
4. Ogni tanto incontravamo dei vecchi amici.
5. Viaggiavi in Francia spesso spesso?
6. Ieri sera abbiamo parlato di politica.
7. Siamo andati al teatro domenica scorsa.
8. Loro sono andati al mercato una volta.

137.
1. Sí, la settimana scorsa sono andato alla spiaggia.
2. Sí, ieri sera ho dormito molto.
3. Sí, stamani ho lavorato troppo.
4. Sí, andavo al cinema ogni domenica.
5. Sí, viaggiavo con gli amici frequentemente.
6. Sí, facevo delle spese ogni mattina.
7. Sí, ho parlato con lui tre giorni fa.
8. Sí, ho veduto (visto) il film venerdí.

138.
1. nuotavano, prendevano
2. parlava, sono arrivato
3. hai conosciuto, era
4. Pioveva, siamo usciti
5. dormivo, è squillato
6. pranzavano, ho telefonato
7. sono arrivati, faceva
8. ballavano, cantavano
9. mi sono alzato, si è alzato
10. sono uscito, nevicava

139.
1. ho visitato, visitai
2. ho mangiato, mangiai
3. hai avuto, avesti
4. è arrivata, arrivò
5. siamo usciti, uscimmo
6. avete letto, leggeste
7. sono partiti, partirono
8. abbiamo parlato, parlammo
9. hai scritto, scrivesti
10. sono ritornato, ritornai

140.
1. avevamo parlato	6. avevano creduto
2. ero arrivato	7. avevamo deciso
3. aveva finito	8. ero uscito
4. avevate comprato	9. aveva scritto
5. eri stato	10. avevi mangiato

141.
1. avevamo veduto (visto)
2. avevo portato
3. eravamo arrivati
4. avevano comprato
5. avevi ricevuto
6. avevano studiato

142.
1. fu arrivato	4. avemmo finito
2. ebbero parlato	5. fu arrivato
3. avemmo cenato	

143.
1. avremo visitato	5. avremo parlato
2. avrai avuto	6. avranno giocato
3. saranno ritornati	7. sarà uscito
4. avrete dato	8. sarò arrivato

144.
1. saremmo usciti
2. sarei venuto
3. sarebbe arrivato
4. avreste potuto
5. avresti corso
6. sarebbero andate
7. avrei veduto (visto)
8. avremmo mangiato
9. avresti dovuto
10. sarebbe stata

145.
1. apra
2. arrivino
3. scrivano
4. cada
5. telefoni
6. seguiate
7. senta
8. descriviate

146.
1. tocchino
2. paghiate
3. cerchi
4. giochiamo
5. mangino
6. comincino
7. mangi
8. cominciamo
9. sciino
10. avvii

147.
1. che tu venga; che loro vengano; che voi veniate; che noi veniamo
2. che tu dica; che lui dica; che voi diciate; che loro dicano
3. che io faccia; che tu faccia; che lei faccia; che loro facciano
4. che io rimanga; che tu rimanga; che lui rimanga; che loro rimangano
5. che lui capisca; che noi capiamo; che voi capiate; che loro capiscano
6. che tu suoni; che lei suoni; che loro suonino;
7. che io esca; che noi usciamo; che voi usciate; che loro escano
8. che io scelga; che lui scelga; che noi scegliamo; che voi scegliate

148.
1. abbiano
2. siano
3. dia
4. sappiano
5. diate
6. siate
7. stiate

149.
1. parliate; partiate; veniate; dormiate; crediate; veniate; saliate; studiate
2. torni; esca; venga; scriva; lavori; scenda; parli; dorma
3. canti; parli; dorma; esca; parta; rida; creda; abbia ragione
4. escano; tornino; mangino; salgano; partano; cantino; studino; dormano

150.
1. Voglio che loro vengano alle nove.
2. Voglio che tu scriva una lettera.
3. Voglio che voi parliate ad alta voce.
4. Voglio che Pietro dica la verità.
5. Voglio che noi partiamo presto.
6. Voglio che lui lo sappia.
7. Ordiniamo che tu vada in biblioteca.
8. Ordiniamo che voi diciate la verità.
9. Ordiniamo che loro comprino i libri necessari.
10. Ordiniamo che Luigi rimanga a casa.
11. Ordiniamo che tu sappia la lezione.
12. Ordiniamo che voi traduciate la lettura.
13. Mi dispiace che voi siate tristi.
14. Mi dispiace che Pietro non possa venire.
15. Mi dispiace che tu scriva cosí male.
16. Mi dispiace che loro abbiano molti problemi.
17. Mi dispiace che nevichi molto.
18. Mi dispiace che voi partecipiate poco.
19. Tu insisti che io parta domani.
20. Tu insisti che i bambini dormano.
21. Tu insisti che Luisa vada a casa.
22. Tu insisti che noi studiamo.
23. Tu insisti che loro aprano le finestre.
24. Tu insisti che io sappia la lezione.

151.
1. restiate
2. parta
3. venga
4. escano
5. sappiamo
6. arriviate
7. sappiano
8. sia
9. vada
10. riportino
11. abbia
12. capiate
13. possa
14. siano
15. canti

152.
1. prepari, riceva, legga, scriva, finisca, cerchi, paghi, sappia
2. incontriate, conosciate, riceviate, troviate, sappiate, facciate, abbiate, cerchiate
3. faccia, porti, descriva, dica, sappia, ottenga, prepari, finisca
4. venga, salga, parta, esca, legga, traduca, scii, sbagli
5. preparino, portino, finiscano, cerchino, paghino, credano, dicano, mandino

153.
1. È importante che io riceva certe lettere.
2. È giusto che paghiate il conto.
3. È probabile che ritornino tardi.
4. Bisogna che riporti i libri.
5. È meglio che usciamo presto.
6. È impossibile che parta subito.
7. Non importa che tu finisca la lettura.
8. È necessario che Paolo studi molto.
9. Speriamo che voi possiate partecipare.
10. Conviene che loro facciano i bravi.
11. È possibile che Carlo sia a casa.
12. È raro che io abbia i compiti pronti.
13. È facile che piova fra non molto.
14. Sorprende che voi siate in ritardo.
15. È essenziale che la macchina funzioni.

154.
1. siano qui; arrivino presto; escano insieme; facciano i compiti
2. facciate i buoni; portiate i libri; finiate la lezione; sappiate l'indirizzo; ceniate qui; leggiate molto; abbiate pazienza; partiate presto

155.
1. Sí, credo che Paola lo sa.
2. Sí, è sicuro che io vengo presto.
3. No, non è certo che loro arrivino tardi.
4. Sí, dubito che tu lo faccia.

5. No, non credo che Carlo legga tutto.
6. No, non siamo sicuri che tu ci accompagni.

156.
1. sono
2. abbiate
3. sai
4. possa
5. vada
6. conosciamo

157.
1. leggiate; studiate; dormiate; facciate i compiti; scriviate una lettera; abbiate un mal di testa; siate malati; non ascoltiate
2. arrivino; finiscano; telefonino; chiamino; bussino; escano; salgano; dormano
3. scriva; venga; bussi; parli; telefoni; canti; arrivi; esca
4. sia stanco; abbia la febbre; non voglia; non possa

158.
1. sia
2. parta
3. faccia
4. abbia
5. possiate
6. siano
7. sia
8. vengano
9. arrivi
10. creda

159.
1. Che parli con me!
2. Che partano presto!
3. Che finisca la lettura!
4. Che portino i regali!
5. Che legga il romanzo!
6. Che scrivano molto!
7. Che scii cautamente!
8. Che sappiano la domanda!

160.
1. parla italiano; scrive bene; sa dattilografare
2. parli italiano; scriva bene; sappia dattilografare

161.
1. Cerco un segretario che sappia dattilografare.
2. Ho una camicia che va bene con il vestito.
3. Voglio comprare una cravatta che vada bene con la camicia.
4. Abbiamo bisogno di un dottore che abiti vicino.
5. Hai una macchina che è meravigliosa.
6. Cerco un lavoro che sia interessante.

162.
1. gioca
2. abbia
3. porti
4. ha
5. studiano
6. possa
7. sappiano
8. abbaia

163.
1. conosca
2. esista
3. abbiate
4. conoscano
5. sia

164.
1. chiami
2. capisca
3. vengano
4. abbia
5. piaccia

165.
1. aiuti
2. possa
3. venda
4. dia
5. piaccia

166.
1. Sono contenti di essere con noi.
2. Antonio spera di passare gli esami.
3. Tu suggerisci che lei arrivi presto?
4. Mi lasciano giocare a tennis con loro.
5. Ragazzi, suggerisco che finiate i compiti.
6. Mio padre non mi lascia fumare.

167.
1. siano arrivati(-e)
2. abbia detto
3. abbiate svelato
4. sia stato
5. abbia finito
6. abbiano veduto (visto)
7. siate usciti(-e)
8. abbia fatto
9. siamo partiti(-e)
10. abbia sofferto

168.
1. Dubito che voi abbiate capito.
2. Spero che Luigi sia arrivato presto.
3. È impossibile che tu abbia letto tanto.
4. Non crediamo che esse siano venute.
5. Ha paura che io abbia sbagliato strada.

169.
1. studiassero, dicessero la verità, partissero, tornassero, dormissero, credessero, facessero i compiti
2. sciassimo, traducessimo, uscissimo, cantassimo, venissimo, fossimo in ritardo, ripetessimo la domanda, bevessimo troppo
3. tornassi, partissi, studiassi, cenassi, finissi il lavoro, leggessi, scrivessi, dormissi
4. capisse, sapesse, scrivesse, dicesse, facesse
5. guardaste, spiegaste, vendeste, finiste, diceste, faceste

170.
1. finissi
2. andassero
3. tornaste
4. scrivessi
5. dicesse
6. stessi
7. dessi
8. giocassero
9. fossimo
10. faceste

171.
1. Insisteva che parlassimo italiano.
2. Avevano paura che tu non lo comprassi.
3. Voleva che voi partiste.
4. Preferivi che io lo sapessi.
5. Speravamo che Carlo arrivasse alle sei.
6. Hanno insistito che scrivessimo molte lettere.
7. Hanno proibito che tu uscissi di notte.
8. Suggerivano che voi dormiste molto.

172.
1. Volevano che uscissimo con loro.
2. Proibivano che io fumassi.

3. Sperava che voi finiste il lavoro.
4. Avevo paura che tu avessi ragione.
5. Insistevi che io lo facessi.
6. Preferivamo che loro venissero alle otto.
7. Desideravano che dicessimo la verità.
8. Suggerivo che voi tornaste presto.

173.
1. vincessimo
2. finissero
3. partissi
4. studiasse
5. visitaste
6. prendessi
7. arrivassero
8. tacessimo
9. credessi
10. fosse

174.
1. giocasse
2. avesse
3. venda
4. potesse
5. fosse
6. avesse
7. fosse
8. fosse

175.
1. Magari arrivassimo in tempo!
2. Se solo continuassero a studiare!
3. Fossi fortunato!
4. Telefonassero pure!
5. Se solo venissero i nostri amici!
6. Magari smettesse di piovere!

176.
1. sapesse
2. venisse
3. fosse
4. gridassero
5. fosse
6. facesse
7. piovesse
8. parlassimo

177.
1. studiassero, battessero a macchina, partissero per l'Italia, leggessero molto, fossero bravi, avessero soldi, lavorassero poco
2. potessi sciare, sapessi guidare, andassi a scuola, avessi pazienza, stessi a casa, giocassi a tennis, lavorassi, leggessi

178.
1. fossero arrivati(-e)
2. avessimo finito
3. avessi portato
4. foste partiti(-e)
5. avessi avuto
6. avessero fatto
7. aveste detto
8. fosse uscita

179.
1. hanno
2. fosse stato
3. facesse
4. partiamo
5. fossi
6. avesse veduti (visti)
7. correste
8. vieni
9. avessero scritto
10. fossi

180.
1. siate
2. sbagli
3. finisca
4. piaccia
5. fumiamo
6. facesse

7. vengono
8. partissi
9. stia
10. arrivaste
11. avesse saputo
12. avessero finito
13. potesse
14. esca
15. sentissimo
16. fossi
17. fossero venute
18. beva
19. capissimo
20. dicesse

181.
1. Sí, dorma!
   No, non dorma!
2. Sí, scriva!
   No, non scriva!
3. Sí, ritorni!
   No, non ritorni!
4. Sí, risponda!
   No, non risponda!
5. Sí, arrivi presto!
   No, non arrivi presto!
6. Sí, creda tutto!
   No, non creda tutto!
7. Sí, balli!
   No, non balli!
8. Sí, legga!
   No, non legga!
9. Sí, guardi la televisione!
   No, non guardi la televisione!
10. Sí, veda il film!
    No, non veda il film!
11. Sí, finisca subito!
    No, non finisca subito!
12. Sí, guidi la macchina!
    No, non guidi la macchina!
13. Sí, chiuda la porta!
    No, non chiuda la porta!
14. Sí, venga alle tre!
    No, non venga alle tre!
15. Sí, salga adesso!
    No, non salga adesso!
16. Sí, abbia pazienza!
    No, non abbia pazienza!
17. Sí, rimanga qui!
    No, non rimanga qui!
18. Sí, faccia il buono!
    No, non faccia il buono!
19. Sí, beva il latte!
    No, non beva il latte!
20. Sí, vada a casa!
    No, non vada a casa!
21. Sí, traduca la lettera!
    No, non traduca la lettera!
22. Sí, esca fuori!
    No, non esca fuori!
23. Sí, tragga una conclusione!
    No, non tragga una conclusione!
24. Sí, suoni il piano!
    No, non suoni il piano!
25. Sí, scelga la rivista!
    No, non scelga la rivista!

182.
1. Sí, parlino!
   No, non parlino!
2. Sí, scrivano le lettere!
   No, non scrivano le lettere!
3. Sí, leggano la rivista!
   No, non leggano la rivista!
4. Sí, chiudano la finestra!
   No, non chiudano la finestra!
5. Sí, comprino i libri!
   No, non comprino i libri!
6. Sí, guardino lo spettacolo!
   No, non guardino lo spettacolo!
7. Sí, dividano i regali!
   No, non dividano i regali!
8. Sí, partano alle otto!
   No, non partano alle otto!
9. Sí, mandino il pacco!
   No, non mandino il pacco!
10. Sí, facciano il té!
    No, non facciano il té!
11. Sí, escano alle due!
    No, non escano alle due!
12. Sí, traducano il poema!
    No, non traducano il poema!
13. Sí, salgano le scale!
    No, non salgano le scale!
14. Sí, vadano dai nonni!
    No, non vadano dai nonni!
15. Sí, vengano in macchina!
    No, non vengano in macchina!
16. Sí, diano il benvenuto!
    No, non diano il benvenuto!
17. Sí, rimangano a scuola!
    No, non rimangano a scuola!
18. Sí, dicano la verità.
    No, non dicano la verità!
19. Sí, traggano una conclusione!
    No, non traggano una conclusione!
20. Sí, scelgano la cravatta!
    No, non scelgano la cravatta!

183.
1. Sí, canta!
2. Sí, torna!
3. Sí, scia!
4. Sí, cerca!
5. Sí, mangia!
6. Sí, scrivi!
7. Sí, temi!
8. Sí, dormi!
9. Sí, senti!
10. Sí, sali!

184.
1. Sí, cantate!
2. Sí, mangiate!
3. Sí, tornate!
4. Sí, sciate!
5. Sí, pensate!
6. Sí, temete!
7. Sí, scrivete!
8. Sí, dormite!
9. Sí, sentite!
10. Sí, salite!

185.
1. Da' i saluti!
2. Sta' attento!
3. Di' la verità!
4. Sappi la risposta!
5. Sii in tempo!
6. Fa' i compiti!
7. Abbi pronta la lezione!

186.
1. Fate bene il lavoro!
2. Dite tutto!
3. Sappiate i dettagli!
4. Date il benvenuto!
5. State a casa!
6. Abbiate pazienza!
7. Andate a studiare!

187.
1. Sí, parla ad alta voce!
   No, non parlare ad alta voce!
2. Sí, fa' (fai) il caffé!
   No, non fare il caffé!
3. Sí, rispondi al telefono!
   No, non rispondere al telefono!
4. Sí, dormi fino a tardi!
   No, non dormire fino a tardi!
5. Sí, sii in ritardo!
   No, non essere in ritardo!
6. Sí, vieni da solo!
   No, non venire da solo!
7. Sí, abbi vergogna!
   No, non avere vergogna!
8. Sí, di' la verità!
   No, non dire la verità!
9. Sí, sta' (stai) a casa!
   No, non stare a casa!
10. Sí, scrivi una lettera!
    No, non scrivere una lettera!

188.
1. Sí, tornate tardi!
   No, non tornate tardi!
2. Sí, cenate insieme!
   No, non cenate insieme!
3. Sí, date i libri a Mario!
   No, non date i libri a Mario!
4. Sí, state a casa!
   No, non state a casa!
5. Sí, credete tutto!
   No, non credete tutto!
6. Sí, siate cattivi!
   No, non siate cattivi!
7. Sí, abbiate pazienza!
   No, non abbiate pazienza!
8. Sí, vedete il film!
   No, non vedete il film!
9. Sí, dormite molto!
   No, non dormite molto!
10. Sí, dite tutto!
    No, non dite tutto!
11. Sí, venite insieme!
    No, non venite insieme!
12. Sí, uscite alle nove!
    No, non uscite alle nove!
13. Sí, sciate spesso!
    No, non sciate spesso!

14. Sí, lasciate il posto!
No, non lasciate il posto!
15. Sí, scrivete agli amici!
No, non scrivete agli amici!
16. Sí, finite gli esami!
No, non finite gli esami!

189.
1. Canti bene!
2. Venga qui!
3. Sia buono!
4. Scriva la lettera!
5. Lavorino di piú!
6. Credano tutto!
7. Mangi di meno!
8. Cerchino i bambini!
9. Restituisca i libri!
10. Rimangano qui!
11. Scii bene!
12. Parlino poco!
13. Dorma in albergo!
14. Stiano a casa!
15. Abbia pazienza!
16. Cominci la lettura!
17. Vengano da noi!
18. Faccia il caffé!
19. Dicano la verità!
20. Tagli il filo!

190.
1. Non venga qui!
2. Non venire qui!
3. Non venite qui!
4. Non vengano qui!
5. Non parlare molto!
6. Non parli molto!
7. Non parlate molto!
8. Non parlino molto!
9. Non essere buono!
10. Non abbia pazienza!
11. Non credere tutto!
12. Non dite la verità!
13. Non dormano poco!
14. Non stare fermo!
15. Non escano fuori!
16. Non finisca la lettura!
17. Non sciare molto!
18. Non scrivere l'indirizzo!
19. Non fare il té!
20. Non faccia il caffé!

191.
1. Grida!
2. Tagliate il foglio!
3. Sii stupido!
4. Vengano tardi!
5. Dica tutto!
6. Abbi pazienza!
7. Telefonate a Carlo!
8. Faccia lo spiritoso!
9. Stiano fermi!
10. Da' (dai) la rivista!

192.
1. Ceniamo in quel ristorante!
2. Non balliamo molto!
3. Telefoniamo a Stefano!
4. Diciamo la verità!
5. Non usciamo tardi!
6. Prepariamo la valigia!
7. Non siamo tristi!
8. Abbiamo pazienza!
9. Facciamo i compiti!
10. Non andiamo al cinema!

193.
1. parlando, scrivendo, gridando, salendo, scendendo
2. mangiando, ascoltando, discutendo, sentendo, venendo
3. contando, piangendo, servendo il té, leggendo, cantando

194.
1. Tu stai suonando e Pietro sta cantando.
2. Io sto dormendo e voi state studiando.
3. Loro stanno parlando e noi stiamo guardando la televisione.
4. Loro stanno arrivando e noi stiamo partendo.
5. Voi state uscendo e loro stanno entrando.
6. Noi stiamo leggendo e tu stai ascoltando la radio.
7. Io sto scrivendo e Anna sta lavorando.

195.
1. Io stavo giocando a carte.
2. Voi stavate tornando dal centro.
3. Tu stavi leggendo alcune riviste.
4. Loro stavano salendo rapidamente.
5. Olga stava studiando la lettura.
6. Io stavo girando l'Europa.
7. Voi stavate mangiando in fretta.
8. Noi stavamo vedendo un film.

196.
1. si alzano		6. si laurea
2. vi mettete		7. ti siedi
3. si addormentano		8. si lamenta
4. mi chiamo		9. si sbarba
5. ci vestiamo		10. s'innamora

197.
1. mi		8. ci
2. ci		9. si
3. vi		10. ti
4. si		11. si
5. si		12. vi
6. ti		13. mi
7. si		14. si

198.
1. Io mi sono seduto vicino alla porta.
2. Luigi si è sbarbato con difficoltà.
3. I ragazzi si sono alzati alle sette.
4. Voi vi siete arrabbiati facilmente.
5. Ragazze, a che ora vi siete svegliate?

6. Signori, a che ora si sono alzati Loro?
7. Maria, tu ti sei laureata in maggio?
8. Paolo e io ci siamo messi la cravatta.
9. Gina si è sentita bene.
10. Teresa e Paola si sono ricordate tutto.
11. Le studentesse si sono preparate per gli esami.
12. Io mi sono lavata le mani.

199.
1. ci salutiamo
2. si sposano
3. si rispettano
4. si scrivono
5. si aiutano
6. vi salutate
7. ci vediamo
8. si visitano
9. si vogliono
10. s'incontrano

200.
1. (none)
2. si
3. (none)
4. vi
5. (none)
6. ti
7. (none)
8. ci
9. (none)
10. si
11. (none)
12. Mi
13. (none)
14. si
15. (none)
16. (none)
17. Si
18. Mi

201.
1. Gli ho parlato prima di uscire.
   Gli ho parlato prima di studiare.
   Gli ho parlato prima di finire.
   Gli ho parlato prima di mangiare.
   Gli ho parlato prima di giocare.
   Gli ho parlato prima di ballare.
   Gli ho parlato prima di cantare.
   Gli ho parlato prima di lavorare.
2. Sono entrati senza dire niente.
   Sono entrati senza parlare.
   Sono entrati senza salutare.
   Sono entrati senza sorridere.
   Sono entrati senza dare il buongiorno.

202.
1. aver visto (veduto)
2. aver telefonato
3. aver detto
4. aver visitato
5. essere arrivato

203.
1. No, lavorare troppo non è buono.
2. No, mangiare molto non è buono.
3. No, parlare sempre non è buono.
4. No, viaggiare ogni giorno non è buono.
5. No, studiare continuamente non è buono.
6. No, ballare senza sosta non è buono.
7. No, giocare senza riposare non è buono.
8. No, dormire assai non è buono.
9. No, correre troppo non è buono.
10. No, spendere troppo denaro non è buono.

204.
1. Vietato entrare!
2. Vietato tirare!
3. Vietato spingere!
4. Vietato fumare!
5. Vietato girare a destra!
6. Vietato uscire!

205.
1. Vietato fumare!
2. Vietato girare a sinistra!
3. Tenere la destra!
4. Tirare!
5. Spingere!
6. Tenersi a distanza!
7. Tenere la sinistra!
8. Vietato parlare!
9. Vietato girare a destra!
10. Sosta vietata! (Vietato sostare!)

206.
1. Sí, ho lasciato giocare i ragazzi.
2. Sí, ho visto studiare le studentesse.
3. Sí, ho sentito cantare il tenore.
4. Sí, ho lasciato parlare il ragazzo.
5. Sí, ho visto ballare gli studenti.
6. Sí, ho sentito leggere la ragazza.
7. Sí, ho lasciato lavorare il giovane.
8. Sí, ho visto scrivere Luigi.
9. Sí, ho sentito gridare suo padre.
10. Sí, ho lasciato discutere i signori.

207.
1. Ho fatto cantare il ragazzo.
2. Ho fatto cantare la canzone al ragazzo.
3. L'ho fatta cantare al ragazzo.
4. Gli ho fatto cantare la canzone.
5. Gliel'ho fatta cantare.
6. Ho fatto cantare la canzone ai ragazzi.
7. L'ho fatta cantare ai ragazzi.
8. Ho fatto cantare loro la canzone.
9. L'ho fatta cantare loro.

208.
1. Luisa lo fa fare.
2. Noi la facciamo entrare.
3. Il maestro le fa recitare.
4. Tu lo fai mandare.
5. Io me la son fatta costruire.
6. Io gliel'ho fatta tradurre.

209.
1. Un terremoto ha distrutto quel paese.
2. Olga ha composto queste poesie.
3. Noi abbiamo costruito quella casa.
4. Gli studenti hanno fatto gli scaffali.
5. Mia zia ha inviato la lettera.
6. Giovanni ha portato il pacco.
7. Sciascia ha scritto quel romanzo.
8. I professori hanno raccomandato Gina e Maria.
9. Il cuoco ha preparato il pranzo.
10. I giornali hanno divulgato la notizia.

210.
1. si vede
2. si aprono
3. Si parla
4. si dice
5. si vendono
6. si trova
7. si parla
8. Si spende

211.
1. canta
2. pulite
3. parli
4. bevano

5. abbi
6. siate
7. traduca
8. vieni
9. uscire

10. chiudano
11. va'
12. dica
13. sii
14. faccia

212.
1. sta parlando
2. stavano cantando
3. sta arrivando
4. stanno scrivendo
5. stai facendo; sto leggendo
6. stavate facendo

213.
1. si sono seduti
2. ci siamo divertiti
3. si è addormentata
4. vi siete alzate

5. si è preparata
6. ci siamo scritti
7. si sono sposati
8. si è laureato

214.
1. Viaggiare è interessante.
2. Tenere la destra!
3. Vietato fumare!
4. Vietato sostare! (Sosta vietata!)
5. Tirare!
6. Abbiamo visto (veduto) giocare i bambini.
7. L'ho fatto arrivare a tempo.
8. Le abbiamo fatto suonare il piano.
9. Il mio paese è stato distrutto (fu distrutto) da un terremoto.
10. Qui si parla inglese.

Chapter 6

1.
1. Non vogliamo andare al teatro.
2. Io non conosco quei ragazzi.
3. Luisa non vuole venire adesso.
4. Non andavate alla spiaggia ogni estate.
5. Non si sveglieranno alle quattro.
6. Gli amici non portano i regali.
7. Tu non mangi troppo.
8. Non lo hanno dimenticato.
9. Non ho visto Roberto ieri sera.
10. I miei amici non mi visitano.

2.
1. Non c'è niente sulla tavola.
2. Nessuno ti ha telefonato.
   (Non ti ha telefonato nessuno.)
3. Non vedo nessuno nella stanza.
4. Mai andiamo alla spiaggia.
   (Non andiamo mai alla spiaggia.)
5. Lei non ha né inchiostro né carta?
6. Luigi mai dice la stessa cosa.
   (Luigi non dice mai la stessa cosa.)
7. Non c'è nessuno in cucina.
8. Non vuole niente?
9. Carlo non parla mai con nessuno di niente.
10. Mai leggo nessun giornale italiano.
    (Non leggo mai nessun giornale italiano.)

3.
1. Non siamo mai andati a sciare.
   (Mai siamo andati a sciare.)
   (Non siamo andati mai a sciare.)
2. Non ha chiamato affatto.
   (Non ha affatto chiamato.)
3. Non sono ancora arrivati.
   (Ancora non sono arrivati.)
4. Tu non sei neanche entrato.
   (Neanche tu sei entrato.)
   (Tu non sei entrato neanche.)
5. Non hanno visto nessuno spettacolo.
6. Il cane non è mai tornato.
   (Il cane non è tornato mai.)
7. Non abbiamo visto nessuno.
8. Non si sono ancora svegliati.
   (Ancora non si sono svegliati.)
   (Non si sono svegliati ancora.)
9. Mai ho visto quel film.
   (Non ho mai visto quel film.)
   (Non ho visto mai quel film.)
10. Non abbiamo affatto cantato.
    (Non abbiamo cantato affatto.)
11. Non ha scritto che poesie.

4.
1. Non mi ha visitato nessuno ieri sera.
2. Non ho detto niente.
3. I miei amici non sono ancora arrivati.
   (I miei amici non sono arrivati ancora.)
4. Non ho letto che due libri.
5. Ieri sera non ho fatto niente.
6. Non ho comprato né dischi né riviste.
7. Non l'ho visto piú.
   (Non l'ho piú visto.)
8. Non sono mai andato(-a) in Italia.
   (Non sono andato[-a] mai in Italia.)
9. Quando è arrivato non ha detto neanche buon giorno.
   (Quando è arrivato non ha neanche detto buon giorno.)
10. Non ha mica cantato.

5.
1. Neanche lui è ricco.
2. Nemmeno le sue cugine hanno molto denaro.
3. Maria non lo sa e neppure io lo so.
4. Nemmeno Giovanni viene.
5. Neanche lui lo ha fatto.

6.
1. Marco non vuole andare a sciare.
2. Non siamo mai andati in montagna.
   (Mai siamo andati in montagna.)
   (Non siamo andati mai in montagna.)
3. Non ho né libri né penne.
4. Loro non ci dicono niente.
5. Neanche voi andate in Italia.
6. Nessuno mi ha telefonato.
7. Tu non leggi nessuna rivista moderna.
8. Voi non giocate mai.
   (Voi mai giocate.)

7. 1. Non abbiamo mai giocato a tennis.
        (Mai abbiamo giocato a tennis.)
        (Non abbiamo giocato mai a tennis.)
     2. Non hanno lavorato affatto.
        (Non hanno affatto lavorato.)
     3. Non hai visitato nessuno.
     4. Non avete ancora finito.
        (Non avete finito ancora.)
     5. Non ho fatto nessuna telefonata.
     6. Non ha neanche salutato.
        (Non ha salutato neanche.)

Chapter 7

1. 1. È arrivato alle cinque Luigi?
        (Luigi è arrivato alle cinque?)
     2. Ci sediamo qui noi?
        (Noi ci sediamo qui?)
     3. Hai paura tu?
        (Tu hai paura?)
     4. Portano il vino Loro?
        (Loro portano il vino?)
     5. Siete andati al teatro voi?
        (Voi siete andati al teatro?)
     6. Ha giocato a carte Lei?
        (Lei ha giocato a carte?)
     7. Ballano molto i giovani?
        (I giovani ballano molto?)
     8. Ha tradotto quel libro lui?
        (Lui ha tradotto quel libro?)

2. 1. I ragazzi vanno a casa.
     2. Le studentesse sono tornate.
     3. Tu hai perduto (perso) la partita.
     4. Voi vi siete alzati presto.
     5. Loro escono alle sei.
     6. Noi abbiamo ballato molto.

3. 1. Nostro fratello tornerà domani, vero?
     2. Quel vestito non costa molto, no?
     3. Ci siamo incontrati per caso, vero?
     4. Mi riporterete il mio dizionario, non è vero?
     5. Sei stato malato fino a ieri, no?
     6. Andremo in Italia insieme, non è vero?

4. 1. Quanto   6. Quanto
     2. Quando   7. Quanto
     3. Dove   8. Perché
     4. Quando;   9. Quando
        A che ora   10. Come
     5. Come

5. 1. Chi   3. che
     2. Che   4. chi

6. 1. Chi
     2. Che (Cosa) (Che cosa)

     3. Che (Cosa) (Che cosa)
     4. A chi
     5. Da chi
     6. Che (Cosa) (Che cosa)
     7. Di che (Di cosa) (Di che cosa)
     8. Per chi
     9. Di che (Di cosa) (Di che cosa)
    10. Con chi

7. 1. quale   4. Qual
     2. Quali   5. Quali
     3. Quale

8. 1. Quali   3. Quale
     2. Quali   4. quale

9. 1. Quanti   3. Quante
     2. Quante   4. Quanto

10. 1. Compra Marco molti libri?
         (Compra molti libri Marco?)
         (Marco compra molti libri?)
         (Marco compra molti libri, non è vero?)
      2. È tuo fratello il padrone di quella casa?
         (Tuo fratello è il padrone di quella casa?)
         (Tuo fratello è il padrone di quella casa, vero?)
      3. Arrivano sempre in ritardo i ragazzi?
         (Arrivano i ragazzi sempre in ritardo?)
         (I ragazzi arrivano sempre in ritardo?)
         (I ragazzi arrivano sempre in ritardo, non è vero?)
      4. Va Teresa al cinema stasera?
         (Va al cinema stasera Teresa?)
         (Teresa va al cinema stasera?)
         (Teresa va al cinema stasera, no?)
      5. Andate voi a scuola in macchina?
         (Voi andate a scuola in macchina?)
         (Voi andate a scuola in macchina, non è vero?)
      6. Costa cinque dollari il biglietto?
         (Il biglietto costa cinque dollari?)
         (Il biglietto costa cinque dollari, vero?)

11. 1. Quando   4. Come
      2. Chi   5. Perché
      3. Quanto

Chapter 8

1. 1. Lui   4. Loro (Essi)
     2. Loro   5. Loro (Esse)
     3. Lei   6. Loro (Esse)

2. 1. lei   4. loro
     2. loro (esse)   5. noi
     3. lui   6. voi

3.
1. Noi cantiamo, ma lei studia.
2. Neanche loro vogliono mangiare.
3. Chi vuole giocare? Io!
4. Anche loro vanno in Italia.

4.
1.	lo	7.	li
2.	li	8.	le
3.	la	9.	la
4.	le	10.	lo
5.	l'	11.	li
6.	l'	12.	le

5.
1. Mario *le* recita.
2. Noi *la* visitiamo.
3. Teresa *li* sfoglia.
4. Il cameriere *lo* serve.
5. Arturo *le* porta.
6. Tu *la* chiami.
7. Stefano *li* saluta.
8. Tu *lo* mandi.
9. Voi *le* aspettate.
10. Loro *la* leggono.
11. Io *li* compro.
12. Noi *l'*invitiamo. (lo invitiamo)

6.
1.	La	4.	L'
2.	Le	5.	L'
3.	Li	6.	L'

7.
1. Signori, Li aiuto.
2. Signore, Le chiamiamo.
3. Signora, La chiamiamo.
4. Signorina, L'aspettiamo.
5. Dottore, L'aiutiamo.
6. Signor Pirri e signora Torre, Li aspettiamo.
7. Dottoressa Merini, La chiamo domani?
8. Professor Carli, La chiamo stasera?

8.
1. Sí, lo sono.
2. No, non lo credo.
3. Sí, lo dubitiamo.
4. No, non lo dubito.
5. Sí, lo crediamo.

9.
1.	lo	4.	lo
2.	lo	5.	lo
3.	lo	6.	lo

10.
1. Sí, i ragazzi mi chiamano.
2. No, Carlo non ci vede.
3. Sí, Mario e Teresa ci (vi) sentono.
4. No, quei signori non mi parlano.
5. Sí, Olga ci telefona.
6. No, Arturo non mi vede.
7. Sí, gli amici ci (vi) salutano.
8. No, non mi dicono tutto.
9. Sí, Stefano ci risponde.
10. No, quelle signorine non ci (vi) parlano.

11.
1. Carlo *ci* parla.
2. Maria *vi* vede.
3. Lui *c'*insegna la lezione.
4. Io *vi* saluto.
5. Loro *ci* guardano.
6. Lei *vi* risponde.

12.
1. Luisa saluta me.
2. I miei amici cercano noi.
3. Noi vogliamo vedere te.
4. Lui chiama voi.
5. Io saluto Lei.
6. Tu saluti lei.
7. Loro cercano lui.
8. Noi invitiamo loro.
9. Voi chiamate loro.
10. Io saluto Loro.

13.
1.	gli	5.	Loro
2.	le	6.	loro
3.	loro	7.	Le
4.	Le	8.	Gli

14.
1. *Le* mando un regalo.
2. *Gli* scriviamo molte lettere.
3. Do *loro* l'indirizzo.
4. *Le* telefono.
5. Inviamo *loro* un telegramma.
6. *Gli* rispondo.
7. *Le* scrivo.
8. Diamo *loro* il benvenuto.

15.
1.	loro	6.	l'
2.	le	7.	le
3.	li	8.	Gli
4.	lo	9.	loro
5.	li	10.	le

16.
1.	Le	5.	Le
2.	Loro	6.	Loro
3.	Loro	7.	Le
4.	Le	8.	Le

17.
1. Sí, scrivo *Loro*.
2. Sí, *Le* parlo.
3. Sí, do *Loro* la ricetta.
4. Sí, mando *Loro* la lettera.
5. Sí, *Le* do un bel voto.
6. Sí, mando *Loro* l'assegno.
7. Sí, *Le* scrivo presto.
8. Sí, *Le* restituisco i libri.

18.
1. Noi *ci* andiamo.
2. Pietro *ci* va.
3. Luisa *ci* sale.
4. Io *ci* resto.
5. Loro *ci* vanno.
6. Maria *ci* vive.

19. 1. Sí, *ci* andiamo.
2. Sí, *ci* vado.
3. Sí, *ci* resto.
4. Sí, *ci* vado.
5. Sí, *ci* vado.
6. Sí, *ci* ritorno.

20. 1. *Ci* credo.
2. Non *ci* vede.
3. *Ci* vogliamo riflęttere.
(Vogliamo riflętter*ci*.)
4. Non *ci* sęntono.
5. Non *ci* credo.

21. 1. Ci credi?
2. Ci vuǫle troppo tempo.
3. Non ci pǫssono vedere.
4. Ti assicuro che non ho niente a che farci.
5. Che ci pensi?
6. È necessario riflętterci.
7. Ci mettiamo dieci minuti per arrivare a casa.
8. Ci puǫi vedere?

22. 1. *Ne* parliamo.
2. *Ne* vęngono.
3. *Ne* comprano tre.
4. *Ne* abbiamo voglia.
5. *Ne* ha molte.
6. *Ne* è contento.
7. *Ne* mangia.
8. *Ne* compra una dozzina.
9. Non *ne* ho voglia.
10. *Ne* hai due.
11. *Ne* abbiamo bisogno.

23. 1. *Ne* ritorniamo.
2. *Ne* do a Gino.
3. *Gli* offriamo il biglietto.
4. *Le* telęfono.
5. Invia *loro* il pacco.
6. Tu *ci* vai.
7. *Ci* ręstano.
8. *Ne* ricęvono pochi.
9. *Le* parliamo.

24. 1. Marịa ce la manda.
2. Giovanni ve le dà.
3. Lui te li dice.
4. Loro me le insęgnano.
5. Tu ce lo porti.
6. Antǫnio ve la presta.
7. Io te lo do.

25. 1. me lo   5. te la
2. ce lo   6. me le
3. ce le   7. ce li
4. ve li   8. me la

26. 1. Glięla   5. Glięli
2. Glięli   6. Glięlo
3. Glięle   7. Glięlo
4. Glięlo   8. Glięle

27. 1. Noi li mandiamo loro.
2. Io li regalo Loro.
3. Tu li dai loro.
4. Il pręside lo dà loro.
5. Tuo zịo li porta loro.
6. La diamo loro.
7. Io la compro loro.
8. Le restituịamo Loro.

28. 1. Luigi me lo dà.
2. Maria la manda loro.
3. Il maęstro glięle insegna.
4. Glięla presto.
5. Luịsa ce li presta.
6. Antǫnio ve la regala.
7. Lo do Loro.
8. Te li invịano.
9. Li compriamo loro.
10. Glieli mando.
11. Gliela pręstano.
12. Il mio amico me le manda.
13. Io te ne do.
14. Loro le cǫmprano loro.
15. Voi ce le date.

29. 1. Roberto le porterà.
2. Rosa ce la mandò.
3. Gliel'ho dato.
4. Rispondiamo loro.
5. Loro me lo spiegarono.
6. Stęfano ce li dà.
7. Glielo darò.
8. Me l'hai portata.
9. Noi ti ascoltiamo (t'ascoltiamo).
10. Gliene hai portati due?

30. 1. Me lo pǫssono dare.
2. Te li voglio comprare.
3. Ce li preferịscono insegnare.
4. Ve le desideriamo regalare.
5. Glięla volevo dare.
6. Me lo volęvano vęndere.

31. 1. Luịsa può aiutarmi.
2. Roberto deve parlarti.
3. Io voglio vęndervela.
4. Loro pǫssono regalạrceli.
5. Tu puoi mostrạrgliele.
6. Noi desideriamo dạrtene.

32. 1. Glieli voglio regalare.
Voglio regalạrglieli.

2. Ve la vogliamo mostrare.
Vogliamo mostrarvela.

3. Te lo posso portare.
Posso portartelo.

4. Glicle preferisco inviare.
Preferisco inviargliele.

5. Maria me la vuole regalare.
Maria vuole regalarmela.

6. Ce la voleva cantare.
Voleva cantarcela.

33.
1. Roberto ci stava parlando.
2. Lui le sta portando.
3. Voi lo stavate leggendo.
4. Tu la stai preparando.
5. Noi ti stavamo scrivendo.
6. Loro gli stanno telefonando.

34.
1. Sta invitandomi.
2. Stavano scrivendovi.
3. Stanno mandandocela.
4. Stavano leggendoglielo.
5. Stanno offrendotele.

35.
1. Antonio sta comprandoli.
Antonio li sta comprando.
2. Io sto scrivendola.
Io la sto scrivendo.
3. Loro stanno preparandolo.
Loro lo stanno preparando.
4. Noi stiamo portandole.
Noi le stiamo portando.
5. Tu stai leggendola.
Tu la stai leggendo.
6. Voi state riportandoli.
Voi li state riportando.
7. Luisa sta prendendolo.
Luisa lo sta prendendo.
8. Io sto lavandole.
Io le sto lavando.
9. Pietro sta salutandolo.
Pietro lo sta salutando.
10. Il sarto sta cucendoli.
Il sarto li sta cucendo.

36.
1. Non me lo dare!
2. Non le fate!
3. Non la portate!
4. Non ce li prestare!
5. Non glielo mostrare!
6. Non gliele comprare!
7. Non me la mandate!
8. Non ce lo dire!
9. Non me la dire!
10. Non gliele dite!

37.
1. Mandamela!   3. Prestamelo!
2. Scrivetegliele!   4. Diteceli!

5. Compratemela!   8. Insegnacele!
6. Faccelo!   9. Vendetemelo!
7. Portamele!   10. Mostrategliela!

38.
1. Non me lo dia!
2. Non ce le diano!
3. Non me la portino!
4. Non ce li scriva!
5. Non glielo presti!
6. Non glielo mostrino!
7. Non lo faccia!
8. Non le facciano!

39.
1. Me li prestino!   5. Gliele insegnino!
2. Gliela mostri!   6. Me la scriva!
3. Me le diano!   7. Glielo mandino!
4. Ce lo dica!   8. Ce li legga!

40.
1. Compriamola!   4. Diciamole!
2. Alziamoci!   5. Sediamoci!
3. Facciamolo!   6. Mandiamoli!

41.
1. Sí, sediamoci!
No, non ci sediamo!
2. Sí, vestiamoci!
No, non ci vestiamo!
3. Sí, mettiamoci il cappello!
No, non ci mettiamo il cappello!
4. Sí, prepariamoci!
No, non ci prepariamo!
5. Sí, laviamoci le mani!
No, non ci laviamo le mani!
6. Sí, alziamoci!
No, non ci alziamo!

42.
1. mi, -c   7. le, -e
2. mi, -ono   8. ci, -ano
3. ti, -e   9. ci, -a
4. ti, -ono   10. vi, -e
5. gli, -a   11. vi, -ono
6. gli, -anno   12. Le, -a

43.
1. Sí, ci piace ballare.
2. Sí, mi occorre la macchina.
3. Sí, ci occorrono quei libri.
4. Sí, a Maria le fa male il ginocchio.
5. Sí, vi bastano questi soldi.
6. Sí, a Sandro gli duole la spalla.
7. Sí, quei ragazzi ci sembrano tristi.
8. Sí, questo vestito mi pare nuovo.
9. Sí, ci fanno male i denti.
10. Sí, mi occorre qualcosa.

44.
1. Ci piace la musica.
2. Gli piacciono le lingue.
3. Piace loro il progetto.
4. Ti piacciono i programmi.
5. Le piace l'arte moderna.

6. Piacciono Loro i concerti.
7. Ci piace l'opera.
8. Mi piace viaggiare.

45.
1. mi
2. ci
3. ti
4. vi
5. si
6. si
7. ti
8. si
9. mi
10. si

46.
1. lui
2. loro
3. lei
4. me
5. te
6. voi
7. lui
8. noi
9. lei
10. Loro

47.
1. me
2. lui
3. loro
4. noi
5. voi
6. lei
7. lui
8. loro

48.
1. nessun
2. ogni
3. qualche
4. qualsiasi
5. nessun
6. Ogni
7. Alcuni
8. Alcune

49.
1. Questa è la mia.
2. La tua è piú veloce.
3. Abbiamo comprato i nostri.
4. Hanno ricevuto il loro.
5. Questi sono i miei.
6. Le nostre vivono presso di te.
7. Sto preparando la mia.
8. Dammi il tuo!
9. I miei vivono in Italia.
10. Hai portato i tuoi e i suoi.
11. Il nostro aspetta qui vicino.
12. La vostra è molto grande.
13. Ci piacciono il Suo e i Suoi.
14. Le mie arrivano domani.
15. Non voglio né la tua né la sua.

50.
1. quelli
2. questa
3. quello
4. queste
5. questi

51.
1. che
2. che
3. che
4. che
5. che
6. che
7. che
8. che

52.
1. su cui
2. di cui
3. per cui
4. a cui (cui)
5. con cui
6. da cui
7. in cui

53.
1. Coloro che arrivano sono i miei amici.
2. Colui che parla è mio zio.

3. Chi arriva e chi parte.
4. Coloro che ascoltano sono i miei studenti.
5. Colui che si siede è Antonio e colui che si alza è Marco.
6. Colei che canta è la mia amica.

54.
1. Ciò che (Quel che) dice è la verità.
2. Ciò che vogliamo è piú tempo.
3. Ciò che leggi è un ottimo romanzo.
4. Ciò che desidera comprare è un'automobile.
5. Ciò che mi fa paura è l'ignoranza.
6. Ciò che vogliono fare è un lungo viaggio.
7. Ciò che suggerite è un'ottima idea.
8. Ciò che vorrei avere è un po' di pace.

55.
1. le cui
2. il cui
3. la cui
4. i cui

56.
1. Eccoveli!
2. Eccolo!
3. Eccole Loro!
4. Eccotene!
5. Eccomi!
6. Eccole!
7. Eccoli!
8. EccoGliela!
9. Eccoci!
10. Eccone!

57.
1. Loro studiano ogni giorno.
2. Tu le leggi.
3. Le diamo il regalo.
4. Loro ci scrivono.
5. Ci saliamo.
6. Ne comprate.
7. Ne ha due.
8. Ti piacciono gli sport.

58.
1. che
2. di cui
3. Chi (Colui che)
4. Ciò che (Quel che)
5. eccomi
6. niente

59.
1. ci
2. Ne
3. io
4. te
5. Gli
6. Lei
7. Ci
8. mi
9. vi
10. me

Chapter 9

1.
1. in
2. a, in
3. a
4. a
5. a
6. in, negli
7. in
8. a, in, a
9. in
10. a

2.
1. I turisti sono in Sicilia.
2. Io vado a scuola a piedi.

3. 3. La ragazza abita a Firenze.
    4. Le studentesse studiano in biblioteca.
    5. Andate voi in Spagna ogni anno?
    6. Mio padre abita a Milano.
    7. Giovanna va in città in bicicletta.
    8. Gl'invitati sono in salotto.
    9. La zia di Laura è in chiesa.
    10. I giovani vogliono andare nel Messico.

3. | 1. D' | 11. di |
    |---|---|
    | 2. della | 12. di |
    | 3. Da | 13. da |
    | 4. dal | 14. da |
    | 5. dei, dal | 15. da |
    | 6. Da | 16. da |
    | 7. Da | 17. da |
    | 8. d' | 18. dai |
    | 9. di | 19. da |
    | 10. di | 20. da |

4. 1. Abbiamo molto da mangiare.
    2. Hanno poco da vendere.
    3. Non ho niente da fare.
    4. Hai qualcosa da bere?
    5. Non avete nulla da discutere?
    6. Avete troppo da leggere.

5. | 1. (none) | 11. (none) |
    |---|---|
    | 2. di | 12. di |
    | 3. a | 13. (none) |
    | 4. (none) | 14. (none) |
    | 5. di | 15. a |
    | 6. (none) | 16. a |
    | 7. a | 17. (none) |
    | 8. a | 18. di |
    | 9. di | 19. a |
    | 10. di | 20. a |

6. | 1. in | 14. da |
    |---|---|
    | 2. in | 15. da |
    | 3. in | 16. da |
    | 4. a | 17. da |
    | 5. a, da | 18. da |
    | 6. a, di | 19. da |
    | 7. in, di | 20. da |
    | 8. della | 21. di |
    | 9. in, in, da | 22. da |
    | 10. di | 23. da |
    | 11. di | 24. da |
    | 12. di, di | 25. da |
    | 13. della | |

7. 1. Franco è degli Stati Uniti.
    2. Siamo andati in città da noi.
    3. Abbiamo molto da fare oggi.
    4. Mi occorre un nuovo spazzolino da denti.
    5. Lei ha una casa da vendere.
    6. C'è qualcosa da mangiare?

7. Da bambino (bambina) mi piaceva andare in montagna.
8. Non c'è un momento da perdere.
9. Da giovane, ero molto bello.
10. In autunno, andavamo in campagna in treno.

8. | 1. a | 9. di |
    |---|---|
    | 2. a | 10. a |
    | 3. (none) | 11. (none) |
    | 4. a | 12. di |
    | 5. di | 13. di |
    | 6. a | 14. a |
    | 7. (none) | 15. (none) |
    | 8. di | |

Chapter 10

1. | 1. hanno | 5. avete |
    |---|---|
    | 2. abbiamo | 6. hai |
    | 3. ha | 7. hanno |
    | 4. ha | 8. ho |

2. 1. Ho fame.
    2. Hai sonno?
    3. Luisa ha freddo.
    4. Abbiamo sete.
    5. I bambini hanno voglia di uscire.
    6. Avete fame.
    7. Ho vergogna di parlare.
    8. Ha mal di testa.
    9. Ho mal di denti.
    10. Hai mal di gola?

3. 1. Non hanno voluto farlo.
    2. L'abbiamo saputo alcune ore fa.
    3. È voluta venire presto.
    4. Sa suonare la chitarra.
    5. Non saprei ripeterlo.
    6. Hanno potuto convincermi.
    7. Avrebbero potuto leggerlo.
    8. Avreste dovuto studiare di più.
    9. Dovrebbe telefonare.
    10. Doveva partire con noi.
    11. Le dobbiamo dieci dollari.
    12. Hanno dovuto finire gli esami.
    13. Avrei potuto aiutarli.
    14. Deve riportare i libri in biblioteca.
    15. Devono essere malati. (Saranno malati.)

4. | 1. Fa | 3. Fa |
    |---|---|
    | 2. fa | 4. Fa |

5. | 1. giocate | 5. gioca |
    |---|---|
    | 2. suoni | 6. giocare |
    | 3. giocano | 7. suona |
    | 4. suonare | 8. giocano |

6.
1. a
2. dell'
3. ai
4. di, dei
5. a
6. alla, alle

5. devo
6. giocare, suonare
7. fare una domanda
8. fare presto

7.
1. servirà
2. si servono
3. servirti di
4. serve
5. si serve da

8.
1. sono tornati(-e) (sono ritornati(-e))
2. riporti
3. restituita
4. torneranno (ritorneranno)
5. restituisco

9.
1. hanno fame
2. ha ragione
3. Ho sete
4. ha freddo

10.
1. Oggi non possono andare a scuola perché hanno mal di gola.
2. Ho molta fame; vorrei comprare un panino.
3. Giorgio, ti devo la mia gratitudine.
4. Avremmo dovuto visitare i nostri nonni la settimana scorsa.
5. Hanno potuto spedire il pacco due ore fa.
6. Mario non ha voluto comprare i biglietti per la partita.
7. Io dovevo giocare a carte con lui.
8. Vorremmo fare una passeggiata stasera.
9. Maria suona il piano e la chitarra.
10. Adesso che sono lontano(-a) dalla mia città, penso ai miei amici (alle mie amiche).

Index

ORDER CODE	TITLE	QUANTITY	$ AMOUNT
_____	_____	____	____
_____	_____	____	____
_____	_____	____	____

LOCAL SALES TAX _____

$1.25 SHIPPING/HANDLING _____

TOTAL _____

NAME _____
(please print)

ADDRESS _____
(no P.O. boxes please)

CITY _____ STATE _____ ZIP _____

ENCLOSED IS   ❑ A CHECK   ❑ MASTERCARD   ❑ VISA   ❑ AMEX   (✓ one)

ACCOUNT # _____ EXP. DATE _____

SIGNATURE _____

PRICES SUBJECT TO CHANGE WITHOUT NOTICE AND MAY VARY OUTSIDE U.S.
FOR THIS INFORMATION, WRITE TO THE ADDRESS ABOVE OR CALL THE **800** NUMBER.

Make checks payable to
McGraw-Hill, Inc.

Mail with coupon to:
McGraw-Hill, Inc.
Order Processing S-1
Princeton Road
Hightstown, NJ 08520

or call 1-800-338-3987